Sich und andere verstehen

Reiner Blank/Richard Bents

Sich und andere verstehen

Eine dynamische Persönlichkeitstypologie

Claudius

Bibliografische Information Der Deutschen Bibliothek
Die Deutsche Bibliothek verzeichnet diese Publikation
in der Deutschen Nationalbibliografie;
detaillierte bibliografische Daten sind im Internet
über http://dnb.ddb.de abrufbar.

© Claudius Verlag München 2006
Birkerstraße 22, 80636 München
www.claudius.de
Alle Rechte, auch die des auszugsweisen
Nachdrucks, der fotomechanischen und
elektronischen Wiedergabe und der Übersetzung,
vorbehalten.
Umschlaggestaltung: Gabriele von Briel, Tübingen
Satz: Druckerei Sommer, Feuchtwangen
Druck: Ebner & Spiegel, Ulm

ISBN 10: 3-532-62342-0
ISBN 13: 978-3-532-62642-8

Inhalt

Zweiter Teil
An den Widersprüchen im Alltag wachsen 103

Viertes Kapitel
Sich selbst verstehen 105

Fünftes Kapitel
Miteinander ins Gespräch kommen 123

Sechstes Kapitel
**Work-Life: den richtigen Beruf wählen –
im Team arbeiten – andere führen** 131

Vorwort

Anfang der 90er Jahre suchten Richard Bents und ich nach Modellen und Methoden, wie unterschiedliche Menschen in einer *Community*, einer Lerngemeinschaft, produktiv miteinander leben und arbeiten können. Eins der Modelle, die wir als hilfreich einschätzten, war der in den USA weit verbreitete Myers-Briggs Typenindikator. Gemeinsam mit Beltz-Test erstellten wir die erste zuverlässige Version des Instruments für den deutschen Sprachraum. Und so hieß auch die erste Version dieses Buches M.B.T.I.

Ich möchte an dieser Stelle einer Person ganz besonders Dank sagen. Sie hat damals dieses Buch engagiert und kompetent im Claudius Verlag redigiert: Marion Küstenmacher. Sie ist wesentliche Mitgestalterin dieses Buches. Sie hat Ideen eingebracht, Erweiterungen vorgeschlagen und Sprachschliff gegeben.

Heute, nach fast 15 Jahren, haben wir uns entschlossen, dieses Buch unter einem neuen Titel herauszugeben. Denn neben dem MBTI® gibt es heute weitere Instrumente, die die Typologie darstellen. Mit der Schweizer und Deutschen Testzentrale haben Richard Bents und ich John Goldens Profiler of Personality (GPOP) in den deutschen Sprachraum eingeführt. Dieser enthält neben dem Typencode eine Stressskala. Deshalb umfasst das hier vorliegende Buch auch ein weiteres Kapitel über Typ und Stress. Für diesen Beitrag möchte ich Dr. Jörg Schröder ganz herzlich danken. Als Mediziner weist er noch einmal auf die Zusammenhänge von Körper und Psyche hin.

Einige tausend Beraterinnen und Berater arbeiten heute mit den Instrumenten zur Typologie und es gibt eine Deutsche Gesellschaft für Angewandte Typologie (DGAT). In jedem Seminar zur Typologie weise ich ausdrücklich darauf hin, dass die Typologie kein statisches, sondern ein dynamisches Modell ist. Es geht nicht um Kästchendenken, obwohl dieser Eindruck leicht entsteht, wenn ständig auf die Präferenzkürzel ST, SF, NF und NT hingewiesen wird.

Vielmehr ist Entwicklung das Thema. Grundlage ist Jungs Vorstellung, dass eine Person ihr ganzes Leben lang auf dem Weg „zu sich selbst" ist (Individuation). Das Potenzial der individuellen Entwicklung ist auch Gegenstand der modernen Hirnforschung. Entwicklung ist Gesundheit. Gleichzeitig brauchen für diesen individuellen Weg Radarsysteme. Unser Gehirn sucht ständig nach Mustern, ordnet sie zu, bildet sie um, erinnert sich an bewährte Muster. In diesem Sinne ist die Typologie ein System, das Bewusstheit für die ganz normalen Muster schafft. Ziel ist, sich selbst zu verstehen, um Orientierung zu finden in einer immer komplexer werdenden Umwelt. Je heterogener unsere Gesellschaft wird, desto wichtiger und aktueller werden solche psychologischen Radarsysteme wie Jungs bewährte Typentheorie. Und auch heute noch gilt die alte Regel Platos: „Wer sich selbst versteht, versteht andere."

Reiner Blank, Juni 2006

Einführung

Auf dem Weg zur reifen Persönlichkeit

Das Ziel der Individuation ist die größtmögliche Verwirklichung des Selbst.
C. G. Jung

„Bis zu ihrem vierzigsten Lebensjahr haben sich die meisten Menschen in ihrem Leben eingerichtet. Entweder verwalten sie von da an ihre Werte, ihre Position, ihre Errungenschaften bis zu ihrem Lebensende – und dies entspricht dem seelischen Tod. Oder sie stellen sich neuen Herausforderungen, betreten das unbekannte und unzivilisierte Land ihrer Psyche, wachsen und erleben ein Dasein mit neuen Sinndimensionen ..."
Der Therapeut, der im Seminar so von der Midlifecrisis sprach, stand selbst an dieser Lebensschwelle. Unsere Gesellschaft erfährt Umwälzungen und Veränderungen, die neue Einstellungen von uns erfordern. Neue Einstellungen kann man nicht machen, sondern nur wachsen lassen. Wachsen lassen – aber wie? Woraufhin? Was erwartet mich da? Was kann ich dabei tun? Wie finde ich für mich Orientierung?

In früheren Jahrhunderten waren es Symbole, in denen die Menschen Orientierung für ihr Leben gefunden haben. „Erde", „Wasser", „die Kathedrale" oder „die Kirche mitten im Dorf" hatten heilige Bedeutung und waren zentrale Lebenselemente. Die Menschen damals wussten und spürten, dass „Mutter Erde" sie trägt und ernährt, dass das Leben ambivalent ist: Ein und dasselbe Element – z. B. Wasser – kann gleichzeitig Tod bringend und Leben spendend sein. Für die meisten mittelalterlichen Menschen bestand kein Zweifel, dass es einen Gott gibt, eine unsichtbare Welt, der man ausgeliefert ist, aus der man ewige, herrliche und schreckliche Ankündigungen hören konnte. Ob Erntesegen oder Seelenheil – man erbat sich die Gnade Gottes.

Der alte Mythos mit den damals lebendigen Symbolen erscheint vielen heute wie ein Museum. Unser modernes Leben ist wie durch einen garstigen Graben davon getrennt. Auf dieser Seite scheint das Leben planbar und machbar zu sein. Trotzdem zeigen die vielen aktuellen Versuche, östliche Symbole und Mythen bei uns fruchtbar zu machen, wie verarmt wir uns hier fühlen.

Carl Gustav Jung, dessen Modell der Individuation Grundlage dieses Buches ist, hat den Verlust und die Einsamkeit des modernen Menschen am eigenen Leib erfahren. Er wuchs Ende des 19. Jahrhunderts in einem Schweizer Pfarrhaus auf. Intuitiv wusste er, dass die christliche Verkündigung in seiner Umgebung „richtig" war, aber blutleer. Er begegnete einem ausgelaugten und intellektuellen Christentum, das keine lebendigen und heilenden Erfahrungen mehr vermitteln konnte.

Nach seinem Medizinstudium und während der praktischen Arbeit in der Psychiatrie stellte er fest, dass die eigene Zunft im Lehrsystem gefangen war. Mit zunehmend unkonventionellen Mitteln versuchte er, die Psyche des Menschen zu verstehen. Mit der Zeit begriff er, dass im Unbewussten des Menschen viele Ablagerungen von verdrängter Wirklichkeit in seltsamen und für die konventionelle Logik nicht zugänglichen Bildern vorhanden waren. Der Zugang zu diesen Bildern bedeutet für den Einzelnen einen bisweilen schmerzvollen Prozess. Aber mit der Offenheit für die Wahrheiten, die aus den Tiefen des eigenen Selbst auftauchen, beginnt ein Weg der Selbstwerdung, ein Weg der Individuation, wie Jung es nannte. Individuation ist eine Reise, ein Lebensweg, den man immer bewusster wahrnimmt und dessen Ziel man immer deutlicher erkennt.

Nach dem ersten Weltkrieg hatte Jung seine Studien beendet. Seine klinischen Erfahrungen und Selbststudien führten zu dem Werk „Psychologische Typen". Darin befasste er sich mit der Auseinandersetzung des Individuums mit der Welt, seinem Bezug zu Menschen und Dingen. Es geht dabei nicht um das Unbewusste, sondern um das Bewusstsein der Person. Jeder Mensch nimmt die Welt auf seine Weise wahr. Zwei erwachsene Menschen betrachten dasselbe Ding und sehen es völlig unterschiedlich. Zwei Parteien diskutieren ein Thema und beurteilen es total konträr.

Wenn man jedoch – so Jungs Überlegung – bestimmte Muster und typische Züge darin feststellen kann, wie Menschen die Welt wahrnehmen und ihre Angelegenheiten beurteilen, könnte man das Verhalten von Personen vorhersagen. Natürlich fand Jung damit noch nichts Neues heraus. Das Typologisieren ist so alt wie das Philosophieren und der Forscherdrang des Menschen. Die Alten betrieben es auf dem Hintergrund ihres Weltbildes, das uns bisweilen fremd anmutet, bisweilen durch seine Andersartigkeit fasziniert. Immer wird aber etwas typisch Menschliches sichtbar. Die alten Griechen suchten genauso nach Orientierung für ihr Leben wie die Indianer oder wir Menschen von heute. Jung fand die Analogien bedeutsam und bemühte sich in jahrzehntelanger Arbeit, die Phänomene zu erforschen und die fremden Bilder ins Gespräch mit unseren westlichen Traditionen zu bringen. Davon wollen wir Ihnen etwas vermitteln.

Wir sehen die Notwendigkeit, das Uralte in einer neuen Form für die Gegenwart fruchtbar zu machen, um das Zusammenleben zu verbessern. Zunächst machten Myers und Briggs Jungs Typologie praktikabel (Myers-Briggs Typenindikator). Sie entwickelten einen Fragebogen, der Einzelnen dazu verhilft, ihre typischen Neigungen herauszufinden, um sich dann bewusster in ihrem jeweiligen Beziehungsfeld bewegen zu können. Kriege, Streit und Missverständnisse werden nur dann weniger, wenn Menschen lernen, ihre Unterschiede und Spannungen konstruktiv aufeinander zu beziehen und effektiv für eine gemeinsame Sache einzusetzen. Heute gibt es verschiedene Instrumente, die Jungs Typologie darstellen: In den 90er Jahren entwickelte John Golden Goldens Profiler of Personality (GPOP); der Jungian Personality Profiler (JPP) wurde entwickelt als einer von drei Teilen einer umfassenden Potenzialanalyse (Power-Potential-Profile®).

Jung suchte nach einem Bild, um die Zusammengehörigkeit von Polaritäten und Ganzheit symbolisch fassen zu können. Er fand das Mandala. Das Mandala ist ein Symbol für Einheit, Ganzheit und Integrität und findet sich in fast allen Weltreligionen. Beispiele sind die verschlungenen Fische des Yin und Yang, das christliche Kreuz oder die Rosetten der gotischen Kathedralen; aber auch der Davidstern oder das Medizinrad können als Mandalas bezeichnet werden.

Mandala bedeutet zunächst „Kreis"; es bezeichnet gewöhnlich einen spirituellen oder magischen Kreis, der eine oder mehrere einander wi-

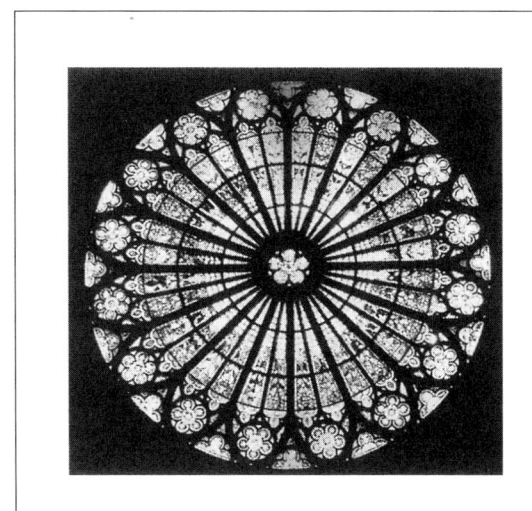

Die Rosetten der mittelalterlichen Kathedralen sind christliche Mandalas für seelische Ganzheit.

dersprechender Polaritäten sowie deren Integration enthält. In vielen östlichen Religionen dient ein Mandala in der Meditation als Hilfsmittel zur Sammlung und Zentrierung des Bewusstseins.

Jung malte und sammelte sein Leben lang zahlreiche Mandalas. Für ihn drückten sie genau das aus, was er mit Individuation meinte: Prozesse, in denen sich der Mensch seiner Gegensätzlichkeiten bewusst wird, sie sich aneignet und von sich aus Verantwortung für sie übernimmt. Das Mandala dient als Anregung auf einem Weg zu Ganzheit und persönlicher Reife (Vervollkommnung, nicht Vollkommenheit!).

Nach Jung arbeitet jeder Mensch zunächst an der Entwicklung seiner eigenen Präferenzen bzw. Stärken. Im Laufe unseres Lebens versuchen wir dann auch die anderen Seiten unserer Persönlichkeit zu entwickeln. Dabei richtet sich unsere Aufmerksamkeit nun auf die Gegenpole unserer „natürlichen" Neigungen. Vor uns tauchen neue, bisher nicht begangene Wege auf. Neue Fragen werden aktuell: „Wie kann ich mich selbst besser verstehen? Wie kann ich mit meiner Umwelt in eine bessere Beziehung treten?" Wenn bewusst andere Eigenschaften als die bisher bevorzugten entwickelt werden, wächst gleichzeitig unsere Fähigkeit, sie am rechten Ort und zur rechten Zeit einzusetzen. Dies sind konkrete Schritte in einem persönlichen Entwicklungs- und Reifungsprozess.

Sicher kennen Sie die alte Maxime: „Erkenne dich selbst!" Das klingt scheinbar ganz einfach. Und ist doch so schwer zu befolgen, werden Sie sagen! Dieser simple Weisheitsspruch gewinnt aber erst dann an Tiefe, wenn wir uns den „großen" Fragen stellen: „Wer bin ich? Wie hängt alles zusammen? Ich selbst, mein Wesen, die Welt, die anderen?"

Jung erklärte einmal, dass das, „was wir unter dem Begriff ‚Individuum' verstehen, eine relativ junge Errungenschaft der menschlichen Geistes- und Kulturgeschichte" ist.[1] Früher gingen die Menschen wie selbstverständlich von einer *kollektiven* Einstellung aus, von einer *participation mystique* wie Levy Bruhl es nennt.[2] Jahrhunderte lang haben sie sich nie ernsthaft um eine objektive psychologische Untersuchung der individuellen Unterschiede bemüht. Deshalb wollte Jung unbedingt eine wissenschaftlich empirische Grundlage schaffen, um den Menschen in seiner Individualität zu verstehen. Gleichzeitig ging es ihm darum, seine wissenschaftliche Analyse in ein spirituelles Ganzes einzuordnen.

„Im Anfang ist die Beziehung" und „der Mensch wird am Du zum Ich" erkannte Martin Buber.[3] Das heißt, ein Mensch kann sich selbst nicht isoliert von anderen erkennen. Nur in seiner Beziehung auf andere hin findet er sich selbst. „Erkenne dich selbst" ist eine schöne Maxime, sie gilt jedoch nicht pauschal und für jede Situation. Viele unserer

Schwierigkeiten werden ja gerade erst deutlich, wenn wir uns mit anderen auseinander setzen müssen. Unser Spruch muss also mit einem zweiten ergänzt werden: „Erkenne die anderen."[4] Es gibt Zeiten, in denen wir den Blick auf andere richten müssen, um ein klareres Verständnis von uns selbst zu gewinnen. Selbst-Verständnis entsteht nicht isoliert von den anderen. Um dieses Ziel zu erreichen, soll und darf man beim eigenen Ich als Ausgangspunkt beginnen. Die Erkundungsreise in die eigene Person wird notwendig auch dahin führen, andere verstehen zu lernen. Nur so führt der Weg weiter. Es wird zu einer kreativen Wechselbeziehung zwischen den scheinbar so widersprüchlichen Polen „Ich" und „andere" kommen. Jung beschreibt die Gefahren für das Individuum, wenn nur eine kollektive Einstellung vorherrscht. Andererseits muss aber auch der Versuchung „Nur der Einzelne zählt" widerstanden werden, der wir heute so oft erliegen. Beide Sichtweisen sind wichtig.

Mit unserer Analyse, einerseits die Abgrenzung von den anderen zu finden und andererseits kollektive Eigenschaften zu integrieren, gelangen wir unweigerlich zu irgendwelchen Kategorisierungen oder Typisierungen. Typen oder Typologien können zur einen oder anderen Seite hin ausgelegt werden. Nach unserer Absicht soll die typologische Betrachtung jedoch einer ganzheitlichen Sicht dienen.

Typologie ist ein Fachbegriff aus der Psychologie. Sie bezeichnet die Untersuchung von Mustern innerhalb eines bestimmten Systems. Uns geht es um Neigungen bei bestimmten Persönlichkeitstypen: Wir wollen herausfinden, wer wir eigentlich sind, und dabei die Neigungen bestimmen, die unserer eigenen Persönlichkeit entsprechen. Persönlichkeitstypen haben – in unseren Augen – nicht die Aufgabe, jemanden in die Lage zu versetzen, eine bestimmte Rolle zu spielen oder die Ereignisse in seinem Leben zu steuern. Sie sollen vielmehr unsere Neigungen erklären und das individuelle Bewusstsein und Verständnis für die eigenen Gaben und besonderen Eigenschaften genauso fördern wie unser Verhältnis zu anderen. Ziel ist, dass wir uns selbst besser erkennen und unseren Typ auf der Grundlage unserer Persönlichkeit und besonderen Einzigartigkeit bestimmen können.

Die Erkenntnisse der heutigen Psychologie und Psychiatrie unterstreichen das Ausmaß, in dem geistige und psychische Gesundheit von einer einigermaßen genauen Kenntnis und einer hohen Akzeptanz des eigenen Ich abhängt. Sich selbst kennen gehört zur Gesundheit eines Menschen. Eine gewisse Selbsterkenntnis ist die Voraussetzung dafür, andere Menschen zu erkennen und sich selbst zu verändern. Als ein erster Schritt auf der Suche nach Selbsterkenntnis und Ganzheit leisten Typologien gute Dienste. Sie loten die Spannungen aus, die in dem Mandala bestehen, das aus unserer eigenen Person und unseren Mitmenschen gebildet wird.

Die Menschen haben zu allen Zeiten eine enorme Vielfalt kluger Methoden entwickelt, um sich selbst und andere zu erforschen. Wir möchten den Weg vorstellen, wie er nun auch seit Anfang der 90er Jahre im deutschsprachigen Raum begangen wird: die Anwendung der Jungschen Typologie in Instrumenten wie den GPOP, MBTI®, JPP, und andere.[5] Auf der Grundlage von Jungs psychologischen Typen bieten die Persönlichkeitsinventare praktische Hilfe in den Bereichen Selbsterkenntnis, Schulung von Führungskräften, Beratung, Seelsorge und Organisationsmanagement. Der Einsatz der Typologie befähigt Menschen dazu, sich selbst besser kennen zu lernen und zu verstehen, Teamgeist zu fördern, die persönliche Kommunikation zu verbessern und zu einer persönlichen Spiritualität zu finden.

Kategorien schränken ein und Typologien sind natürlich auch Kategorien. Sie können Schranken schaffen und Grenzen ziehen, die als einengend empfunden werden; tendenziell gewähren sie jedoch einen geschützten Raum. Sie zwängen einerseits unser Bedürfnis nach Einzigartigkeit in ein Korsett und scheinen damit unsere Individualität zu leugnen, bieten andererseits jedoch Trost durch die Erfahrung von Gemeinsamkeiten und das Wissen, dass es noch viele andere gibt, die so sind wie wir.

Typologien und Kategorien erlauben uns, in der scheinbaren Beliebigkeit aller Dinge einiges an Ordnung auszumachen. Wir können mit Hilfe solcher Ordnungssysteme sogar größere Freiheit erreichen, wenn wir sie verstehen und lernen, sie als Hilfsmittel zu nutzen und damit ihre Grenzen zu überwinden. Jungs Typologie ist ein dynamisches Modell, kein Schachbrettsystem (obwohl es später in den Ausführungen auf den ersten Blick so aussieht). Es geht um die Entwicklung der Persönlichkeit. Und der erste Schritt ist in der Tat eine Standortbestimmung. Dazu brauchen wir eine Landkarte und Kategorien zur Orientierung.

In allen Bereichen unseres Lebens wimmelt es nur so von Kategorien, Klassifizierungen, Ordnungsbegriffen, Gruppierungen, Einstufungen und Typologien. Männlich, weiblich, jugendlich, erwachsen, alt, verheiratet, arbeitslos, Arzt, Anwalt, Lehrer – die Liste ließe sich endlos fortsetzen. Wie können wir solche Unterscheidungen möglichst vorteilhaft nutzen?

Die Antwort liegt in jedem Einzelnen von uns und wartet nur darauf, dass wir sie miteinander teilen. Sobald wir unsere Unterschiede und

Ähnlichkeiten wahrnehmen und schätzen lernen, werden durch diese neu gewonnene Einsicht die Einschränkungen aufgehoben und Grenzen überschritten. Der Sufi-Meister Indries Schah mahnt uns, dass „Dinge, die einander scheinbar entgegenstehen, in Wirklichkeit zusammenarbeiten könnten."[6] Es gibt eine bestimmte Harmonie der Gegenpole, die nicht immer gleich offensichtlich ist. Wenn wir diese Zusammenarbeit von Widersprüchen nicht wahrnehmen, scheint der Gegensatz der zentrale Faktor zu sein, was ernstlich einengend wirken kann. Wer die Beziehung zwischen den Faktoren jedoch spürt, gelangt zu tieferem Verstehen. Wir gewinnen ein besseres Verständnis von der Harmonie der Gegensätze. Das führt beispielsweise in der Aufforderung „Liebt eure Feinde"[7] dazu, dass dieses Jesuswort nicht mehr den Charakter einer edlen Gefühlsregung hat, die uns zu besseren Menschen macht, sondern zu einer Anweisung, die tatsächlich die Tiefendimensionen beschreibt, die der Beziehung schon innewohnen.

In derselben Weise müssen wir diese Typologie zu verstehen suchen, wenn sie uns dabei helfen sollen, die Tiefendimensionen in schon bestehenden Beziehungen zu erkennen. Zu Beginn dieses Buches referieren wir einige sehr unterschiedliche Typologien, um zu zeigen, wie Persönlichkeitstypen von anderen Autoren beschrieben werden. Im ersten Teil beschreiben wir die psychologische Typentheorie nach C. G. Jung. Der zweite Teil bietet praktische Anwendungsmöglichkeiten in den Bereichen Selbstverständnis, Kommunikation, Karriere und Führung, Stresssteuerung, Erziehung in Schule und Elternhaus, Partnerschaft und Spiritualität. Wir hoffen, dass Sie auf diesen Seiten einiges finden werden, was sich für Ihren persönlichen Lebensweg und Ihre jetzige Lebenssituation als nützlich erweist.

Wir laden Sie ein auf eine Reise zur Individuation – auf eine Reise, sich selbst zu entdecken. Auf dieser Reise möchten wir Ihnen zeigen, wie Sie bisher unzusammenhängende oder gegensätzliche Aspekte Ihres Lebens integrieren und sich selbst differenzierter sehen können. Sie werden im Laufe dieses Prozesses entdecken, dass dabei viele schöpferische Kräfte frei werden.

Typologien können einengen oder befreien. Eine Einführung ist nicht das ganze Buch. Ein Buch ist nicht die ganze Geschichte. Wir können nur hoffen, dass unsere Überlegungen in diesem Buch bei Ihnen Fragen aufwerfen und die Suche nach tieferem Sinn provozieren. Typologien sind Katalysatoren. Darum laden wir Sie nun ein, die Kategorien der Typeninstrumente als eine Art Radarsystem zu betrachten, eigene Muster bewusst wahrzunehmen und Ihre Einsichten als Lebenshilfe im Zusammenleben mit Menschen, die anders sind als Sie, zu erfahren.

Erster Teil

Typische Muster erkennen

Zwei Seelen wohnen, ach!, in meiner Brust.
Die eine will sich von der andern trennen;
Die eine hält, in derber Liebeslust,
Sich an die Welt mit klammernden Organen;
Die andre hebt gewaltsam sich vom Dunst
Zu den Gefilden hoher Ahnen.
Goethe, Faust I, 305

Dieses Buch schickt Sie auf eine individuelle Reise in unbekannte Gefilde. In Kapitel 1 unseres Buches blättern wir in den Reiseberichten anderer, um in Ihnen die Reiselust zu wecken. Wir machen Sie mit einigen psychologischen Typen bekannt, die alle ein gemeinsames Ziel vor Augen haben: die Individuation, die persönliche Reifwerdung. Kapitel 2 bestätigt Ihnen, dass viele Wege nach Rom führen und Sie sich deshalb nach Herzenslust in diesem Buch bewegen können (und es nicht der Reihe nach lesen müssen). Danach stellen wir Ihnen in Kapitel 3 unser Radarsystem vor: den praktischen Umgang mit den Kategorien, wie sie in den Persönlichkeitsinventaren zu Jungs dynamischer Persönlichkeitstheorie konkret beschrieben sind. Wer lieber gleich losziehen und seinen Typ herausfinden möchte, kann stattdessen mit den 16 Typenprofilen am Schluss des dritten Kapitels beginnen. Die Typentabelle ist unsere Landkarte, auf der wir uns immer wieder orientieren können.

Unsere Reise beginnt bei den indianischen Völkern Nordamerikas ...

Erstes Kapitel

Landkarten der Seele

Die Erkenntnisse, um die es mir ging, waren in der Wissenschaft jener Zeit noch nicht anzutreffen. Ich musste selber die Urerfahrung machen.

C. G. Jung

Das Medizinrad – Hyemeyohsts Storm

„Liebe Leserin, lieber Leser, nehmen wir an, Sie und ich sitzen in einem Kreis von Leuten in der Prärie. Wenn ich nun eine bemalte Trommel oder eine Adlerfeder in die Mitte dieses Kreises legen würde, würde jeder von uns diese auf unterschiedliche Weise wahrnehmen. Unsere Sicht dieser Dinge würde sich je nach unserer Position im Kreis unterscheiden und jede Sicht wäre einzigartig. Jede Einzelne unserer vorhergehenden Wahrnehmungen wird irgendwie die geistige Perspektive beeinflussen, aus der heraus wir die Welt um uns her betrachten ..."

So beginnt Hyemeyohsts Storm seine Erzählung von den Sieben Pfeilen[1] über das Medizinrad, die Lebensmitte der indianischen Völker.[2] In ihm enthüllt sich die Weisheit dieses Volkes auf einzigartige Weise. Es handelt sich dabei um eine mündliche Tradition, die von Friedenshäuptlingen, Lehrern und Wahrheitssuchern weitergegeben wird. Diese Geschichten werden erzählt, um ein besseres Verständnis von sich selbst und von der Verwobenheit aller in eine gemeinsame Geschichte zu gewinnen. Um diese reichhaltige Typologie verstehen zu können, müssen wir ihre Elemente kennen: das Medizinrad, die Mächte, die Berührung, die Medizingaben, die Schilde, die Namen und die Geschichten.

Das Medizinrad ist wie ein Spiegel, in dem alle Dinge reflektiert werden.

Das Medizinrad wird üblicherweise aus kleinen Steinen oder Kieseln zusammengestellt, die auf dem Boden ausgelegt werden. Jeder dieser Steine repräsentiert eines der vielen Dinge im Universum. Sie stehen für Mütter, Väter, Schwestern, Brüder und Geliebte. Auch Tiere und Pflanzen sind eingeschlossen. Es gibt Steine für Religionen, Regierungen, Philosophien, Ideologien und ganze Nationen. „Alle Dinge enthält das Medizinrad und alle Dinge sind in ihm gleich. Das Medizinrad ist das ganze Universum."

Dieses Streben nach Ganzheit ist die Suche nach einer Vision oder nach einer umfassenderen Wahrnehmung, eine menschliche Sehnsucht. Auf der Suche nach uns selbst und danach, herauszufinden, wie wir uns selber wahrnehmen und wie wir unsere Beziehungen mit anderen und zu unserer Umwelt gestalten, sind wir vor allem davon abhängig, was uns gegeben und geschenkt wird.

Die vier großen Mächte des Medizinrades entsprechen den vier Himmelsrichtungen Nord, Süd, Ost und West. Jeder von uns hat mit seiner Geburt einen bestimmten Anfangsort erhalten. „Dieser Ort des Anfangs vermittelt uns unsere erste Weise, die Dinge wahrzunehmen, die dadurch für uns das ganze Leben lang die leichteste und natürlichste Weise sein wird."

Jede der Himmelsrichtungen repräsentiert einen Ort des Anfangs; unter anderen Attributen ist ihnen jeweils ein besonderer Persönlichkeitstyp, eine Farbe und ein Medizin-Tier zugeordnet:

Im Norden ist die Weisheit zu finden. Menschen, die nur „die Gabe des Nordens" besitzen, sind weise, aber ohne Wärme und gefühllos.

Der Süden steht für Unschuld und Vertrauen. Wer in diesem Zeichen steht, gleicht der Maus: zu nahe am Boden und zu kurzsichtig, um etwas anderes zu sehen als das, was sich direkt vor ihrer Nase befindet.

Der Westen wird auch „Ort der Innenschau" genannt, was auf die introspektive Natur des Menschen verweist.

Die Schilde der indianischen Völker geben Auskunft über die Persönlichkeit des Trägers.

Der Osten ist mit dem Begriff der Erleuchtung verknüpft. Wer in diesem Zeichen angetroffen wird, kann Dinge auf große Entfernung klar erkennen, wird aber niemals Nähe zu anderen oder zum Leben überhaupt empfinden.

Wir sehen, dass wir die Dinge von allen Richtungen her wahrnehmen müssen, um als Person ganz oder vollständig zu sein. Es gibt offensichtlich viele Menschen, die zwei oder drei Richtungen bereist haben und die Gaben besitzen, die dort zu finden sind. Dennoch sind sie noch nicht zur Vollständigkeit gelangt. Ziel bleibt, alle Perspektiven erfahren, alle Gaben erwerben, um eine vollständige Persönlichkeit zu werden.

„Nachdem jeder von uns seine Gabe des Anfangs, die erste Station auf dem Medizinrad, erlernt hat, müssen wir wachsen, indem wir auf jedem der Vier Großen Wege Erkenntnis zu erlangen trachten. Nur auf diesem Wege können wir ganz werden, fähig zu Ausgewogenheit und Entschlossenheit in dem, was wir tun."

Die Berührung zulassen und spüren heißt, Erfahrungen zu machen. Psychologisch gesprochen leben viele Menschen ihr Leben, ohne jemals von irgendetwas oder irgendjemandem wirklich betroffen oder berührt zu werden. „Diese Menschen leben in einer Gedanken- und Vorstellungswelt, in der sie vielleicht irgendwann von Freude, Tränen, Glück oder Sorgen bewegt werden. Doch diese Menschen wissen nicht, was Berührung heißt. Sie leben nicht im eigentlichen Sinn und werden nicht eins mit dem Leben."

Für die Indianer war jeder Mensch eine lebendige Kraft im Universum: Kräfte existieren irgendwo im Raum und Zeit und warten darauf, dass sie erfahren, mitgeteilt und gewürdigt werden.

Die Medizingaben sind „Gaben des Anfangs", die jeder aus der Reflexion über das eigene Tierzeichen und die Lage seines Ort des Anfangs auf dem Medizinrad ableiten kann. Es gibt so viele Kombinationen von Tierzeichen und Orte des Anfangs, dass wir sie hier nur mit einem Beispiel ausführen können: der Maus.

„Mäuse leben ihr ganzes Leben direkt am Boden. Sie bauen ihre Nester und sammeln ihre Nahrung in den Wurzeln der Büsche und hohen Gräser der Prärie. Daher sehen Mäuse nichts, was in größerer Entfernung liegt. Ihre Lebenserfahrung ist eingeengt auf das, was ihre Nasen riechen und ihre Schnurrhaare ertasten können."

Mausmenschen richten ihren Blick also ausschließlich auf die Welt, die sich direkt vor ihren Augen auftut. Sie verbringen ihre Zeit vielleicht damit, einzelne Dinge zu sammeln: Tatsachen, Informationen, materielle Gegenstände oder gar Ideen. Ihre eingeengte Lebenssicht verhindert jedoch, dass sie die möglichen Anwendungen oder zukünftigen Konsequenzen dessen erfassen, was sie horten. Sie sind unfähig, zwischen ihrer eigenen Welt und der weiteren Welt um sie her Verbindungen herzustellen.

Mausmenschen, deren Ort des Anfangs der Norden ist, haben als Gabe des Anfangs die Gabe des Bewusstseins. Obwohl solche Menschen über das Wissen dessen verfügen, was unvermittelt, konkret, hier und jetzt erfahrbar ist, müssen sie die anderen Himmelsrichtungen bereisen, um ein Leben im Gleichgewicht erlangen zu können. Ihre Weisheit muss durch die Wärme und das Vertrauen des Südens, die Fantasie und die Erleuchtung des Ostens und die Innenschau des Westens ausgeglichen werden.

Menschen, die all diese Gaben erfolgreich miteinander verbinden, wachsen zu wahrem Verstehen ihres eigenen Wesens; sie erlangen Gleichgewicht im Leben und werden zu ganzen Menschen.

Die Schilde der Indianer trugen stets auch im Alltag deren Identität und ihr Glaubenssystem offen zur Schau. Jeder, der zu den indianischen Völkern gehörte, besaß einen typbezogenen Schild. Diese Schilde waren eine Manifestation ihrer Identität. Sie waren alle ziemlich zerbrechlich und wurden aus den weichen Fellen von Wild, Antilopen, Wieseln oder sogar Mäusen hergestellt. Gelegentlich wurden sie auch aus dem zäheren Leder von Bären oder Büffeln gemacht, mit Gefieder, Flaum und kleinen Säckchen geschmückt und mit unverwechselbaren Persönlichkeitssymbolen bemalt. Frauen trugen ihre Schilde auf ihren Gürteln oder webten sie in ihre Kleiderstoffe ein. In allen Fällen waren diese Zeichen ihrer Persönlichkeit für alle sichtbar.

Schilde hatten weder die Aufgabe, Schutz zu bieten, noch brauchte man sie, um sich hinter ihnen zu verstecken. Sie waren vielmehr Äußerungen der Persönlichkeit des Trägers, Friedens-Schilde oder Lehr-Schilde. Wenn sich der Träger im Zelt aufhielt, hing der Schild an der Tür, am Rauchabzugspfahl oder an einem Dreifuß in der Nähe des Eingangs. Die Schilde blieben draußen, damit andere sie identifizieren und aus ihnen lernen konnten.

Der Name eines Menschen enthüllt sein Wesen. „Namen hatten immer eine symbolische Bedeutung für das indianische Volk. Sie reflektierten die persönlichen Medizinen der Angehörigen des Volkes." Aus den Namen der Menschen erfahren wir etwas über ihre besonderen Gaben, ihre Medizingaben und ihre Art, die Dinge wahrzunehmen. Roter Falke z. B. ist der kleine Bruder des Adlers. Sein Medizin-Zeichen bedeutet, dass er mit der Gabe des Sehens geboren wurde. Rot symbolisiert das Feuer – den lebendigen Geist des indianischen Volkes. So erfahren wir, dass Roter Falke eine klare Wahrnehmung und die Fähigkeit besitzt, die

Angelegenheiten seines Volkes scharfsichtig zu beleuchten. So ist es das Ziel aller, die Gabe und den Namen aller anderen, deren Platz und spezielle Aufgabe in der Gemeinschaft zu erkennen: „Indem du diese Dinge erkennst, findest du vielleicht auch deinen eigenen Namen."

Die indianischen Völker der nordamerikanischen Ebenen nennen uns die vier Richtungen, die notwendige dynamische Bewegung und die Wechselwirkung der Elemente als die zentralen Bestandteile ihrer Typologie. Sie zeigen uns auf einer „alten Landkarte" eben jenes Verständnis von Wahrnehmung und Entscheidungsfindung, das uns tiefere Einsichten in die Spiritualität und das Menschsein des Individuums ermöglicht. Von der Typologie der Indianer wenden wir uns nun einer anderen Typologie zu, die im alten Griechenland entwickelt wurde.

Die vier Temperamente – die Alten Griechen

Die bedeutendsten Alchimisten beschäftigten sich nicht mit der Herstellung gewöhnlichen Goldes, dem aurum vulgi, sondern mit dem aurum nostrum, dem Symbol der erleuchteten Seele.
C. G. Jung

Im Griechenland der Antike bestimmte Empedokles „Erde, Luft, Feuer und Wasser als die ‚Elemente' des Universums. Diese vier Elemente kamen in verschiedenen Verhältnissen auf und bewegten sich entlang eines Kreises, wobei sie von den Kräften Hass (Abstoßung) und Liebe (Anziehung) bestimmt wurden ..."[3] Empedokles war der Erste, der die Theorie von den Vier Temperamenten entwarf,[4] die Hippokrates und Galen später auf die Medizin und die belebte Materie bezogen. Sie verknüpften die Elemente mit den verschiedenen Flüssigkeiten im menschlichen Körper, wodurch jedes Element eine dominante und eine untergeordnete Eigenschaft erhielt. Diese Eigenschaften waren heiß, feucht, kalt und trocken. So war Luft heiß und feucht (Blut), Wasser kalt und feucht (Phlega), Feuer heiß und trocken (gelbe Galle) und Erde kalt und trocken (schwarze Galle).

Die beiden griechischen Ärzte postulierten, dass in jedem Menschen eine der Körperflüssigkeiten tendenziell das Übergewicht besäße, wodurch sich vier verschiedene Temperamente ergäben: sanguinisch, phlegmatisch, cholerisch und melancholisch. Diese Typologie lässt sich wie folgt darstellen:

Starker Impuls für Offenheit

Sanguiniker	*Choleriker*
(Blut)	*(Gelbe Galle)*
leidenschaftlich	wütend
eifrig	übellaunig
fröhlich	reizbar

Stark ausgeprägter Wille

Phlegmatiker	*Melancholiker*
(Schleim)	*(Schwarze Galle)*
schwerfällig	betrübt
ruhig	düster
selbstbeherrscht	deprimiert

Diese Gemütslagen beherrschten die belebte Natur und bewirkten verschiedene Verhaltensweisen, die von dem Verhältnis der Körperflüssigkeiten abhängig waren. Plato stellte fest: „Wenn bei einem Menschen die Säfte, die von scharfen und salzigen Schleimen herrühren, oder alle, die sonst bitter und gallig sind, im Leib umherirren und sich nicht nach außen hin Luft machen können, sondern im Innern zusammengedrängt bleiben und den von ihnen ausgehenden Dunst mit dem Umlauf der Seele vermischen und sich mit ihm vermengen, bei dem bewirken sie mannigfache Krankheiten der Seele ... Arten von Traurigkeiten und Missmut, auch von Verwegenheit oder Feigheit und auch von Vergesslichkeit und Lernfaulheit."[5] Aristoteles kannte ebenfalls die komplexen Mischungsverhältnisse der vier Elemente: „Der Charakter des Blutes beeinflusst sowohl das Temperament als auch die sinnlichen Fähigkeiten der Tiere auf mannigfaltige Weise."[6]

Plato und Aristoteles waren beide mehr an den Auswirkungen der Flüssigkeitstheorie auf die menschliche Tugend interessiert als an den anatomischen Einzelheiten.

Grundformen der Angst – Fritz Riemann

Neurosen scheinen ein menschliches Privileg zu sein.

Sigmund Freud

Der Psychoanalytiker Fritz Riemann sah Angst als die treibende Kraft an, die unser Leben verkrüppeln oder zur Reife bringen kann. Er entwickelte seine Typologie anhand bestimmter Grundformen der Angst: „Die Grundformen der Angst hängen zusammen mit unserer Befindlichkeit in der Welt, mit unserem Ausgespanntsein zwischen zwei großen Antinomien, die wir in ihrer Gegensätzlichkeit und Widersprüchlichkeit leben sollen."[7]

Nach Riemann werden die Grundformen der Angst in einem Spannungsfeld gelebt. Wir sind ausgespannt zwischen zwei Antinomien, d. h. zwischen zwei scheinbar gegeneinander wirkenden Kräften. Wie die Urkräfte des Kosmos halten sie die Körper, auf die sie einwirken, in einer auf ein Ganzes abgestimmten Bewegung: Unsere Erde wird wie das gesamte Universum in einer spannungsvollen Bewegung gehalten. Die Erde umkreist die Sonne – gleichzeitig rotiert sie um sich selbst. Die Schwerkraft drängt zentripetal nach innen – gleichzeitig strebt die Fliehkraft zentrifugal nach außen.

Ähnlich ist die Psyche des Menschen antinomischen Kräften ausgesetzt. Der Mensch findet sich im Leben ausgespannt zwischen zwei – wie Fliehkraft und Schwerkraft – gegensätzlich wirkenden Kräften: Auf der einen Seite sieht er sich der Forderung ausgesetzt, sich dem Leben hinzugeben. Damit verbindet sich die Angst, sein Leben hinzugeben. Aber gleichzeitig drängt es ihn, eine eigene Persönlichkeit zu sein. Mit dieser psychischen Zentripetalkraft entsteht die Angst vor der Isolierung.

Eine weitere Antinomie ist das Bedürfnis nach Dauerhaftigkeit. Darin verborgen liegt die Angst vor Veränderung. Gleichzeitig wirkt das Bedürfnis nach Veränderung und Entwicklung und nährt in sich die Angst davor, begrenzt und eingeengt zu werden.

Diese vier Grundformen der Angst lassen sich wie folgt kurz zusammenfassen:

1. Angst vor Nähe
2. Angst vor Distanz
3. Angst vor Veränderung
4. Angst vor Beständigkeit

Aus den vier Grundformen der Angst entwickelt Riemann vier Persönlichkeitstypen: den schizoiden Typ, der zur Angst vor der Selbsthingabe neigt; den depressiven Typ, der zur Angst vor der Selbstwerdung neigt; den zwanghaften Typ, den die Angst vor der Wandlung bestimmt; und den hysterischen Typ, den die Angst vor der Notwendigkeit verfolgt.

Diese tieferen Lebensängste liegen „hinter" den alltäglichen und „banalen" Ängsten – wie Prüfungsangst, Platzangst, Höhenangst usw. Es geht letztlich darum, die dahinter liegenden Grundformen unserer Ängste zu entdecken und sich den Spannungen bewusst zu stellen. Sich in den Spannungen zu orientieren und an ihnen zu wachsen, gehört zur Entwicklung und zum Reifeprozess eines Menschen. Das folgende Schema zeigt den Zusammenhang der Ängste, der wirksamen Kräfte und der resultierenden pathologischen Befunde:

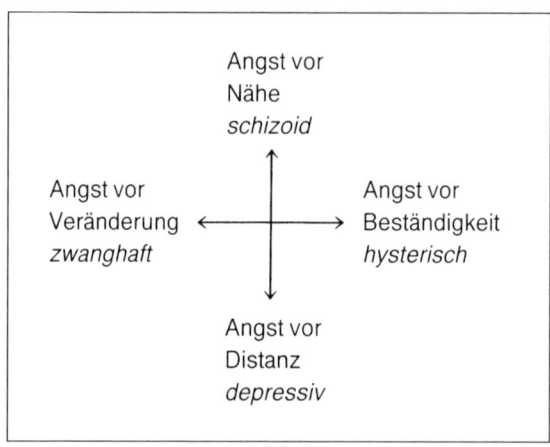

Aus den Grundformen der Angst entwickelte Riemann vier Persönlichkeitstypen.

Wir alle spüren die dynamischen Kräfte, die uns in diese Richtungen ziehen wollen. Um zu einer gesunden Existenz zu gelangen, müssen wir die dynamische Spannung finden, die für uns im jeweiligen Kontext am besten ist. Das bedeutet, wir müssen auf jeder der beiden Skalen einen Punkt finden, an dem die gesunden Aspekte überwiegen, und dürfen uns nicht an das äußere Ende einer Skala ziehen lassen. Hypothetisch könnten wir eine gesunde Persönlichkeit zeichnerisch durch einen vollkommenen Kreis darstellen, dessen Mittelpunkt im Schnittpunkt der beiden Achsen des Koordinatensystems liegt (Abb. A). Dies würde eine gleich starke Spannung in alle vier Richtungen bedeuten, was einen ausbalancierten Persönlichkeitstyp zur Folge hätte. In der Realität tritt jedoch häufiger eine unregelmäßige Form auf, wie sie Abb. B zeigt.

Wenn wir unsere ausgebeulten und unförmigen Formen in einem solchen Diagramm betrachten, können wir unsere Ängste und Schwächen besser verstehen, sobald wir sie zu ihren entgegengesetzten Polen in Beziehung setzen. Tatsächlich hat sich dies als nützlich erwiesen, um bestimmte Verfassungen und Ängste zu verstehen und zu beschreiben.

Das Enneagramm

> *Das Böse eines anderen Menschen lässt sich abwenden.*
> *Vor dem eigenen kannst du nicht fliehen.*
> *Scheich Abdullah Ansari*

Das Enneagramm hat eine lange und verwickelte Geschichte.[8] Über die Wurzeln des Enneagramms kann man nur Vermutungen anstellen: Man führt es u. a. auf Dante und auf islamische Mystiker, die Sufis, zurück, deren Ursprünge im 8. Jahrhundert liegen; vielleicht geht es sogar bis auf die Weisen von Babylon um 2500 v. Chr. zurück. Lange wurde es streng und ausschließlich in mündlicher Tradition überliefert; erst in der zweiten Hälfte des 20. Jahrhunderts wurden schriftliche Aufzeichnungen dieser Typologie festgehalten.

Der Begriff „Enneagramm" leitet sich von „enneas" ab, dem griechischen Wort für „neun". Nach dem Enneagramm gibt es neun – und nur neun – Persönlichkeitstypen. Jeder dieser Persönlichkeitstypen wird anfangs in einem negativen Kontext definiert – nach ihrer Fixierung; dennoch bezeichnet das Enneagramm auch positive Eigenschaften, die zu Tage treten, wenn ein Mensch von seiner Fixierung (Zwang) befreit wird. Die Dynamik dieser Typologie lässt sich erfahren, wenn einem

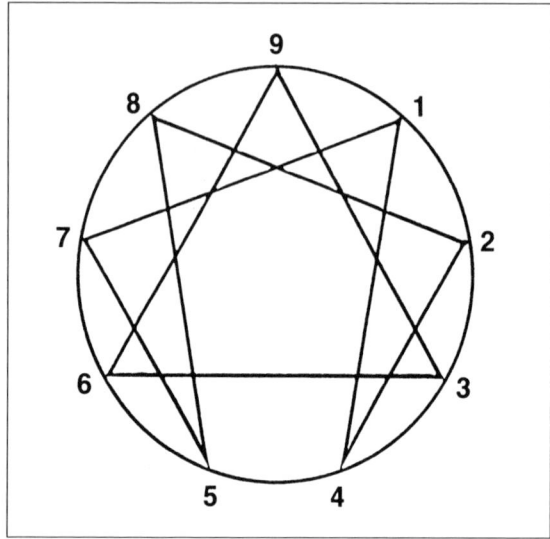

Das Enneagramm beschreibt neun Persönlichkeitstypen anhand deren Fixierungen.

Menschen an einem Punkt Erlösung widerfährt und er sich dann an einen anderen Punkt zur Versöhnung begibt. Bewegung kann in eine gesunde Richtung geschehen, aber auch in die entgegengesetzte Richtung, was einen immer ungesünderen Status zur Folge hat.

Damit Sie sich im Enneagramm einordnen können, müssen Sie zunächst Ihren Ur-Zwang (oder Ihre Wurzelsünde) erkennen. Dieser Zwang kann die Form einer „Falle" haben, in die Sie immer wieder geraten, oder vielleicht eine Leidenschaft sein, der Sie nur schwer widerstehen können, oder sich als grundsätzliche Vermeidungsstrategie zeigen gegenüber Dingen, die Ihnen zuwider sind und die Sie darum unbedingt vermeiden wollen. Hier eine kurze Liste der neun Leidenschaften:

Einser vermeiden Ärger. Für sie ist es sehr wichtig, nicht in die Falle des Zorns zu geraten, nicht anderen gegenüber zornig zu werden, selbst wenn sie viel Bedrückendes und Zorn Erregendes erleben. Wahrheit und Gerechtigkeit bedeuten ihnen alles, aber durch Zorn gelangt man zu keinem von beiden. Einser möchten leidenschaftlich gern perfekt sein und eine makellose persönliche Integrität darstellen. Sie arbeiten sehr hart an jeder Aufgabe, ob sie das Haus saubermachen, Städte planen oder für ihre Kinder sorgen. Es macht ihnen Sorgen, wenn Aufgaben nicht korrekt ausgeführt werden, denn sie haben Grundsätze, hohe ethische Ansprüche und ein Gespür für Ordnung.

30

Zweier vermeiden die Erkenntnis, dass sie selbst in irgendeiner Hinsicht Bedürfnisse haben. Ihre Leidenschaft besteht darin, die Nöte anderer zu sehen und Hilfe anzubieten. Manchmal wissen sie sogar schon im Voraus, was andere brauchen. Ihre Falle ist der Stolz auf ihre eigene Hilfsbereitschaft, vor allem gegenüber Menschen, die sie für bedeutend halten. Sie neigen dazu, nicht zuzugeben, dass sie irgendwelche Hilfe von anderen brauchen oder dass sie Bedürfnisse haben, um die sie sich zunächst selbst kümmern sollten. Es ist ungeheuer wichtig für sie, nicht zugeben zu müssen, dass sie irgendetwas brauchen. Gesunde Zweier sind selbstlos, altruistisch und fähig, bedingungslos zu lieben. Sie könnten „Helfer" genannt werden, denn sie können sich um andere sorgen, sich einfühlen und mitleiden.

Dreier vermeiden Versagen und haben eine große Leidenschaft für den Erfolg. Sie werden getrieben von dem Bemühen, das zu erreichen, was sie für ihr Leben als Erfolg definieren. Dreier identifizieren tatsächlich ihre Persönlichkeit mit dem Erfolg, den sie erringen. Konsequenterweise vermeiden sie alles, was nach Versagen aussehen könnte, auch wenn es sie selbst und andere sehr viel kostet. Dreier lassen sich als Status-Streber bezeichnen. Sie sind selbstsicher, narzisstisch und ehrgeizig in ihrem Bemühen, sich selbst und die Welt zu verbessern. Wenn Dreier ihre Furcht vor dem Versagen loswerden, können sie energiegeladen, anpassungsfähig und authentisch sein und werden fähig, aus sich selbst heraus zu handeln.

Vierer vermeiden die Gewöhnlichkeit. Für sie ist es sehr wichtig, immer etwas Besonderes zu sein. Im Gewöhnlichen gefangen zu sein, ist für sie tödlich. Vierer erleben sich selbst als kultivierte und empfindsame Menschen, die in keiner Weise mit normalen Menschen zu vergleichen sind. Sie neigen dazu, sich von anderen unverstanden zu fühlen; sie glauben, dass ihre Empfindungen und Erfahrungen so einzigartig sind, dass „womöglich niemand anders das verstehen kann". Vierer lassen sich als Künstler bezeichnen. In erlöstem Zustand sind sie voll Inspiration, Kreativität, Intuition und emotionaler Aufrichtigkeit.

Fünfer vermeiden die Leere. Ihre Leidenschaft heißt „Wissen". Sie sind vollkommen davon in Anspruch genommen, ihren Vorrat an Wissen zu vergrößern, was sie allein aus eigener Anstrengung fertig bringen möchten. Sie haben ein großes Bedürfnis danach, stets mehr zu wissen, als sie jemals mit anderen teilen würden, als ob das Teilen sie vollkommen leer zurücklassen würde. Fünfern ist wichtig, sich niemals in soziale Beziehungen einfangen zu lassen, die langweilig sein könnten, d. h. ungeeignet, noch mehr dazuzulernen. Gesunde Fünfer können Visionäre mit einem außergewöhnlichen Maß an Auffassungsgabe und Einsicht sein;

man kann sie als Denker bezeichnen. Sie sind geistig hoch motiviert, analytisch und innovativ und erscheinen gelegentlich exzentrisch. *Sechser* vermeiden abweichendes Verhalten. Sie sehen das Leben als etwas, das notwendigerweise von Gesetzen, Regeln und Normen regiert werden muss. Aus Verantwortung gegenüber den Anforderungen, die das Leben an sie stellt, suchen sie jede Pflichtvernachlässigung zu vermeiden. Sie sind damit beschäftigt, alle gegebenen Regeln zu befolgen, vor allem, wenn diese von einer Autorität stammen oder schriftlich niedergelegt wurden. Sechser würden ihr Verhalten selbst als Loyalität gegenüber der Gruppe definieren, zu der sie gehören. Gesunde Sechser werden bejahend und kooperativ und fassen Zutrauen zu sich selbst und anderen. Sie können als Loyalisten bezeichnet werden und sind liebenswert, pflichtbewusst, zuverlässig und vertrauenswürdig.

Siebener vermeiden Schmerz. Ihre Leidenschaft kann ein Leben voll Hedonismus jeder Art sein. Siebener sind optimistische und Spaß liebende Menschen, die glauben, dass das Leben in möglichst keiner Weise als schmerzhaft erfahren werden darf. Sie versuchen sogar, Schmerzen und Leiden anderer Menschen um sie her zu ignorieren. Ihre Falle sind Pläne, die scheitern, sobald sie mit Schwierigkeiten oder Unbequemlichkeiten konfrontiert werden. Eine erlöste Sieben ist oft zu erstaunlichen Leistungen auf vielen Gebieten fähig und kann daher als Generalist bezeichnet werden. Gesunde Siebener bringen es zu etwas, sind impulsiv und auf viele Dinge ansprechbar.

Achter vermeiden Schwäche. Ihre Leidenschaft ist der Ruhm, sie wollen stark, mächtig und einflussreich sein. Achter empfinden das Leben als ständigen Kampf um das Recht. Um ihre persönliche Würde zu bewahren, halten sie sich stets sprungbereit, allem frontal entgegenzutreten, was auf dieser Welt nicht in Ordnung ist. Sie treten an, um Ungerechtigkeit und Heuchelei zu demaskieren. Achter lieben die Konfrontation. Sie sind immer auf der Hut, dass niemand sie übervorteilt, und sorgen sich darum, dass irgendeine Schwäche bei ihnen zu sehen ist. Gesunde Achter können für andere eintreten, sind beschützend und ehrenwert. Achter lassen sich als Führer charakterisieren, weil sie Selbstvertrauen und Vollmacht besitzen und dazu fähig sind, andere zu inspirieren.

Neuner vermeiden Konflikte. Ihre Leidenschaft ist die vollständige Harmonie. Neuner fühlen sich unwohl, wenn sie Spannungen oder fehlende Übereinstimmungen zwischen Menschen registrieren. Ihnen ist nichts wichtiger als Ruhe, Frieden und Zurückhaltung. Neuner haben großes Interesse daran, ihre eigene innere Gelassenheit aufrechtzuerhalten (was sich in ihren Augen als ziemlich einfach erweist). Sie haben auch ein starkes Bedürfnis danach, mit anderen zu verschmelzen. Sie „zapfen" die Energie von anderen an, um von ihnen die Motivation für all die Dinge zu bekommen, die sie erledigen müssen. Erlöste Neuner lassen sich als die idealen Friedensstifter bezeichnen. Sie besitzen ein hohes Maß an Gelassenheit und Zufriedenheit. Sie wirken beruhigend, passiv, stehen anderen bei und sind wahrhaft gute Menschen.

Richard Rohr und Andreas Ebert stellen in ihrem Buch „Das Enneagramm" die neun Gesichter der Seele[10] vor und schicken ihre Leser auf eine spirituelle Reise ins Selbst. Sie verstehen das Enneagramm als eine Folge geistlicher Übungen, die die antike Weisheit spiritueller Meister mit den Einsichten der modernen Psychologie verbindet.

Moderne Typologien

Ohne Gegensätze gibt es keinen Fortschritt.
William Blake

Im 20. Jahrhundert hagelte es geradezu neue, aufeinander folgende Kategorisierungen. Adickes[11] fand vier Weltsichten: die dogmatische, die agnostische, die traditionelle und die innovative.

Kretschmer[12] untersuchte über viele Jahre den menschlichen Körperbau und wies an bestimmten Körperbautypen eine Neigung zu identifizierbaren Temperamenten nach. Seine Typologie gilt noch heute in der Fachwelt als das bestausgebaute Typensystem.

Spranger[13] fand Persönlichkeitstypen heraus, die durch menschliche Werte bestimmt werden: den ästhetischen, den religiösen, den sozialen, den theoretischen und den ökonomischen Typ.

Aus diesen Ansätzen entwickelten sich zahlreiche Ableitungen:
- Formen des Managements: Hersey und Blanchard,[14] Hanson und Silver[15]
- Soziale Profile: Wilson Learning[16]
- Lernstile: Gregorc[17]
- Lehrmethoden: Dunn und Dunn[18]
- Charakter- und Temperamenttypen: Keirsey und Bates[19]
- Persönlichkeitsprofilsystem: Geir[20]

und zahlreiche weitere Typologien, die in Psychologie, Pädagogik, Religion und Management Verwendung finden. All diese Klassifizierungen sind hilfreich, wenn es um das beschreibende Verstehen menschlichen Verhaltens geht.

Der Schweizer Arzt und Psychologe Carl Gustav Jung (1875–1961) suchte dagegen nach einem Verständnis menschlichen Verhaltens, das Voraussagen ermöglichen würde. Er hielt an der Vorstellung fest, dass die Menschen zwar in vielfältiger Weise fundamental verschieden seien, jedoch manche Funktionen[21] menschlichen Verhaltens Ähnlichkeiten aufwiesen und daher Aussagen über künftiges Verhalten ermöglichten. Wenn wir solche Funktionen identifizieren können und herausfinden, welche Neigungen einzelne Menschen haben, können wir Verhaltensmuster nicht nur beschreiben, sondern auch voraussagen.

Nach Jung ist es zunächst wichtig, die Funktionen und die entsprechenden Neigungen für die einzelne Person zu bestimmen, d. h. wie jemand bevorzugt die Welt wahrnimmt und wie er aufgrund seiner Wahrnehmungen Entscheidungen fällt. Grundlegend sind nach Jungs Typentheorie, welche Neigungen sich bei dem Einzelnen bei der wahrnehmenden oder beurteilenden Funktion zeigen.

Es gibt zwei typische Weisen der Wahrnehmung: Wahrnehmen über die fünf Sinne oder intuitives Wahrnehmen. Ebenso gibt es zwei Weisen, wie jemand das, was er wahrnimmt, beurteilt und zu einer Entscheidung kommt: entweder logisch-analytisch oder aufgrund von persönlichen und sozialen Werten. Aus den zwei Funktionen und den dazugehörigen zwei Typen ergeben sich insgesamt vier Typen, ähnlich wie wir es bei verschiedenen anderen Typologien kennen.

Das aus dem Unterbewussten stammende Bild des Mandala muss als ein Ordnungsversuch der Psyche und als ein Symbol der Ganzheit verstanden werden.

Darüber hinaus zeigte Jung, wie diese Funktionen durch Einstellungen eines Menschen zur Welt beträchtlich beeinflusst werden.[22] Eine der beiden möglichen Einstellungen ist entweder eine Präferenz für die Außenwelt, für Menschen und Dinge (extravertierte Orientierung) oder eine Präferenz für die Innenwelt der Ideen und Gedanken (introvertierte Orientierung). Auf diese Weise ergeben sich nun acht Jungsche Persönlichkeitstypen – immer noch durch vier teilbar und auf der Grundlage der Wahrnehmungs- und Beurteilungsfunktion.

Bei jedem von uns ist eine der Funktionen eine so genannte Hauptfunktion. D.h., sie ist dominant und ist die am stärksten ausgeprägte Neigung. Wie können wir nun unsere Hauptfunktion finden und bestimmten? Als man sich weiter mit der Theorie beschäftigte und sie weiterentwickelte, wurde klar, dass man eine weitere Ebene hinzufügen konnte, nämlich eine Einstellung, *wie* jemand wahrnimmt oder urteilt. Diese vierte Skala fügte die Amerikanerin Katherine Briggs hinzu, als sie den Myers-Briggs Typenindikator entwickelte. Anhand dieser vierten Skala können wir nun herausfinden, welche Funktion bei uns dominant ist und welche unterstützend wirkt. Damit wurde eine objektivere Unterscheidung von Persönlichkeitstypen noch deutlicher – und der Bezug zur Zahl „Vier" bleibt interessanterweise erhalten.

Der Weg, menschliches Verhalten in vier Richtungen oder Bereiche einzuordnen, hat uns offensichtlich durch Jahrhunderte begleitet. Er ist nach wie vor hilfreich bei der Suche, uns selbst und unser Verhältnis zu anderen zu verstehen. Allerdings bemerkte Jung: „Die Unterscheidung der vier Temperamente, die wir vom Altertum übernommen haben, ist eine kaum noch psychologische Typisierung, in dem die Temperamente beinahe nichts anderes als psycho-physiologische Komplexionen sind. Der Mangel an Nachricht will aber nun nicht sagen, dass wir von der Wirksamkeit der in Frage stehenden psychologischen Gegensätze keine Spuren in der antiken Geistesgeschichte besäßen."[23] Jung versuchte menschliches Verhalten im Voraus zu erkennen, indem er verschiedene Funktionen bestimmte. Diese Funktionen spielen für Jung eine wichtige Rolle, weil sie seiner psychologischen Typentheorie einen prozesshaften Charakter verleihen. Sie beschreiben Prozesse und nicht feste, statische Bilder von uns. Wir können nicht sagen: Eine Person ist so und so, wird sich so oder so verhalten. Sondern wir können sagen: Eine Person hat eine bestimmte feststellbare Neigung und diese kann sich in einer bestimmten Situation in einer ganz bestimmten Richtung äußern. Die Neigung (Präferenz) bewirkt einen vorhersagbaren Prozess. Wenn eine Person ihre eigenen Neigungen identifiziert hat, können wir in bestimmten Bereichen (Kommunikation, Management, Spiritualität …)

vorhersagen, wie sie sich auswirken. Die von Jung bestimmten psychologischen Typen beschreiben also nicht, wie und was ein Mensch *ist*, sondern welche *Prozesse* sich in ihm abspielen.

Andere Typologien sind rein beschreibender Natur, sie bieten bildliche und graphische Abbildungen von Persönlichkeitsstrukturen. Häufig sind sie inhaltlich begründet, d. h. Ausgangspunkt sind ein bestimmter Charakterzug eines Menschen oder bestimmte Wesenszüge in einer Konstellation. Natürlich gibt es Ausnahmen, was besonders an dem Modell deutlich wird, das uns Hyemeyohsts Storm dargeboten hat: Seine Typologie könnte man als „explorativ", „erforschend" bezeichnen, weil man von ihr starke Impulse erfährt, sich frei durch das Mandala zu bewegen und alles zu berühren, zu reflektieren und auszuleben.

Wir wollen nun eine kurze Pause auf unserer Reise machen, um die obengenannten Typologien noch einmal an unserem geistigen Auge vorüberziehen zu lassen:

Hyemeyohsts Storm bot ein mächtiges und informatives Bild des *Medizinrades*, wie es die indianischen Völker verstehen. Allegorische Geschichten, wie die von der Maus, zeigen uns die Kraft der Bilder- und Symbolsprache. Zwei Dinge weisen darauf hin, dass es sich um eine spirituelle Typologie handelt: Es geht um das Erleben und Erfahren und gleichzeitig um die subjektive Interpretation ganz konkreter Handlungen, in der Zeichen und Symbol zusammenkommen. Das Medizinrad ist ganzheitlich und dynamisch; es ist prozesshaft begründet und legt das Schwergewicht auf die Wahrnehmung und die Bewegung entlang des Rades, wobei Erfahrungen und Interpretationen die Inhalte liefern.

Die *Vier Temperamente* sind ebenfalls symbolisch zu verstehen. Ausgehend von körperlichen Eigenschaften lassen sich verschiedene Persönlichkeitstypen ableiten. Dieses Modell hat ebenfalls einen dynamischen Charakter, denn die beschriebenen Eigenschaften kommen sämtlich in den verschiedenen Anteilen vor. Die durch die unterschiedlichen Verhältnisse der Eigenschaften zueinander verursachten Spannungen sorgen zwar für fließende Prozesse, schaffen aber nicht notwendigerweise ein integriertes Ganzes. Die vier Temperamente und die auf ihnen beruhenden Charaktermodelle sind inhaltlich begründet und bieten klare Beschreibungen der verschiedenen Typen. Solche Modelle haben deskriptiven Charakter.

Das Modell *Grundformen der Angst* nach Riemann ist ein interessantes und hilfreiches Werkzeug, um verschiedene pathologische Erscheinungen zu verstehen. Es zeigt, wie wir zu einem dynamischen Gleichgewicht unserer seelischen Gesundheit gelangen können. Die beiden Skalen von Nähe und Distanz bilden die Grundlage. Insofern ist auch dieses Modell als deskriptiv und inhaltlich begründet zu klassifizieren.

Ein weiteres faszinierendes und inhaltlich begründetes Modell ist das *Enneagramm*. Durch die Betonung der Zwänge und ihrer Lösungen bzw. Erlösungen wird es in hohem Maße dynamisch und fließend. Die notwendige Bewegung durch die Stationen des Kreises, die von allen Elementen des Enneagramms beeinflusst wird und selbst alle anderen beeinflusst, macht es auch zu einem ganzheitlichen Modell. Seine besondere Kraft bezieht das Enneagramm aus der Art, wie und was dem Lernenden deutlich wird. Auch dieses Modell ist vom Ansatz her deskriptiv.

Für die *Jungschen psychologischen Typen* ist das Prozesshafte grundlegend, d. h. es werden die bevorzugten Persönlichkeitsfunktionen bzw. die Prozesse der Wahrnehmungen und Entscheidungsfindung identifiziert. Die Typologie arbeitet dynamisch und ganzheitlich, indem sie alle personalen Fähigkeiten zu integrieren und unter den einander entgegenwirkenden Kräften die gesunde Spannung herauszufinden versucht. Es werden zunächst also keine Inhalte beschrieben, sondern Prozesse. Die Inhalte liegen in den *Archetypen* verborgen. Bei Archetypen, wie sie Jung eingehend untersucht und beschrieben hat, handelt es sich sozusagen um tief verankerte innere Bilder oder Verhaltensmuster, die als Reaktion auf bestimmte Situationen abgerufen werden. Persönlichkeitsfunktionen zapfen die verschiedenen Inhalte in unterschiedlichen Mustern gleichsam an. Die Persönlichkeitstheorie ist in der Lage, zukünftiges Verhalten vorauszusagen, indem sie davon ausgeht, dass Menschen sich in Übereinstimmung mit ihren bevorzugten Funktionen und Einstellungen verhalten. Darum lässt sich dieses Modell als *präskriptiv* bezeichnen.

Die psychologischen Typen (und die entsprechenden Instrumente) können in völlig unterschiedlichen Situationen eingesetzt werden. Sowohl die Theorie als auch die Inventare entstammen der empirischen Wissenschaft.

Wichtig ist, spielerisch und humorvoll an die Entdeckung und Entwicklung der eigenen Person heranzugehen. Die Sufis waren der Meinung, dass Menschen mit einer unterentwickelten – oder unterdrückten – Fähigkeit, Humor zu genießen, nur eingeschränkt zur Weiterentwicklung fähig sind. Wir sollen das Abenteuer des Lebens genießen und Freude daran gewinnen!

Erinnern Sie sich an die Kreativität und Verspieltheit von Till Eulenspiegel, jenem Scherzbold, der uns seinen Spiegel vorhält? Nachdem die Bürger Magdeburgs auf Tills Behauptung hereingefallen waren, dass er vom Rathausdach fliegen werde, mussten sie erkennen, dass nicht nur

Till „ein Schalk und ein Narr" war, sondern sie selber Narren waren, weil sie ihm geglaubt hatten. Dasselbe gilt für den Nürnberger Arzt, der naiverweise glaubte, Till könne alle seine Patienten kurieren. Der Arzt wurde so zwar um all sein Geld erleichtert, war dafür aber hinterher auch um einiges klüger. Die Eulenspiegelgeschichten sind also ein Spiegel, in dem wir auf humorvolle Weise wichtige Dinge über uns selbst und die menschliche Natur überhaupt lernen können.

Neues, wachsendes Selbstverständnis kann aber auch Angst machen. Wer sich mit seinem Selbst konfrontiert, geht immer ein gewisses Risiko ein. Wir legen unser ganzes Wesen offen, die guten und die schlechten Seiten, und sind nicht immer über alles erfreut, was wir sehen. Jung erinnert uns daran: „Wer zu sich selber geht, riskiert die Begegnung mit sich selbst. Der Spiegel schmeichelt nicht, er zeigt getreu, was in ihn hineinschaut."[24] Dennoch haben wir in diesem Prozess viel zu gewinnen. Wir müssen einen Blick riskieren! Mit geschlossenen Augen werden wir uns nie im Spiegel sehen können. Die Erforschung der Jungschen Typen eröffnet uns eine Fülle neuer Antworten, neuer Reaktionsmöglichkeiten und ermutigt uns ausdrücklich dazu, sie in Anspruch zu nehmen! Das ist für unsere Reise zur Individuation unabdingbar.

Wir möchten Ihnen gern einen Überblick über die Typologie vermitteln. Bitte vergessen Sie bei unserer Darstellung nicht, dass wir mit den Funktionen und Einstellungen bestimmte *Neigungen* beschreiben. Wir wollen damit nicht Menschen in Schubladen stecken und inhaltlich und wesensmäßig bestimmen. Häufig – und unglücklicherweise – wirkt es wie eine Festlegung oder endgültige Einordnung eines Menschen, wenn wir Beispiele zur Erläuterung bestimmter Prozesse anführen. Der objektive Charakter der typologischen Instrumente zeigt sich jedoch daran, dass er Menschen nach ihren Präferenzen einordnet. Diese Informationen können dann für unsere Lebensgestaltung genutzt werden. Wir wollen ihnen also nicht nur die Theorie, sondern auch die Anwendung des Instrumentariums in der Praxis nahe bringen.

Auf den folgenden Seiten werden wir Ihnen das Instrumentarium und die psychologische Typentheorie näher vorstellen. Wir werden Ihnen erklären, wie die Einordnung oder Inventarisierung der persönlichen Präferenzen vorgenommen wird. Im zweiten Teil werden wir die praktische Anwendung im Alltag demonstrieren.

Dieses Buch ist nicht notwendigerweise so konzipiert, dass Sie es von vorne bis hinten in einem Rutsch durchlesen müssen. Sie können einfach herumblättern und sich mit den Seiten befassen, die Sie gerade interessieren. Vielleicht möchten Sie auch den zweiten Teil zuerst lesen; das sei Ihnen unbenommen. Jedoch ist etwas Hintergrundwissen sicher von

Vorteil. Wenn Sie erst einmal grundsätzlich mit den vorgestellten Konzepten vertraut sind, zeigt sich ihr Nutzen schnell von selbst. Lassen Sie uns nun gemeinsam die Reise fortsetzen, in deren Verlauf wir uns selbst immer besser verstehen lernen.

Zweites Kapitel

Mehr Verständnis – weniger Kriege

*Wahrscheinlich sieht sich jede Generation vor die Aufgabe gestellt,
die Welt neu zu erschaffen. Meine eigene jedoch wird die Welt nicht neu
erschaffen. Ihre Aufgabe ist sogar weit größer; die Welt daran zu hindern,
sich selbst zu zerstören.*

Albert Camus

Wer hat die psychologische Typentheorie entwickelt?

C. G. Jung entwickelte eine der umfassendsten Theorien zur Erklärung
menschlicher Persönlichkeit. Ihm ging es vor allem um Gesundheit, daher untersuchte er sowohl normale als auch abnormale psychologische
Erscheinungen. Seine ganzheitliche Perspektive führte ihn zu der Ansicht, dass viele körperliche und emotionale Krankheiten ihre Ursache
in einem Ungleichgewicht von Geist, Seele und Leib hatten. Daher ist
die Kenntnis der verschiedenen Dimensionen des Menschseins und ihrer Spannungen untereinander für ein ganzheitliches Gesundsein erforderlich.

Darüber hinaus glaubte Jung, dass jeder von uns eine besondere Neigung oder Vorliebe für bestimmte Funktionen der Persönlichkeit in sich
trägt. Eine gesunde Persönlichkeitsentwicklung erfordert die lebenslange sorgsame Entfaltung dieser natürlichen Neigungen, nicht etwa
den Versuch, sie zu verändern. Reifwerdung bedeutete für Jung, dass
wir mehr und mehr fähig sind, mit unseren gewählten Präferenzen zu
leben und uns immer weniger von ihnen bedroht zu fühlen. 1921 ver-
öffentlichte Jung diese Vorstellungen in seinem Buch „Psychologische
Typen".[1]

Als die US-Amerikanerin Katharine Briggs das gerade frisch übersetz-
te Buch „Psychologische Typen" Jungs[2] entdeckte, begann sie – später
unterstützt von ihrer Tochter Isabel Briggs Myers – Jungs Theorie praktisch umzusetzen. Mutter und Tochter verstanden ihre Arbeit als Beitrag
zum Frieden in der Welt. Sie waren überzeugt, dass Kriege zum Teil dadurch verursacht werden, dass die meisten Menschen unfähig sind, die
Unterschiede menschlicher Persönlichkeit zu verstehen. Aus diesem
Grund entwickelten sie im Jahre 1942 eine Reihe von Fragen, um diese

Unterschiede messbar zu machen. Das Ergebnis war der Myers-Briggs Typenindikator. 1962 wurde das Persönlichkeitsinventar zusammen mit einem Benutzerhandbuch veröffentlicht.

1990 entwickelten die Autoren dieses Buches in Zusammenarbeit mit der Beltz Test GmbH und später mit der Testzentrale der deutschen Psychologen die erste deutschsprachige Version des Myers-Briggs Typenindikators. Die Ergebnisse unserer Zuverlässigkeitsstudien wiesen diese erste Version als ein in hohem Maße akkurates und gebrauchsfertiges Messinstrument aus. Als Ende der 90er Jahre der amerikanische Halter der Urherberrechte die Rechte der deutschen Version zurückzogen und eine eigene deutsche Übersetzung aus dem Amerikanischen auf den Markt brachten, entwickelten die Autoren gemeinsam mit der Testzentrale der Schweizer und Testzentrale der deutschen Psychologen (Hogrefe Verlag) John Goldens Profiler of Personality (GPOP) für den deutschsprachigen Raum, um im Sinne der wissenschaftlichen Zuverlässigkeit DIN-Normen zu gewährleisten. Der GPOP basiert auf der Jungschen Typentheorie und benutzt dieselbe Codierung, wie sie von Myers-Briggs eingeführt wurde. Der GPOP bietet eine zusätzliche Stressskala, die eine Brücke schlägt zwischen Persönlichkeitsmustern und neuronalen Reaktionen.

Mich versteht ja doch keiner

Menschen sind verschieden. Sie unterscheiden sich in ihren Neigungen. Die individuellen Unterschiede sind offensichtlich. Menschen haben unterschiedliche Vorstellungen, mögen verschiedene Dinge, bevorzugen verschiedene Zugänge zu den Dingen und freuen sich am Leben auf unterschiedliche Weise. Dennoch finden wir so etwas wie „rote Fäden", die das Verhalten der Individuen trotz ihrer unendlichen Mannigfaltigkeit durchziehen. Mit einigen Menschen kommen wir hervorragend zurecht, während andere für uns unverständliche Sprachen zu sprechen scheinen.

Die Menschen sind grundsätzlich einzigartige und schon als solche interessante Lebewesen. Sie können sich verändern, sind komplex, machen uns wütend, enttäuschen uns, erfreuen uns, verwirren uns. Wie können wir uns unterfangen, diese edlen Geschöpfe auch nur ansatzweise verstehen zu wollen?

Eine Möglichkeit besteht darin, die verschiedenen Neigungen zu betrachten, die die Menschen in ihrer Art, die Welt wahrzunehmen und Entscheidungen zu treffen, an den Tag legen. Jungs psychologische Typentheorie behauptet nun, dass sich eine Menge der scheinbar zufälligen Unterschiede menschlichen Verhaltens in eine konsequente Ordnung bringen lässt. Diese Ordnung beruht auf gewissen grundlegenden Unterschieden in der Art und Weise, wie Menschen bevorzugt *wahrnehmen* (sich ihrer Umgebung bewusst werden) und *beurteilen* (Schlüsse aus ihren Wahrnehmungen ziehen). Ziel ist, eine praktische Anwendung der Jungschen Theorie anzubieten.

Die Analyseinstrumente wurden geschaffen, um die grundlegenden Neigungen eines Menschen hinsichtlich seiner Wahrnehmung und Beurteilung zu ermitteln. Darüber hinaus haben wir jedoch auch die praktischen Auswirkungen dieser Neigungen im Blick. Die Vier-Buchstaben-Kürzel[3] können uns helfen, die Präferenzen unserer Persönlichkeitsfunktionen und Grundhaltungen zu klassifizieren und sie in vielen Gebieten zur Anwendung zu bringen, etwa in der Persönlichkeitsentwicklung, in Beziehungen, in der Arbeit, in der Lebens- und Berufsplanung, in der Aus- und Weiterbildung und in unserem spirituellen Bewusstsein.

Wir sind uns bewusst, dass diese Klassifizierungen die Einzigartigkeit des Individuums nicht gänzlich würdigen können. Dennoch können sie uns helfen, uns selbst und andere besser zu verstehen und gerade dadurch unsere eigene Einzigartigkeit noch besser zu erkennen. Jeder von uns besitzt besondere Eigenschaften, von denen wir Gebrauch machen können, um mit anderen in Beziehung zu treten.

Drittes Kapitel

Psychologische Typen

Ich möchte nachdrücklich betonen,
dass meine Typologie die Frucht vieler Jahre
praktischer Erfahrung darstellt.
C. G. Jung

Was ist die Typentheorie?

Die psychologische Typentheorie postuliert, dass menschliches Verhalten nicht zufällig ist: „Es stellt sich heraus, dass direkt hinter einer Fassade der Ordnung ein unheimliches Chaos lauern kann – und dass dennoch tief im Innern des Chaos eine noch unheimlichere Ordnung lauert."[1] Auch wenn menschliches Verhalten manchmal als zufällig angesehen wird, gibt es tatsächlich Muster.

Aus diesem Grund lässt sich menschliches Verhalten auch in „psychologische Typen" einordnen. Diese psychologischen Typen bestehen aus Mustern der Art und Weise, wie Menschen bevorzugt Informationen aufnehmen und aufgrund dieser Informationen Entscheidungen treffen. Daher werden hier Prozesse, nicht etwa die Personen selbst, klassifiziert bzw. typisiert. Es ist sehr leicht, aus diesem Prozessen Inhalte zu machen und diese Inhalte bestimmten Personen zuzuschreiben. Daher müssen wir gewissenhaft unser Augenmerk auf den Prozess bzw. die Funktion lenken, die wir beschreiben wollen.

Die psychologische Typentheorie nimmt an, dass sich jede bewusste geistige Aktivität in vier Funktionen einordnen lässt. Danach gibt es zwei Wahrnehmungsprozesse (über die fünf Sinne oder intuitiv) und zwei Beurteilungsprozesse (analytisch und wertorientiert). Da „jeder dieser Typen ... eher introvertiert oder extravertiert sein kann",[2] ergeben sich daraus weitere Unterteilungen. Die individuellen Neigungen für bestimmte dieser Prozesse haben unterschiedliches Verhalten zur Folge. Wir verhalten uns so, wie wir es tun, weil unsere Neigungen uns dazu bringen. Andere um uns her verhalten sich anders, weil sie andere Neigungen haben.

Neigungen oder Präferenzen sind mit grundlegenden Funktionen unserer Persönlichkeit verknüpft und äußern sich in allen Bezügen unseres

Lebens. In der Regel bleiben sie das ganze Leben hindurch ziemlich stabil. Auch wenn die Stärke einer Präferenz sich verändern kann, bleibt ihre Grundausrichtung stabil.

Präferenzen entwickeln sich in jungen Jahren und bilden die Grundlage unserer Persönlichkeit. Die Typentheorie geht davon aus, dass der Einzelne mit einer Voreinstellung zugunsten bestimmter Präferenzen auf die Welt kommt. Auch wenn dies der Fall sein mag und wir vielleicht auch Kinder auf diese Weise „typisieren" könnten, ist das Instrumentarium doch für Erwachsene gedacht. Das liegt daran, dass die bestimmten Neigungen sich erst dadurch stabilisieren, dass man sie ausübt. Sie bilden dann die Grundlage für die Differenzierung und Integration der Persönlichkeit. Kinder haben noch nicht das Stadium klarer Differenzierung erreicht und zeigen ihre Präferenzen daher noch nicht klar genug; sie sind noch dabei, all ihre Möglichkeiten zu erforschen, und legen dabei eine gewisse Bandbreite undifferenzierter Funktionen an den Tag.

Lebensthemen werden durch ihre Präferenzen unserer Persönlichkeit gewissermaßen „übersetzt". Unsere Präferenzen „diktieren" die Art und Weise, wie wir die Welt wahrnehmen und Entscheidungen treffen. Zwei Zeugen eines Geschehens können auf ein und denselben Reiz völlig unterschiedlich reagieren. Als z. B. die zwölf Kundschafter von ihrer Mission ins Gelobte Land zurückkehrten, gab jeder von ihnen Mose einen anderen Bericht.[3] Zwei von ihnen erzählten nur, dass das Land von Milch und Honig fließe. Die anderen jedoch berichteten genaue Einzelheiten über die Früchte (sie hatten sogar Kostproben mitgebracht), die Größe des dort wohnenden Volkes, die Zahl der Städte, die Landschaftsformen und andere Einzelheiten. Jedem war etwas anderes wichtig.

Uns geht es heute nicht anders. Manche von uns bekommen ihre Energie im Zusammensein mit anderen und treffen sich am liebsten oft mit Freunden, andere bevorzugen Spaziergänge in der Stille der Nacht. Manche von uns treffen ihre Entscheidung am liebsten aufgrund genauer Analysen, andere entscheiden auf der Grundlage persönlicher Wertvorstellungen. Die einen entscheiden spontan, die anderen wägen lange ab.

Diese unterschiedlichen Neigungen bilden den Kern unserer Reaktionen auf Menschen, Aufgaben und Ereignisse, ob diese uns nun anziehen oder abstoßen. Unser Persönlichkeitstyp muss daher nicht nur beschreiben können, was uns zufrieden stellt und anregt, sondern auch, was uns irritiert und frustriert.

Zentrale Bestandteile der Typentheorie sind die Konzepte *Polarität* und *dynamisches Gleichgewicht*. Die Spannungen unseres Lebens existieren in Form von Gegensätzen. Jeder Einzelne entwickelt eine Präferenz für einen der entsprechenden Pole und vernachlässigt den anderen. Je mehr die Präferenz entwickelt und gehegt wird, desto weniger entwickelt sich sein Gegenpol.

Ein Beispiel: Wer eine Präferenz für Sinneswahrnehmung hat, kann sich auf seine fünf Sinne in hohem Maße verlassen, während hingegen seine intuitive Wahrnehmung unterentwickelt und daher weniger verlässlich ist. Hierbei handelt es sich nicht um einen willkürlichen Aspekt der Typentheorie, sondern um die Grundbedingung menschlicher Erfahrung. Wenn sich die bewusste Aufmerksamkeit auf die Sinneswahrnehmung konzentriert, kann sie nicht gleichzeitig auf die Intuition gerichtet sein – und umgekehrt. Es ist zwar möglich, schnell von einem Ende des Kontinuums zum anderen zu wechseln; sich an beiden Enden gleichzeitig zu befinden, ist jedoch unmöglich. Aus diesem Grund gehen die Sinneswahrnehmung und die Entwicklung ihrer Möglichkeiten auf Kosten der Intuition. Die Funktionen des Wahrnehmens und des Entscheidens bilden die Grundlage der Persönlichkeitsstruktur.

Eine dritte Dimension in der psychologischen Typentheorie beschreibt die *Energiequelle* eines Menschen: An einem Ende der Skala liegt die Extraversion (Außenorientierung), am anderen die Introversion (Innenorientierung). Diese Energiequellen (oder Einstellungen) spielen eine bedeutende Rolle in der Persönlichkeitsstruktur, indem sie gleichsam das Energiefeld bestimmen, in dem unsere Funktionen agieren.

In Ergänzung zu Jungs Theorie der Persönlichkeitstypen entwickelten Briggs und Briggs Myers einen weiteren, vierten Aspekt:[4] die Einstellung gegenüber der Außenwelt. Diese Einstellung dient dazu, die dominante und die Neben-Funktion zu bestimmen, indem sie die Neigung zur Offenheit (= Wahrnehmen) oder Geschlossenheit (= Entscheiden) beschreibt.

Aus dem Gesagten geht hervor, dass das Instrumentarium zur Typentheorie aus vier Skalen besteht, die miteinander kombiniert insgesamt 16 Persönlichkeitstypen ergeben:

Extraversion (**E**)	⟵⟶	(**I**) Introversion
Sinneswahrnehmung (**S**)	⟵⟶	(**N**) I**N**tuitive Wahrnehmung
Analy**T**isches Entscheiden (**T**)	⟵⟶	(**F**) Wertorientiertes Entscheiden
Strukturorientierung (**J**)	⟵⟶	(**P**) Wahrnehmungsorientierung

Der Buchstabencode für diese vier Gegensatzpaare lehnt sich an die amerikanischen Begriffe an (siehe S. 52) und wurde beibehalten, um den internationalen Austausch zu erleichtern.

Innerhalb des Persönlichkeitskontinuums steht jeder der vier Pole in Spannung zu seinem Gegenüber. Eine gesunde Persönlichkeitsentwicklung erfordert, dass Sie Ihr Leben lang Ihre Präferenzen pflegen und sie in einer gesunden Spannung zu ihrem Gegenpol anwenden, anstatt Ihre Präferenzen verändern zu wollen.

Zusammenfassend: Es gibt Grundmuster menschlichen Verhaltens. Diese Muster basieren auf unseren individuellen Präferenzen, wie wir wahrnehmen und wie wir Entscheidungen treffen, und werden mit beeinflusst davon, wie wir unsere psychische Energie tanken. Diese Muster können darüber hinaus bestimmten Persönlichkeitstypen zugeordnet werden.

Im weiteren Verlauf wollen wir für die verschiedenen Einstellungen bzw. Funktionen die international üblichen Abkürzungen verwenden:

Einstellung:	Funktion:	Einstellung:
Extraversion **E**	Sinneswahrnehmung **S**	Strukturorientierung **J**
Introversion **I**	(Sensing)	(Judging)
	Intuitive Wahrnehmung **N**	Wahrnehmungs- **P**
	(Intuition)	orientierung
	Analytisches Entscheiden **T**	(Perceiving)
	(Thinking)	
	Wertorientiertes Entscheiden **F**	
	(Feeling)	

Wie identifiziere ich meinen eigenen Typ?

Die Identifizierung der eigenen Präferenzen kann eine lohnende Erfahrung sein. Manchmal ist diese Aufgabe leicht, macht Spaß und das Ergebnis ist offensichtlich. Gelegentlich kann es jedoch auch mühlselige Kleinarbeit sein, sich selbst einzuordnen.

Manche von Ihnen kennen sich vielleicht gut genug, um die eigenen Präferenzen gleich feststellen und die vielfältigen Dimensionen ihres Persönlichkeitstyps miteinander verknüpfen zu können. Vielleicht brauchen Sie aber auch Hilfestellung und klarere Unterscheidungen, bevor Sie daran gehen, Ihre eigenen Präferenzen herauszufinden. Gelegentlich mag ein objektives, analytisches und empirisches Vorgehen am meisten Erfolg versprechen; manchmal empfiehlt sich aber auch ein subjektiver, ganzheitlicher und introspektiver Zugang.

In vielen Fällen ist es wichtig, die Ergebnisse auf mehr als eine Art zu überprüfen. Auf jeden Fall aber werden Sie es als Bereicherung und Energiequelle erleben, wenn Sie Ihren eigenen Persönlichkeitstyp identifiziert haben.

Das wichtigste Ziel der Typentheorie ist, Ihnen Hilfestellung bei der Identifizierung der vier grundlegenden Präferenzen zu bieten. Diese Buchstabenkombinationen aus den Polen E-I, S-N, T-F und J-P weisen jeweils in die eine oder andere Richtung und zeigen damit an, in welche Richtung die Neigung ausgeprägter ist. Wir möchten nochmals darauf hinweisen, dass die Typentheorie und ihre Instrumente nicht dazu geschaffen sind, Charakterzüge und Verhaltensweisen quantitativ zu messen; es geht immer um die Erhellung von Präferenzen, also gewohnheitsbedingter Bevorzugung einer von zwei einander ausschließenden Alternativen.

Diese Präferenzen lassen sich durch eine Analogie verdeutlichen: Wir schreiben für gewöhnlich immer mit derselben Hand. Das heißt, wir haben eine deutliche Präferenz für die linke oder rechte Hand, mit der wir auch das letzte Mal nach einem Kugelschreiber gegriffen haben, um zu schreiben. An diesem Beispiel lassen sich die Eigenschaften einer Präferenz aufzeigen: Eine Präferenz lässt sich beobachten, bleibt auch über einen längeren Zeitraum stabil und wird ausgeübt, ohne dass wir groß darüber nachdenken oder jedes Mal eine neue Entscheidung treffen. Das Gleiche gilt auch für Persönlichkeitspräferenzen.

Es ist sehr leicht, die Präferenz eines Menschen für Rechts- oder Linkshändigkeit festzustellen; dazu bedarf es keines großen Nachdenkens oder aufwändiger Theorien und Testverfahren. Persönlichkeitspräferenzen dagegen sind wesentlich komplexer. Es bedarf äußerst gewissenhafter Beobachtung, um sie genau identifizieren zu können. Wenn Sie sich längere Zeit mit der Typentheorie beschäftigen, werden Sie zunehmend geschickter darin sein, ihre eigenen Präferenzen und die anderer Menschen zu identifizieren. Sie können diese Fähigkeit in dem Maße fördern, in dem Sie Ihr Verhalten reflektieren und Ihr Wissen über die Typentheorie und das menschliche Verhalten anwenden. Schon beim Lesen der folgenden Seiten werden Sie beobachten können, wie Sie selbst einige der beschriebenen Merkmale anderen gegenüber bevorzugen.

Gelegentlich werden Sie den Wunsch haben, Ihre Vorstellungen zu überprüfen. Ein Weg besteht darin, dass Sie Ihre Ideen in der Familie, mit Freunden oder Kollegen diskutieren. Eine andere Möglichkeit ist es, sich weiteres Material oder zitierte Literatur zu beschaffen oder an einem entsprechenden Seminar teilzunehmen. Vielleicht entscheiden Sie sich auch für eine systematischere Überprüfung Ihrer gewonnenen Einsichten und füllen einen Fragebogen aus – ein weiterer praktischer Schritt zur Selbsterkenntnis.

Viele Wege sind möglich, um die eigene Kompetenz zu erweitern; unsere Ideen lassen sich auf mannigfache Weise prüfen und verifizieren.

Ich hab' was gegen Schubladendenken ...

Einige unserer Leser und Leserinnen sind sicher interessierter an Neuigkeiten und Veränderungen als andere – ein Merkmal, das vom jeweiligen Typ bestimmt wird –, jedoch ist jeder von uns von Zeit zu Zeit zurückhaltend. Wenn Sie unser Buch bis hierher gelesen haben, gibt es dafür gute Gründe, die wir später untersuchen wollen. An dieser Stelle möchten wir gerne erst noch auf mögliche Vorbehalte eingehen, die Sie gegenüber Klassifizierungen von Menschen hegen könnten.

Nicht jeder will sich sofort mit der Vorstellung anfreunden, dass sich seine persönlichen Präferenzen in Einstellungen und Funktionen beschreiben lassen. Die *Gründe* aber, die Sie für Ihre Vorbehalte ins Feld führen, können wichtige Hinweise auf Ihren Typ geben![5]

So geben z. B. Personen mit einer *E-Präferenz* (Extraversion) gern an, sie seien zu beschäftigt; außerdem dauere es zu lange, bis sie das komplette Inventar durchgegangen seien. Introvertierte Menschen (*I-Präferenz*), die ihre Energie aus der Welt ihrer eigenen Gedanken schöpfen, sind oft sehr zurückhaltend damit, anderen gegenüber zu viel von sich preiszugeben. Die Furcht, nach außen „nackt" dazustehen, hindert sie, selbst wenn sie grundsätzlich den Sinn von Typologien akzeptieren.

Personen mit *S-Präferenz* (Sinneswahrnehmung) scheuen häufig die theoretische und abstrakte Natur der Typologie, weil sie stets um die unmittelbare praktische Anwendung eines Sachverhalts bemüht sind. Für sie geht es einfach nicht schnell genug „zur Sache". Wenn sie sich Schritt für Schritt mit dem Verständnis der Typologie beschäftigen müssen, stellt sich schnell Langeweile ein.

Wer dagegen eine *N-Präferenz* (Intuition) aufweist, empfindet wahrscheinlich die einleitende Darstellung als zu stark vereinfacht, zu einlinig und zu „programmiert". Dann halten sie die genannten Kategorien für zu beschränkt. „Warum gibt es bloß 16 Typen?" ist eine typische N-Frage.

Menschen mit einer Neigung zu analytischer Beurteilung (*T-Präferenz*) sind oft skeptisch, was die Wissenschaftlichkeit der Psychologie angeht. Ohne objektive Überprüfung der Validität und Verlässlichkeit (Grundbedürfnis eines „Denkers") eines psychologischen Instruments sind sie nicht bereit, die dazugehörigen Konzepte zu akzeptieren.

Wer hingegen eine *F-Präferenz* (wertorientiertes Entscheiden) besitzt, wehrt sich anfangs dagegen, Menschen in Schubladen sperren zu sollen und ihnen die Individualität zu rauben, die sie verdienen.

Menschen mit einer *J-Präferenz* (Strukturorientierung) reagieren auf den Vorschlag, die eigene Persönlichkeit zu klassifizieren, regelmäßig mit einer Antwort wie: „Ich habe bereits ein brauchbares Modell. Zeigen Sie mir erst mal, ob Ihr Konzept mir irgendwelche Vorteile für meine Arbeit bringt!"

Diejenigen, bei denen die Wahrnehmung dominiert (*P-Präferenz*), zeichnen sich dadurch aus, dass sie am liebsten alles möglichst offen lassen. Ihnen widerstrebt es daher oft, sich für eine einzige der möglichen Antworten im Test entscheiden zu müssen. Die Vorstellung, dass man sie nur einem einzigen Typ zuordnet, ist ihnen ein Gräuel, weil sie das als Einengung und endgültiges Verdikt empfinden.

Die Anzahl der möglichen Vorbehalte ist schier endlos, doch jeder Persönlichkeitstyp wird auch großartige Vorzüge entdecken, die mindestens ebenso zahlreich sind. Sie selbst, liebe Leserinnen und Leser, müssen bereits etwas entdeckt haben, was Ihnen entspricht, sonst hätten Sie das Buch schon längst beiseite gelegt. Vielleicht gehören Sie zu denjenigen, für die die Vorteile schon klar auf der Hand liegen? Oder suchen Sie weitere theoretische Grundlagen und empirische Daten? Haben Sie den Wunsch nach anschaulichen Beispielen? Sie werden bei der Fortsetzung Ihrer Lektüre feststellen, dass für jede und jeden von Ihnen etwas dabei ist.

Die vier Skalen

Die vier Skalen bestehen aus den beiden Grundfunktionen und Grundeinstellungen der Persönlichkeit. Die beiden mittleren Buchstaben – sozusagen das Zentrum Ihrer Persönlichkeit – beschreiben die Funktionen, die beiden äußeren die Einstellungen. Lassen Sie uns mit den Funktionen beginnen. Die folgenden Beschreibungen helfen Ihnen, Ihre eigenen Präferenzen zu identifizieren, wenn Sie sie immer wieder mit Ihrer eigenen Selbstwahrnehmung in Beziehung bringen.

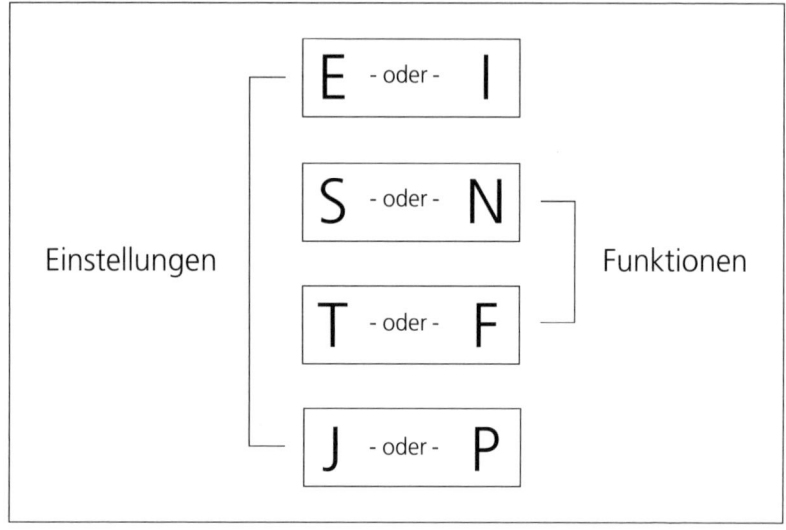

Denken Sie immer daran: Es gibt nicht „den" S-Typ; es gibt acht verschiedene Ausprägungen der Präferenz für Sinneswahrnehmung, je nach dem, wie die anderen Präferenzen ausgebildet sind. Dies gilt natürlich für jeden der anderen sieben Buchstaben genauso. Dennoch können wir die Grundeigenschaften jedes der acht Typen beschreiben; wir beginnen mit den Wahrnehmungsfunktionen.

Wahrnehmende Funktionen: Sinne und Intuition

„Irrationale Funktionen ... sind solche, die eine reine Wahrnehmung bezwecken, wie Intuieren und Empfinden."[6] Die Wahrnehmungsfunktionen sind nicht deshalb *irrational*, weil sie im Widerspruch zur Vernunft stehen, sondern weil der Vorgang des Wahrnehmens viel weniger rational steuerbar ist, als man gemeinhin denkt. Verschiedene Menschen können ein und dasselbe Objekt betrachten und doch zu einer völlig unterschiedlichen Wahrnehmung gelangen. So gibt es Menschen, die die Landschaft vor ihnen als „Wald" wahrnehmen, während andere „Bäume" sehen.

Sinneswahrnehmung (S)
Dieser Begriff und das dazugehörige Kürzel „S" beschreibt einen Wahrnehmungsvorgang, der von unseren fünf Sinnen bestimmt wird, von

Schmecken, Spüren, Sehen, Riechen und Hören. Ein Teil unserer Mitmenschen zeigt eine Präferenz dafür, sich bei der Wahrnehmung auf ihre fünf Sinne zu verlassen. Intuition („N") ist in jeder Hinsicht das genaue Gegenteil davon. Dieser Begriff beschreibt die Wahrnehmung durch unvermittelte Einsicht. Intuition steht für die Wahrnehmung über abstrakte Eindrücke. Ein Teil der Menschen zeigt eine Präferenz dafür, Informationen intuitiv zu gewinnen: durch den „sechsten Sinn", durch ein „Gespür für die Sache", durch „ein Kribbeln im Magen" – durch intuitive Gewissheit eben.

Auch wenn der S-Typ sowohl Wahrnehmung über die Sinne als auch über die Intuition verwendet, bevorzugt er doch die Möglichkeiten, die ihm die Sinneswahrnehmung bietet. Daher entwickelt er diese auch ständig weiter. S-Typen kennen die Welt, denn sie nehmen sie direkt durch ihre Sinnesorgane wahr. Sie vertrauen den Daten, die sie dadurch bekommen. Wer seine Sinne so über die Jahre differenziert und entwickelt hat, verfügt in der Regel über ein differenziertes Bewusstsein des aktuellen Geschehens, eine scharfe Beobachtungsgabe, ein hervorragendes Detailgedächtnis und einen hohen Realitätsbezug. S-Typen verschaffen sich so eine wohldefinierte Kenntnis ihrer Umwelt.

Sie verlassen sich lieber auf Erfahrung als auf Theorien und bevorzugen den Umgang mit „praktischen" Dingen. Glauben heißt Sehen. S-Typen glauben daran, dass es richtig ist, Dinge auf die gewohnte und konventionelle Weise zu tun; wenn sie etwas tun, nehmen sie regelmäßig bekannte und „wirkliche" Dinge als Ausgangspunkt. Sie gehen systematisch und Schritt für Schritt vor, haben stets die Details im Blick und unterziehen jede neue Einzelheit der Prüfung auf ihre Erfahrbarkeit und praktische Nutzanwendung. Für die meisten S-Typen ist „wahre Intelligenz" gleichbedeutend mit Vernünftigkeit, Präzision und gesundem Menschenverstand.

S-Typen fühlen sich in einer beruflichen Umgebung und Laufbahn wohl, in der es eher auf die geschickte Anwendung gut gelernten Wissens ankommt als auf die Entwicklung neuer Lösungswege. Sie bevorzugen eine klar definierte Vorgehensweise, eingespielte Routine und die Arbeit mit greifbaren Dingen gegenüber der Verwendung von Theorien und intuitiven Einsichten. S-Typen beschäftigen sich eher unter Verwendung konventionellen Wissens mit dem, was gerade anliegt, als dass sie große Durchbrüche erzielen würden. Sie bevorzugen klare Antworten auf klare Fragen und kümmern sich wenig um die weiteren Möglichkeiten, die in einer Situation verborgen liegen könnten.

S-Typen lieben greifbare Ergebnisse ihrer Arbeit und sind häufig mit dem Bestehenden zufrieden – warum etwas reparieren, was gar nicht kaputt ist? Sie stehen mit beiden Beinen fest auf dem Boden der Tatsachen und leben stets in der Gegenwart.

Intuitive Wahrnehmung (N)

Auch Menschen mit einer N-Präferenz gebrauchen sowohl ihre fünf Sinne als auch die intuitive Wahrnehmung; sie bevorzugen aber ihre Intuition, die sich dadurch auch immer weiter entwickelt.

N-Typen sehen die Dinge lieber so, wie sie sein könnten, als wie sie gerade tatsächlich sind. Sie lieben Abwechslung und Veränderung und versuchen, viele Dinge zugleich zu erledigen – statische Bedingungen und Stillstand schnüren ihnen die Luft ab. Sie sind in der Lage, neue Möglichkeiten zu sehen, Beziehungen zwischen verschiedenen Ideen herzustellen und das Potenzial einer Situation zu entdecken. Gut entwickelte N-Typen können komplexe Sachverhalte intuitiv richtig einschätzen; sie können abstrakte, symbolische und theoretische Beziehungen herstellen. Sie haben die Fähigkeit, zukünftige Möglichkeiten zu sehen und zu gestalten.

N-Typen verlassen sich lieber auf ihre Inspiration als auf Erfahrung und erliegen vollständig der Verlockung, die das „Mögliche" ihnen immer wieder neu bietet.

Sie sind an dem interessiert, was noch keiner kennt und noch niemand je versucht hat. Neue Sachverhalte lernen sie, indem sie instinktiv Bedeutungen und Beziehungen erfassen, wobei dies auf eher abstrakte und zufällige Weise geschieht. Für die meisten N-Typen ist „wahre Intelligenz" gleichbedeutend mit der Fähigkeit, komplexe Sachverhalte intuitiv richtig zu erfassen; schöpferische Eingebungen und imaginative Geistesblitze gehören für sie notwendig dazu.

N-Typen fühlen sich in einer beruflichen Umgebung bzw. Laufbahn am wohlsten, in der es eher darauf ankommt, in einem komplexen System die strukturierenden Muster zu entdecken, als sich mit praktischen Details herumschlagen zu müssen. N-Typen finden sich meist dort, wo neue Erkenntnisse geschaffen werden; sie sind weniger dort anzutreffen, wo es um die Anwendung bereits vorhandenen Wissens geht. Sie bevorzugen die Arbeit mit und an Theorien, die ihre Vorstellungskraft anregt; konkrete Daten auszuwerten, ist nichts für sie.

N-Typen reagieren sofort und bejahend auf jede intellektuelle Herausforderung; in ihrem Bestreben, immer Neues und Besseres zu erfinden, verpassen sie die Freuden, die der „gewöhnliche" Alltag bieten kann.

Deskriptoren	
Sinne (S)	Intuitiv (N)
Erfahrung	Gespür
Details	Strukturen
Gegenwart	Zukunft
praktisch	imaginativ
Tatsachen	Innovationen
folgerichtig	zufällig
Wiederholung	Abwechslung
Spaß an der Sache	Vorfreude
realistisch	spekulativ
konkret	abstrakt
Tun	Inspiration
tatsächlich	möglich
Brauchbarkeit	Fantasie
gegenständlich	begrifflich
mit beiden Beinen fest auf dem Boden stehend	über den Wolken schwebend

Entscheidungsfunktionen: analytisch und wertorientiert

„Denken und Fühlen sind rationale Funktionen, insofern sie durch das Moment der Überlegung ausschlaggebend beeinflusst sind."[7] Diese Funktionen sind als rational zu bezeichnen, weil sie durch die Vorherrschaft der Vernunft und der Urteilskraft gekennzeichnet sind. Die Entscheidungsfunktionen beleuchten die Art und Weise, wie wir Entscheidungen treffen und zu Schlussfolgerungen aus unseren Wahrnehmungen gelangen.

Analytisch (T für Thinking) bezeichnet hier den unpersönlichen, logischen Entscheidungsfindungsprozess, der auf Analysen und logischen Zusammenhängen aufbaut. Wertoreintiert (F für Feeling) steht hier für das Fällen von Urteilen auf der Grundlage subjektiver Vorstellungen, persönlicher Werte oder gesellschaftlicher Sitten und Gebräuche.

Analytisch (T)

Menschen mit einer T-Präferenz machen zwar sowohl von analytischen als auch von wertorientierten Erwägungen Gebrauch, bevorzugen aber die Benutzung ihres logischen Denkens, wenn sie Entscheidungen treffen. Sie entscheiden mit ihrem Kopf und verlassen sich auf objektives Nachdenken. Hochentwickelte T-Typen verfügen über stark ausgeprägte analytische Gaben und die Fähigkeit, Tatsachen objektiv abzuwägen, wobei sie sowohl erwünschte als auch unerwünschte Konsequenzen zu berücksichtigen in der Lage sind.

T-Typen haben ein großes Interesse an Prinzipien von Wahrheit und Gerechtigkeit. Sie sind scharfe und objektive Beobachter, die dazu neigen, von sich selbst abzusehen und eine Entscheidung von einem Standpunkt außerhalb der Situation zu treffen.

Sie wollen jeweils die Umgebung und das soziale Umfeld kennen und mit berücksichtigen, um zu präziseren Einschätzungen von Situationen zu kommen. Eine T-Präferenz äußert sich in Rationalität, Unparteilichkeit, einem Sinn für Fairness und in der Fähigkeit, logisch folgerichtig analysieren zu können.

T-Typen fühlen sich in Bereichen wohl, in denen kühles, präzises Kalkulieren und technische Begabung gefordert sind. Sie neigen zu langfristiger Planung, wobei sie nach strategischen Gesichtspunkten operieren und unpersönliche Ergebnisse vorziehen.

Wertorientiert (F)

Menschen mit einer F-Präferenz machen zwar sowohl von analytischen als auch von wertorientierten Erwägungen Gebrauch, ziehen es aber bei ihren Entscheidungen vor, sich von Zu- und Abneigungen, besonderen Wertvorstellungen oder der Wirkung leiten zu lassen, die ihre Entscheidung bei anderen auslöst.

Sie entscheiden mit ihrem Herzen und vertrauen ihren persönlichen Überzeugungen. Hochentwickelte F-Typen sind anpassungsfähig, können Werte und Normen klar zum Ausdruck bringen und sind sensibel genug, um feststellen zu können, was ihnen selbst und anderen Menschen im Leben am wichtigsten ist.

F-Typen zeigen viel Verständnis für andere und möchten gern enger mit ihnen zusammen sein. Ihnen sind gute Beziehungen und Harmonie äußerst wichtig. Sie verfügen über ein hohes Maß an Wärme, Mitgefühl und Einfühlungsvermögen; oft lassen sie das Wohlergehen anderer in ihre Entscheidungen einfließen.

Bei F-Typen fällt die Entscheidung, ob sie jemanden mögen oder nicht, oft auf den ersten Blick. Sie haben ein Grundbedürfnis nach Harmonie und fühlen sich in den Bereichen wohl, in denen Verständnis und Verständigungsbereitschaft hohe Werte darstellen, wenn es gilt, Entscheidungen zu treffen. Berufe, ja, Berufungen, in denen es möglich ist, soziale Werte auszudrücken und auszuleben, ziehen F-Typen förmlich an.

Für F-Typen ist Fähigkeit zum Umgang mit anderen Menschen wesentlich wichtiger als irgendeine praktische Fertigkeit.

Deskriptoren	
Analytisch (T)	**Wertorientiert (F)**
Kopf	Herz
objektiv	subjektiv
Zuordnung	Hingabe
Gesetze	Umstände
unpersönlich	persönlich
objektive Kriterien	persönliche Vertrautheit
Kritik	Würdigung
Standhaftigkeit	Überredung
Analyse	Einfühlsamkeit
Präzision	Überzeugungskraft
Kategorien	Übereinstimmung
Prinzipien	Wertvorstellung
politische Notwendigkeit	gesellschaftliche Werte

**Einstellung zur inneren Welt/äußeren Welt:
Extraversion und Introversion**

Wo befindet sich Ihre größte Energiequelle? In Ihrer Innenwelt? In der äußeren Welt? Jung stellte fest, dass die „gewohnheitsmäßige Einstellung Energieverlagerungen in so großem Ausmaß hervorbringt, dass es die Beziehungen zwischen den Funktionen beeinflusst". Täglich wenden wir alle uns in unserem Handlungen der Außenwelt zu. Täglich wenden wir uns unserer eigenen Innenwelt zu, um nachzudenken.

Extravertierte Menschen (E) beziehen ihre Energie aus Menschen und Dingen ihrer Um-, Mit- und Außenwelt. Dieses äußere Leben zieht sie an; sie verbringen weniger Zeit mit Nachdenken und Sinnieren; sie entwickeln ihre Gedanken beim Reden.

Introvertierte Menschen (I) erhalten ihre Energie aus der eigenen inneren Welt der Ideen, Gedanken und Abstraktionen. Ihr inneres Leben birgt so großen Reichtum, dass sie die Außenwelt nicht so stark brauchen.

Extravertiert (E)

Extravertierte Menschen lassen sich durch Herausforderungen und Situationen mobilisieren, die von außen an sie herangetragen werden. Sie handeln erst und reflektieren hinterher – vielleicht. E-Typen brauchen Beziehungen. Sie mögen Gruppen, denn in diesen und durch diese können sie „auftanken". Sie führen lieber mit vielen Menschen gleichzeitig eine Unterhaltung als nur mit einem Einzelnen. Unterhaltungen mit E-Typen geraten leicht auf die unterschiedlichen Bahnen und können eine unheimliche Bandbreite an Themen abdecken. Sie geben dem Leben Farbe. Extravertierte Menschen haben keine großen Hemmungen, auch völlig Fremden sehr persönliche Angelegenheiten zu erzählen.

Mit E-Typen kommt man sehr leicht in näheren Kontakt. Sie sind hochgradig interaktiv und brauchen einfach Beziehungen. Extravertierte Menschen leben primär in der Außenwelt.

Introvertiert (I)

Introvertierte Menschen beziehen ihre Energie aus den eigenen inneren Kraftquellen und aus Erfahrungen, die sie in und mit sich selber machen. Sie haben gern viel Zeit und Ruhe für sich allein; ehe man sich's versieht, ist man in ihre Privatsphäre eingedrungen. Wenn es etwas Besonderes gibt, teilen sie diese wertvollen Erfahrungen am liebsten mit einem einzigen oder höchstens mit einigen wenigen guten Freunden.

In Gesellschaft neigen I-Typen dazu, ihre Kommentare erst im Stillen zu „proben", bevor sie damit an die Öffentlichkeit gehen. Das erwarten sie eigentlich auch von anderen. Eine typische I-Antwort ist: „Lass uns noch mal wann anders darüber sprechen." Oder: „Ich rufe Dich deswegen noch mal an." Das ist keineswegs ein Zeichen der Unschlüssigkeit, sondern eher die Bitte um mehr Zeit, um die Antwort wirklich gut überlegen zu können.

I-Typen reflektieren erst und handeln dann – vielleicht. Sie sind oft reserviert, ruhig und nur schwer wirklich kennen zu lernen. Introvertierte Menschen sind eher daran interessiert, einen Gedanken tief und gründlich zu durchdenken, als viele Themen nur oberflächlich abzudecken.

Deskriptoren	
Extravertiert (E)	**Introvertiert (I)**
aktiv	reflektierend
nach außen	nach innen
Interaktion	Konzentration
umgänglich	reserviert
Leute	Privatsphäre
Redner	Zuhörer
viele	wenige
ausdrucksstark	ruhig und still
Weite	Tiefe
weit gefächert	intensiv
Außenwelt	Innenwelt

Einstellung zur äußeren Welt: Entscheiden und Wahrnehmen

Wenn Menschen in der Außenwelt agieren, tun sie das aus einer ganz bestimmten Neigung heraus. Sie treten mit ihrer Umgebung dadurch in Beziehung, dass sie dabei entweder eine Funktion der Beurteilung oder eine Funktion der Wahrnehmung anwenden.

Wenn jemand gegenüber der Außenwelt eine J-Präferenz zeigt, also eine Entscheidungsfunktion bevorzugt – entweder T (analytisch) oder F (wertorientiert) –, dann resultiert dies in der Neigung, Dinge zu entscheiden, zu beurteilen, festzulegen, zu planen, zu organisieren und genau nach Plan zu behandeln. Wer eine P-Präferenz hat und eine Wahrnehmungsfunktion bevorzugt – also S (über die Sinne) oder N (intuitiv) –, neigt dagegen dazu, möglichst alles offen zu lassen, um neue Wahrnehmungen nicht zu behindern. P-Typen schätzen es, flexibel zu bleiben, damit sie sich veränderten Bedingungen anpassen und das Leben in möglichst vielen Schattierungen erfahren können.

Strukturorientierung (J)
Unabhängig davon, ob sie die analytische (T) oder die wertorientierte (F) Beurteilungsfunktion zur Anwendung bringen – Menschen mit einer J-Präferenz haben stets das Bedürfnis danach, Dinge abschließend zu regeln. Sie bevorzugen einen durchorganisierten Lebensstil. Bequemlichkeit und Sicherheit bedeutet für sie, alles geplant zu haben. Sie lieben es,

wenn jedes Ding seinen Platz hat und alles auch da ist, „wo es hingehört". Ein J-Typ ist in der Regel kein Freund von Überraschungen. J-Typen stellen gern Listen und Verzeichnisse auf und verlassen sich darauf. Dadurch haben sie alles unter Kontrolle. Sie setzen stets klare Grenzen und haben genaue Vorstellungen, was wohin gehört. Sie planen im Voraus und halten Fristen und Termine ein. J-Typen zeigen gern Entschlossenheit.

Wahrnehmungsorientierung (P)
Egal, ob sie Wahrnehmung über die fünf Sinne (S) oder über die Intuition (N) bevorzugen – „Wahrnehmer" (P) lieben es, Unbekanntes zu erforschen. Sie lassen sich leicht ablenken und auf irgendein Nebengleis ziehen. P-Typen warten lieber ab und schauen, welche Anforderungen im Verlaufe des Geschehens auf sie zukommen. Sie betonen ihre Fähigkeit, auf neue Ideen eingehen zu können; und sie sind auch wirklich dazu in der Lage, sich schnell an neue Bedingungen anzupassen. P-Typen genießen es, neugierig zu sein und Überraschendes zu entdecken.

P-Typen versuchen stets, möglichst viel von ihrer Arbeit zum *Spiel* umzufunktionieren; wem etwas keinen Spaß macht, lohnt es sich wahrscheinlich gar nicht überhaupt damit anzufangen! Sie halten sich am liebsten alle Optionen offen und genießen den Prozess an sich.

Deskriptoren	
Beurteilend (J)	**Wahrnehmend (P)**
festgelegt	schwebend
organisiert	flexibel
Entschlossenheit	Wunsch nach mehr Information
Strukturierung	Fließgleichgewicht
Kontrolle	Erfahrung
entschieden	vorläufig
besonnen	spontan
Schluss der Debatte	Offenheit für Neues
Planung	Anpassung
Termine und Fristen	Entdeckungen
fertig und vollkommen	in statu nascendi
produktiv	rezeptiv
Ergebnis	Prozess

Die Bedeutung der vier Buchstaben im Code

Die Dynamik einer Persönlichkeit kommt in den Wechselwirkungen der verschiedenen mit Buchstaben definierten Funktionen zum Ausdruck. Die 16 beschriebenen Persönlichkeitstypen werden mit einem Vier-Buchstaben-Code beschrieben: z. B. ESTJ, INFP, ENTJ, ISTP usw. Die vier Buchstaben umreißen die innere Dynamik und stehen in Wechselbeziehung miteinander.

Die beiden mittleren Buchstaben

Die beiden mittleren Buchstaben sind ein besonders wichtiges „Pärchen". Sie bilden sozusagen die Zentrale oder den Kern unserer bewussten Persönlichkeit. Jeder von uns hat eine bevorzugte Funktion, über die er wahrnimmt (mit den fünf Sinnen: S oder intuitiv: N), und eine bevorzugte Funktion, über die er seine Wahrnehmungen beurteilt (analytisch: T oder wertorientiert: F). Durch die möglichen Kombinationen ergeben sich nun vier mögliche „Kern-Persönlichkeiten":

Beispiel:

☐ST☐

Kernpersönlichkeit mit den beiden ersten bevorzugten Funktionen.

Manchen von Ihnen wird das zu einfach erscheinen. Ein Mensch ist doch viel komplexer als solch eine mathematisch anmutende Kombination. Sie haben recht. Aber hinter diesem Vier-Buchstaben-Code steckt eine komplexe Dynamik, die wir Ihnen nun veranschaulichen wollen.

1. Die dominante Funktion
In diesen mittleren Paaren wirken also jeweils *zwei* Funktionen zusammen, um die für unsere Wahrnehmungen und Entscheidungen notwendigen Erwägungen auszuführen. In dieser Zusammenarbeit dominiert jeweils eine der genannten Funktionen über die andere. Auf die dominante Funktion werden Sie sich eher verlassen, ihr werden Sie vertrauen, ihr werden Sie in den allermeisten Fällen gegenüber der anderen den Vorrang geben. Diese Hauptfunktion nennen wir *dominante Funktion*.

2. Die sekundäre Funktion

Die andere Funktion, der Buchstabe, der übrig bleibt, muss sich mit dem zweiten Platz begnügen. Sie spielt nur eine unterstützende bzw. sekundäre Rolle. Aus diesem Grund wird sie als Hilfsfunktion oder sekundäre Funktion bezeichnet. Die *sekundäre Funktion* ergänzt unsere dominante Funktion und ordnet sich dieser unter.

Wenn wir uns aus einer ganzheitlichen Perspektive betrachten, erkennen wir freilich, dass wir nicht nur als ST, SF, NT oder NF existieren. Beide Endpunkte jeder Skala sind in uns vorhanden. Eine Typeneinschätzung dient ausschließlich dazu, unsere Präferenzen zu entdecken; nichtsdestotrotz gibt es in jeder und jedem von uns auch die jeweils entgegengesetzte Seite. Daher sind alle vier Dimensionen in unserer Persönlichkeit zu Hause; welche Rolle welche Dimension spielt, hängt von unseren Präferenzen ab.

Der erste und der letzte Buchstabe

Diese beiden Buchstaben bezeichnen unsere Einstellungen und lassen sich in der Regel sehr leicht identifizieren. Sie ermöglichen uns auch, unsere Kern-Persönlichkeit festzustellen.

Der erste Buchstabe des Typencodes ist immer E□□□ (Extraversion: Präferenz für die Außenwelt) oder I□□□ (Introversion: Präferenz für die Innenwelt der Gedanken und Ideen). Der letzte Buchstabe ist □□□J oder □□□P und steht für die Präferenz, die wir gegenüber der Außenwelt einnehmen: Mit □□□J beurteilen wir und bevorzugen abschließende Ergebnisse, mit □□□P nehmen wir wahr und bevorzugen Offenheit.

Es gilt: Ein I-Typ benutzt seine dominante Funktion in der Innenwelt, die sekundäre in der Außenwelt; der E-Typ benutzt dagegen seine dominante Funktion in der Außenwelt, die sekundäre in der Innenwelt.

Wir veranschaulichen dies mit einem Bild aus Tausendundeiner Nacht. Stellen Sie sich bitte zwei Städte vor, die jeweils von einem Kalifen regiert werden. In der introvertierten Stadt regiert der Kalif (die dominante Funktion) vom Palast aus und läst seinen Großwesir (sekundäre Funktion) die Angelegenheiten in der Stadt regeln. Der Kalif kümmert sich um die inneren Angelegenheiten und plant die nächsten politischen Schritte vom Schreibtisch aus (und ist dabei sehr effektiv). Der Großwesir hält währenddessen den Kontakt mit den Menschen in der Stadt.

Anders in der extravertierten Stadt. Dort besorgt der Großwesir (sekundäre Funktion) die Verwaltung und die Politik vom Palast aus, während der Kalif (dominante Funktion) in den Straßen den Kontakt mit den Menschen sucht und es vorzieht, die Dinge direkt und vor Ort zu regeln. Sein Erfolg bestätigt, dass dies für die Stadt die beste Lösung ist.

Um die dominante Funktion zu bestimmen, betrachten wir den letzten Buchstaben unseres vierbuchstabigen Typenindikators. Der letzte Buchstabe dient sozusagen als Sonde. Er kann nur die Außentemperatur messen. Konkret: Er kann feststellen, ob Sie in der Außenwelt eine beurteilende oder eine wahrnehmende Einstellung bevorzugen. Sobald wir unsere Einstellung kennen, ergibt sich dann das eine aus dem anderen. Beachten Sie: Nicht zufällig bezeichnen wir die eine Einstellung (J) als Strukturorientierung – sie verweist also auf die Präferenz für Entscheidungsverhalten T oder F. Und die andere Einstellung bezeichnen wir als Wahrnehmung (P) – denn sie weist auf die wahrnehmende Präferenz S oder N hin.

Fangen wir mit den Extravertierten an. Mit extravertierten Menschen (E□□□) lässt sich schnell Bekanntschaft schließen. Sie sind normalerweise direkt und teilen ihre Gedanken und Ideen gerne mit. Der *vierte* Buchstabe im Typenindikator eines Extravertierten gibt Aufschluss über seine dominante Funktion: Handelt es sich um einen E□□P, ist die Wahrnehmung (entweder Sinne oder Intuition) die dominante Funktion. So ist z. B. die dominante Funktion eines ESTP die Sinneswahrnehmung (S), die eines ENFP die Intuition (N). Ein E□□P findet seine dominante Funktion also an zweiter Stelle im Buchstaben-Code. Die dominante Funktion eines ESTP ist die Sinneswahrnehmung (S), die sekundäre Funktion das analytische Beurteilen (T). Beim ENFP ist die Intuition (N) dominant, während die wertorientierte Beurteilung (F) den Platz der sekundären Funktion einnimmt.

Im Gegensatz dazu ist bei einem E□□J die Beurteilungsfunktion dominant. Ein E□□J findet seine dominante Funktion an dritter Stelle im Buchstaben-Code. So ist beispielsweise bei einem ESFJ die wertorientierte Beurteilung (F) die dominante Funktion und S ist seine sekundäre Funktion. Bei einem ENTJ ist T dominant und N sekundär.

Die Regel:
Bei einem extravertierten Menschen weist der vierte und letzte Buchstabe auf die dominante Funktion hin.
Die dominante Funktion eines E□□P steht an zweiter Stelle im Code.
Die dominante Funktion eines E□□J steht an dritter Stelle im Code.

Kommen wir nun zu den Introvertierten. Es ist nicht so leicht, introvertierte Menschen richtig kennen zu lernen. Sie sind reservierter und behalten ihre Gedanken und Gefühle gern für sich. Sie zeigen das Zweitbeste nach außen und behalten das Beste ihrer Innenwelt vor, in der sie sich im Allgemeinen wohler fühlen. Im Typenindikator eines Introvertierten bezeichnet der letzte Buchstabe nicht die dominante, sondern die sekundäre Funktion (den Großwesir). Bei einem I□□P ist die Entscheidungsfunktion dominant, während die Wahrnehmung die Rolle der sekundären Funktion einnimmt. So ist bei einem ISFP die wertorientierte Beurteilung (F) die dominante Funktion, während die sinnesbetonte Wahrnehmung (S) die sekundäre Funktion darstellt. Entsprechend wirkt bei einem ISTP das analytische Entscheiden (T) dominant und die sinnesbetonte Wahrnehmung (S) unterstützend. Ein I□□P findet also an dritter Stelle im Code seine wichtigste, dominante Funktion.

Bei einem I□□J ist die Wahrnehmungsfunktion dominant und die Entscheidungsfunktion sekundär. Bei einem ISTJ ist z. B. die sinnesbetonte Wahrnehmung (S) die dominante Funktion und die analytische Beurteilung (T) die sekundäre Funktion. Ein I□□J findet seine dominante Funktion darum an zweiter Stelle im Code.

Die Regel:
Bei einem introvertierten Menschen weist der vierte und letzte Buchstabe auf die sekundäre Funktion hin.
Die sekundäre Funktion eines I□□P steht an zweiter Stelle im Code.
Die sekundäre Funktion eines I□□J steht an dritter Stelle im Code.

Die tertiäre und die inferiore Funktion

Bisher haben wir nur die ersten beiden Funktionen unserer Persönlichkeit behandelt, die dominante und die sekundäre Funktion. Es gibt aber zwei weitere, im Vier-Buchstaben-Code „unsichtbare" Funktionen, die das ganzheitliche Bild unserer Persönlichkeit vervollständigen. Diese Funktionen stellen besonders in der zweiten Lebenshälfte *die* Herausforderung für persönliches Wachsen und Reifen dar. Wenn man sie sich noch nicht bewusst gemacht hat, sorgen sie für die Stolpersteine im Alltag. Sie machen uns am meisten Ärger und immer wieder zu schaffen, besonders wenn andere Menschen an diese Seiten in uns rühren. Um welche Funktionen handelt es sich da? Die dritte oder *tertiäre* Funktion ist der Gegenpol zur sekundären Funktion; die vierte oder auch *inferiore* Funktion bildet den Gegenpol zu unserer dominanten Funktion. Der GPOP beschreibt die tertiäre als *Coaching*-Funktion und die inferiore als *Stress*-Funktion.

Ein Beispiel: Bei einem ESTP ist die sinnesbetonte Wahrnehmung (S)

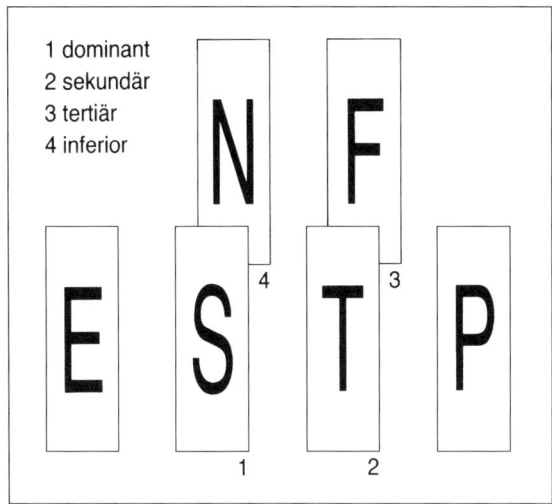

die dominante Funktion und die analytische Beurteilung (T) die sekundäre Funktion; der Gegenpol der sekundären Funktion, die wertorientierte Beurteilung (F), wird zur tertiären Funktion, während die Intuition (N) als Gegenpol zur dominanten Funktion die inferiore Funktion darstellt. Alle vier Dimensionen sind in unserer Persönlichkeit vorhanden. Wir zeigen zwar ausgeprägte Präferenzen für zwei dieser Funktionen, doch auch die beiden anderen spielen eine Rolle in unserer Gesamtpersönlichkeit.

Die folgende Übersichtstabelle zeigt Ihnen die vier Funktionen aller 16 Typen.

ISTJ	ISFJ	INFJ	INTJ
S Dominant	**S** Dominant	**N** Dominant	**N** Dominant
T Sekundär	**F** Sekundär	**F** Sekundär	**T** Sekundär
F Tertiär	**T** Tertiär	**T** Tertiär	**F** Tertiär
N Inferior	**N** Inferior	**S** Inferior	**S** Inferior

ISTP	ISFP	INFP	INTP
T Dominant	**F** Dominant	**F** Dominant	**T** Dominant
S Sekundär	**S** Sekundär	**N** Sekundär	**N** Sekundär
N Tertiär	**N** Tertiär	**S** Tertiär	**S** Tertiär
F Inferior	**T** Inferior	**T** Inferior	**F** Inferior

ESTP	ESFP	ENFP	ENTP
S Dominant	**S** Dominant	**N** Dominant	**N** Dominant
T Sekundär	**F** Sekundär	**F** Sekundär	**T** Sekundär
F Tertiär	**T** Tertiär	**T** Tertiär	**F** Tertiär
N Inferior	**N** Inferior	**S** Inferior	**S** Inferior

ESTJ	ESFJ	ENFJ	ENTJ
T Dominant	**F** Dominant	**F** Dominant	**T** Dominant
S Sekundär	**S** Sekundär	**N** Sekundär	**N** Sekundär
N Tertiär	**N** Tertiär	**S** Tertiär	**S** Tertiär
F Inferior	**T** Inferior	**T** Inferior	**F** Inferior

Wenn Sie von sich sagen: „Irgendwie bin ich heute gar nicht ich selbst", dann liegt das oft daran, dass unbewusste Inhalte über Ihre vierte oder inferiore Funktion ins Bewusstsein gespült werden.

Ein Persönlichkeitstyp mit dominantem T (analytische Beurteilung) z. B. erfährt unter Stress F (wertorientierte Beurteilung) als inferiore Funktion. Werden T-Typen von ihrer inferioren Funktion (also F) bestimmt, äußert sich das oft in einem undifferenzierten Umgang mit persönlichen Werten, eventuell werden sie von Gefühlen überschwemmt und spüren Kontrollverlust.

F-Typen, die von ihrer inferioren Funktion (T) bestimmt werden, wirken unter Stress entweder herrisch, kalt oder verletzend oder sind sich selbst Angeklagter und Scharfrichter in einer Person.

Intuition (N), die inferiore Funktion eines S-Typen (sinnesbetonte Wahrnehmung), äußert sich z. B. in dunklen, pessimistischen Ahnungen oder sie haben den Eindruck, dass sie den festen Boden unter den Füßen verlieren, wenn zu viele Optionen in der Außenwelt auftauchen.

Wenn die sinnesbetonte Wahrnehmung (S), die inferiore Funktion eines intuitiv dominierten Menschen (N), am Ruder ist, verliert sich der Mensch entweder in den Details, kann sich nicht mehr an wichtige Details erinnern oder verliert das Gespür für die Bedürfnisse des eigenen Körpers.

Häufig fällt es uns am schwersten, die Menschen zu verstehen, deren dominante Funktion mit unserer inferioren Funktion identisch ist. So denken z. B. diejenigen, deren sinnesbetonte Wahrnehmung (S) dominiert, dass Theorien, genaue Zukunftsplanungen und das Bewusstsein für größere Zusammenhänge nicht so wichtig sind, während intuitiv dominierte Typen der Ansicht sind, dass die Konzentration auf das Hier und Jetzt dazu führt, dass man sich festfährt und in Einzelheiten verliert.

Analytisch urteilenden T-Typen betrachten die wertedominierten F-Typen als zu nett und weich, während diejenigen, deren dominante Funktion die wertorientierte Wahrnehmung (F) darstellt, sich über die Distanziertheit der T-Typen ärgern und ihr Verhalten bisweilen als herzlos empfinden.

Wenn wir mit anderen zusammenarbeiten, ist es hilfreich, an deren dominante Funktion zu appellieren. So können wir sichergehen, dass jede und jeder auf möglichst produktive und angemessene Art in die Teamarbeit einbezogen wird.

Zusammenfassend können wir feststellen: Die bestimmenden Faktoren, die die Einzigartigkeit jeder Persönlichkeit ausmachen, sind ihre Präferenzen, das Zusammenspiel der Funktionen und die vorherrschenden Einstellungen. Die dynamische Beziehung dieser Variablen untereinander ergibt die 16 Persönlichkeitstypen des folgenden Schemas:

Quelle der Übersichtstabelle auf den folgenden Seiten: Golden, Bents, Blank: GPOP – Golden Profiler od Personality, Verlag Hans Huber, Bern, 2004.

Typen mit Sinneswahrnehmung und

analytischer Beurteilung | wertorientierter Beurteilung

Innenorientierte mit urteilender Einstellung

Innenorientierte mit wahrnehmender Einstellung

Außenorientierte mit Wahrnehmungsorientierung

Außenorientierte mit Strukturorientierung

ISTJ

Ernsthaft; ruhig; Konzentration und Gründlichkeit. Praktisch; ordentlich; sachlich; logisch; realistisch und zuverlässig. Achten auf gute Organisation. Übernehmen Verantwortung. Entscheiden, was getan werden muss, und tun es. Lassen sich weder von Protesten noch Ablenkungen davon abbringen.

Zeigen nach außen eher ihre analytisch bewertende Stelle, verlassen sich innen eher auf ihre Sinneswahrnehmung.

ISFJ

Ruhig; freundlich; verantwortungsbewusst und gewissenhaft. Arbeiten engagiert, um ihren Verpflichtungen nachzukommen. Persönliche Beziehungen sind ihnen wichtig. Gründlich; sorgfältig; genau. Für technische Dinge brauchen sie mehr Zeit, da dies nicht zu ihren Stärken gehört. Geduldig, wenn es um Details und Routine geht. Loyal; rücksichtsvoll; kümmern sich um persönliche Anliegen der anderen.

Zeigen nach außen eher ihre wertorientiert bewertende Seite, verlassen sich innen eher auf Sinneswahrnehmung.

ISTP

Kühle Beobachter; ruhig; zurückhaltend; analysieren ihre Umgebung mit zurückhaltender Neugier und äußern sich spontan mit originellem Humor. Gewöhnlich Interesse für unpersönliche Vorgänge, Ursache und Wirkung oder wie und warum Geräte funktionieren. Verausgaben sich nur soweit wie notwendig, weil Energieverschwendung uneffizient ist.

Zeigen nach außen eher ihre Sinneswahrnehmung, verlassen sich innen eher auf ihr analytisches Urteil.

ISFP

Zurückhaltend; unauffällig; freundlich; sensibel; bescheiden im Urteil über eigene Fähigkeiten. Scheuen Auseinandersetzungen, drängen sich mit ihrer Meinung nicht auf. Führen meist nicht, sind aber loyale Mitarbeiter. Lassen sich nicht drängen, wenn es darum geht, Dinge zu erledigen, weil sie den Moment genießen und sich nichts durch unnötige Hast oder Anstrengung verderben lassen wollen.

Zeigen nach außen eher ihre Sinneswahrnehmung, verlassen sich innen eher auf ihr wertorientiertes Urteil.

ESTP

Sachlich; „Eile mit Weile"; sorglos; sind zufrieden mit dem, was gerade da ist. Mögen mechanische Geräte und Sport – und Freunde dabei. Manchmal zu direkt oder unsensibel. Beschäftigen sich mit Mathematik und Naturwissenschaft, wenn sie es für notwendig ansehen. Mögen keine langen Erklärungen. Am besten mit praktischen Dingen, die man anfassen, auseinander nehmen und wieder zusammensetzen kann.
Zeigen nach außen eher ihre Sinneswahrnehmung, verlassen sich innen eher auf ihr analytisches Urteil.

ESFP

Aufgeschlossen; umgänglich; entgegenkommend; freundlich; begeistern sich, wenn etwas los ist. Mögen Sport und basteln gern. Wissen, wann und wo etwas los ist, und sind sofort mit von der Partie. Haben eher ein Gedächtnis für Fakten als für Theorien. Am besten in Situationen, die praktische Vernunft und praktische Fähigkeiten verlangen – mit Menschen oder Dingen.

Zeigen nach außen eher ihre Sinneswahrnehmung, verlassen sich innen eher auf ihr wertorientiertes Urteil.

ESTJ

Praktisch; realistisch; sachlich; natürliches Talent fürs Geschäft oder für Technik. Nicht interessiert an Dingen ohne unmittelbare Nutzanwendung, können sich aber hineinfinden, wenn nötig. Finden Gefallen an Organisation und managen gern Veranstaltungen. Sorgen für einen guten Ablauf, besonders dann, wenn sie nicht vergessen, auf die persönlichen Ansichten der anderen Rücksicht zu nehmen, wenn sie ihre Entscheidungen treffen.
Zeigen nach außen eher ihre analytisch bewertende Seite, verlassen sich innen eher auf ihre Sinneswahrnehmung.

ESFJ

Warmherzig; redselig; beliebt; gewissenhaft; geborene Teamer; aktive Mitglieder im Ausschuss oder Verein. Tun stets etwas Nettes für andere. Arbeiten am besten, wenn man sie ermutigt und lobt. Kein Interesse an abstrakten Gedanken oder technischen Fächern. Hauptinteresse an solchen Dingen, die direkt und offensichtlich etwas mit anderen Menschen zu tun haben.

Zeigen nach außen eher ihre wertorientiert bewertende Seite, verlassen sich innen eher auf ihre Sinneswahrnehmung.

wertorientierter Entscheidung — analytischer Entscheidung

INFJ

Erfolgreich durch Ausdauer, Originalität und den Wunsch, alles zu tun, was von ihnen verlangt wird. Für ihre Arbeit geben sie ihr Bestes. Unaufdringlich, aber bestimmt; gewissenhaft; kümmern sich um die Belange anderer. Geschätzt wegen ihrer Prinzipientreue. Ansehen und Mitarbeit erreichen sie aufgrund ihrer klaren Überzeugungen, wie man dem Gemeinwohl dient.
Zeigen nach außen eher ihr wertorientiertes Entscheiden, verlassen sich innen eher auf ihre intuitive Wahrnehmung.

INTJ

Originelle Denker mit großem Antrieb, wenn es um ihre eigenen Ideen und Ziele geht. Auf Gebieten, die ihnen liegen, können sie gut organisieren und etwas durchführen – mit und ohne Unterstützung. Skeptisch; kritisch; unabhängig; entschlossen; oft stur; müssen lernen, weniger wichtige Dinge um der größeren Sache willen aufzugeben.
Zeigen nach außen eher ihre analytisch bewertende Seite, verlassen sich innen eher auf ihre intuitive Wahrnehmung.

INFP

Enthusiastisch und loyal – sprechen davon aber erst, wenn sie einen gut kennen. Legen großen Wert auf Weiterbildung, Ideen, Sprache und ihre eigenen Projekte. Neigen dazu, sich zu viel vorzunehmen, beenden jedoch, was sie einmal angefangen haben. Freundlich, aber manchmal zu sehr in sich selbst versunken, verpassen deshalb Geselligkeiten und nehmen ihre Umgebung nicht wahr.

Zeigen nach außen eher ihre intuitiv wahrnehmende Seite, verlassen sich innen eher auf ihr wertorientiertes Urteil.

INTP

Ruhig; zurückhaltend; schneiden in Examen gut ab, besonders in theoretischen und wissenschaftlichen Fächern. Logisch bis zum Punkt der Haarspalterei. Interessieren sich hauptsächlich für Ideen. Keine Freunde von ausgelassenen Feiern oder unverbindlichem Geplauder. Scharf abgegrenzte Interessen. Müssen eine berufliche Laufbahn wählen, in der sie einige ihrer starken Interessen pflegen und nutzbringend anwenden können.
Zeigen nach außen eher ihre intuitiv wahrnehmende Seite, verlassen sich innen eher auf ihr analytisches Urteil.

ENFP

Begeisterungsfähig; hochgradig motiviert; geistreich; fantasievoll. Fähig, alles zu tun, was sie interessiert. Kommen in einer schwierigen Situation schnell mit einer Lösung und sind bereit, jedem bei einem Problem zu helfen. Verlassen sich oft auf ihr Improvisationstalent, statt sich rechtzeitig vorzubereiten. Können immer triftige Gründe für das finden, was sie wollen.

Zeigen nach außen eher ihre intuitiv wahrnehmende Seite, verlassen sich innen eher auf ihr wertorientiertes Urteil.

ENTP

Schnell; geistreich; gut auf vielen Gebieten. Wirken stimulierend auf andere; wach und offen; nehmen aus Spaß auch mal die Gegenposition eines Arguments ein. Geschickt bei der Lösung von schwierigen Problemen, nachlässig jedoch, wenn es um Routinearbeit geht. Wenden sich immer wieder neuen Interessen zu. Können immer eine logische Begründung finden für das, was sie wollen.
Zeigen nach außen eher ihre intuitiv wahrnehmende Seite, verlassen sich innen eher auf ihr analytisches Urteil.

ENFJ

Zugänglich und verantwortungsbewusst. Legen Wert auf anderer Leute Meinung und Wünsche und versuchen, die persönlichen Gefühle der anderen zu berücksichtigen. Können einen Vorschlag einbringen oder eine Diskussion mit Umsicht und Takt leiten. Aufgeschlossen; beliebt; beteiligen sich an Aktivitäten außerhalb der regulären Arbeitszeit, finden aber genug Zeit, ihr Pflichtpensum zu erledigen.
Zeigen nach außen eher ihr wertorientiertes Entscheiden, verlassen sich innen eher auf ihre intuitive Wahrnehmung.

ENTJ

Kernig; offen; können gut lernen; Führertypen. Sehr gut im analytischen Denken und wenn es auf intelligente Argumentation oder kluge Rede ankommt. Sind gut informiert und pflegen ihren Wissensstand. Manchmal zu selbstsicher – auch in Bereichen, in denen sie nur wenig Expertenwissen besitzen.

Zeigen nach außen eher ihre analytisch bewertende Seite, verlassen sich innen eher auf ihre intuitive Wahrnehmung.

Strukturorientierung — Innenorientierte mit
Wahrnehmungsorientierung
Wahrnehmungsorientierung — Außenorientierte mit
Strukturorientierung

ESTJ

(extravertiertes analytisches Entscheiden mit Sinneswahrnehmung)

Sie sind *der* Organisator, Sie organisieren alles in Ihrer Umgebung. Sie gehen mit einer praktisch nüchternen Einstellung an die Dinge heran. Ihnen geht es gut, wenn Sie die Fakten in den Griff bekommen und planen können. Sie setzen Termine und halten sich an Termine. Sie mögen klare Strukturen und Sie mögen, wenn man vorhersagen kann, was passiert. Wenn Sie Entscheidungen treffen und ein Problem lösen müssen, orientieren Sie sich an ähnlichen Erfahrungen aus der Vergangenheit. Sie leben nach dem Motto „Volldampf voraus!" und „Was nicht kaputt ist, muss auch nicht repariert werden".

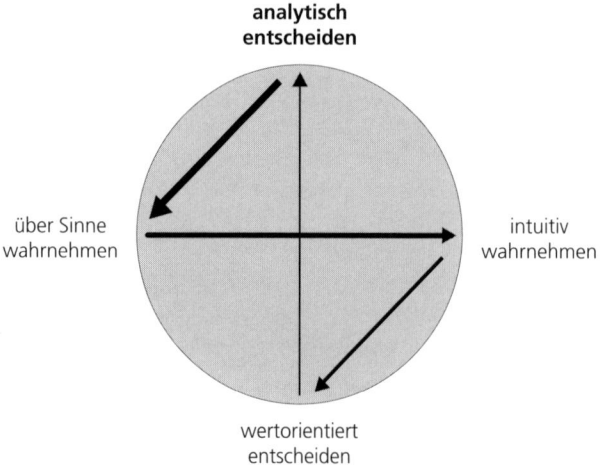

Ihre dominante Funktion ist analytisches Entscheiden (T). Sie legen Wert auf absolute Objektivität. Subjektive Werte und Gefühle sollten bei Entscheidungen keine Rolle spielen. Sie machen kein Hehl daraus, was Ihre Ansichten sind, und erwarten von den anderen dasselbe. Bei Ihren Entscheidungen können Sie sich auf Ihre konsequente Logik verlassen und Ihre Erfahrungen aus der Vergangenheit helfen Ihnen dabei. Kein Wunder, dass Sie misstrauisch werden, wenn andere mit ungewöhnlichen Vorgehensweisen kommen. Sie setzen hohe Maßstäbe und zeigen kein Verständnis für ineffizientes und uneffektives Arbeiten.

Ihre Hilfsfunktion ist Sinneswahrnehmung (S). Sie vertrauen solchen Informationen, die sich an den Verhältnissen in der wirklichen Welt orientieren. Routinen und Wiederholbarkeit stören Sie nicht. Im Gegenteil. Sie mögen Systeme und Vorgänge, bei denen man Schritt für Schritt vorgehen und sich an dem orientieren kann, was Ihnen irgendwie bekannt vorkommt. Wenn Sie ein Problem lösen sollen, muss es für Sie in einen Plan mit Zahlen, Daten und Fakten münden. Klare Optionen sind Ihnen lieb und Sie vermeiden jede Art von Ambivalenz.

Ihre tertiäre und inferiore Funktionen sind Intuition (N) und wertorientiertes Entscheiden (F). Man stößt bei Ihnen auf Intoleranz, wenn Unpraktisches vorgeschlagen wird und wenn Kollegen übermäßig emotional werden. An Diskussionen über irgendwelche Theorien oder Ideen beteiligen Sie sich nicht. Kein Verständnis haben Sie für emotionale Ausbrüche oder Entscheidungen, die nicht auf praktischen Überlegungen beruhen.

Ihre Präferenz für Extraversion und Strukturorientierung ist Basis für eine Führungsrolle, wie man sie vor allem in Behörden und im Sozialbereich erwartet. Ihre Präferenz für Extraversion hilft Ihnen, die Dinge in die Hand zu nehmen und offen über Ihre klaren Ansichten und Entscheidungen zu sprechen. Ihre Präferenz für Strukturorientierung ist der Rahmen, in dem Sie Regeln und Abläufe festgelegt haben. Sie mögen ein harmonisches, ordentliches, geregeltes Familienleben. Sie schätzen Ihren Besitz und haben kein Verständnis für jede Art von Verschwendung. Sie sind ein ergebnisorientierter Mensch und orientieren sich an hohen Maßstäben.

ENTJ (extravertiertes analytisches Entscheiden mit Intuition)

Sie wollen führen und leiten. Andere Typen können auch führen, Sie jedoch können es nicht aushalten, nicht zu führen. Sie haben den Überblick und wissen von allen Möglichkeiten, welche die richtige ist. Sie treffen die Entscheidung und setzen alle in Marsch in Richtung Ziel. Sie sind nicht damit zufrieden, als stiller Beobachter im Hintergrund zu bleiben.

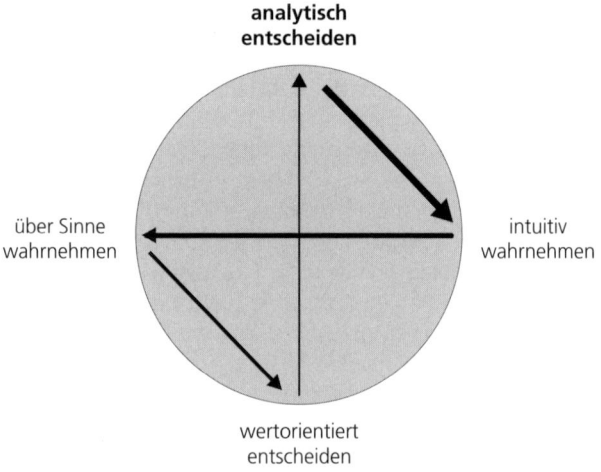

Ihre dominante Funktion ist analytisches Entscheiden. Sie leben in der Welt der Gedanken und sind ein scharfer Analytiker. Analyse und objektive Kritik sind Ihre zweite Natur. Sie tun sich schwer, sich irgendwelche Aufrufe anzuhören, die alles andere als vernünftig sind. Sie mögen Langzeitplanung. In klarer Voraussicht sehen Sie, was potenziell schief gehen könnte. Harte und schmerzhafte Entscheidungen zu treffen, das macht Ihnen keine Angst. (Es gibt eigentlich nicht viel, was Ihnen Angst machen könnte.)

Ihre Hilfsfunktion ist Intuition. Ihr Intellekt und Ihre Neugier saugen neue Ideen, Theorien und komplexe Probleme auf. Sie „sehen" eine Reihe von Möglichkeiten für jede Situation und Problemlösen ist wie Kaffee für Sie. Sie glänzen in Positionen, in denen innovative Lösungen verlangt werden.

Ihre tertiäre und inferiore Funktion ist Wahrnehmung über die Sinne (S) und wertorientiertes Entscheiden (F). Sie langweilen sich, wenn Leute sich in Einzelheiten verlieren oder nur erzählen, was tatsächlich passiert ist. Frustration kommt auf, wenn in bestimmten Situationen die Möglichkeiten nicht bedacht werden. Es nervt Sie, wenn jemand nicht mit Feedback umgehen oder nicht sagen kann, was er denkt. Was andere als Kritik verstehen, ist für Sie ein Feedback.

Aufgrund Ihrer Präferenz für Extraversion und Strukturorientierung sagen Sie, was Sie denken, und Sie treffen Entscheidungen, wenn sie getroffen werden müssen. Risiken sind kein Problem für Sie, vor Veränderung scheuen Sie sich nicht. Sie sind direkt im Umgang mit Menschen und sagen, was Sie denken. Manchmal haben Sie unmöglich hohe Ansprüche an sich selbst und andere, was Leistung betrifft. Sie erleben eine Wellenlänge zu Menschen eher auf der Ebene der Ideen und nicht so sehr auf der persönlichen Ebene. Sie bringen, wenn es darauf ankommt, den kreativen Intellekt ein, mit dem Sie gängige Theorien grundsätzlich in Frage stellen und schnell aufs Ziel zusteuern.

ISTP (introvertiertes analytisches Entscheiden mit Sinneswahrnehmung)

Sie haben ein hoch entwickeltes Gespür dafür, wie man objektiv und sachlich Situationen analysiert und aufmerksam Ergebnisse verfolgt. Sie setzen Ihr Denken ein beim Arbeiten und Spielen (beides ist für Sie manchmal ein und dasselbe). Sie versuchen zu verstehen, *wie* das Leben funktioniert, und nicht unbedingt *warum*. Sie sind flexibel. Wenn neue Ideen auftauchen, setzen Sie sich in einer sehr elementaren Weise damit auseinander: Wenn eine neue Situation auftaucht, möchten Sie wissen, was und wie man das Neue benutzen kann – und fragen sich „Welchen Nutzen habe ich davon?".

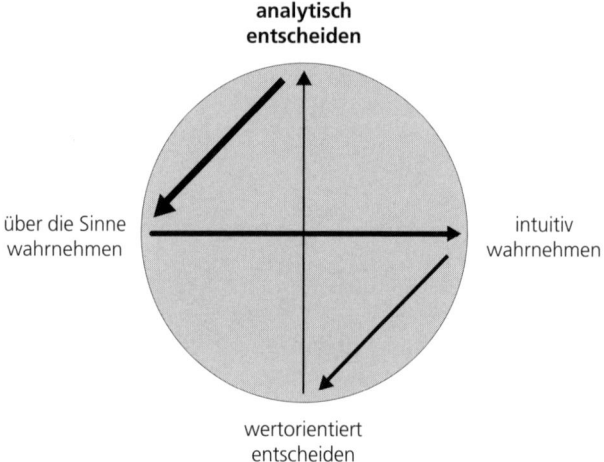

analytisch entscheiden

über die Sinne wahrnehmen

intuitiv wahrnehmen

wertorientiert entscheiden

Ihre dominante Funktion ist analytisches Entscheiden. Wenn Sie ein Problem lösen wollen, tauchen Sie ganz in die Materie ein und konzentrieren sich dann auf die *eine* Sache. Sie können sich strategisch von Ablenkungen fern halten. Sie sind stolz auf das, was Sie tun. Sie arbeiten sehr genau und Ihnen unterläuft kaum ein Fehler. Sie sind ein unabhängiger Denker, der ohne Zuspruch von außen oder Unterstützung von anderen seine Arbeit tun kann. Sie schweigen, solange alles nach Plan läuft. Wenn jedoch ein Problem auftaucht, sind Sie der Erste, der darauf hinweist.

Ihre Hilfsfunktion ist die Sinneswahrnehmung (S). Dadurch leben Sie im Hier und Jetzt. Sie leben von Moment zu Moment. Oft meldet sich Ihr inneres Daten-Ich: Sie versuchen immer wieder, sich mit dem letzten kleinen Detail zu beschäftigen. Ihnen ist wichtig, dass Sie genau sind und dass man Sie klar und deutlich versteht.

Ihre tertiäre und inferiore Funktion sind Intuition (N) und wertorientiertes Entscheiden (F). Irgendwelche abstrakten Vorstellungen und Gefühligkeiten von Menschen interessieren Sie nicht so sehr. Sie empfinden es als Zeitverschwendung, sich langatmig über Möglichkeiten zu unterhalten oder über unlogische Lösungswege. Sie machen sich auch nichts aus nutzlosem Gerede, besonders dann nicht, wenn es am Arbeitsplatz stattfindet.

Ihre Präferenz für Introversion empfiehlt Ihnen immer wieder, den Ort der Ruhe und des Friedens aufzusuchen. Sie arbeiten lieber allein. Sie schätzen einen Arbeitsplatz, an dem man Zeit zum Nachdenken hat. Ihre Präferenz für Wahrnehmungsorientierung ist der Grund, warum Sie gern aus einem spontanen Impuls heraus handeln. Sie leben lieber für den Augenblick statt in vorgegebenen Strukturen und ständigen Verpflichtungen. Die wenigen Menschen, die Sie als Ihre Freunde bezeichnen, beschreiben Sie als einen praktischen, bodenständigen Menschen mit großem Durchhaltevermögen, der ganz im Hier und Jetzt lebt. Sie haben die Fähigkeit, Ihren Erfolg zu gestalten, weil Sie sehr praktisch veranlagt sind und Ergebnisse erzielen möchten.

INTP (introvertiertes analytisches Entscheiden mit Intuition)

INTPs sind gewöhnlich eher in der Welt der Gedanken zu Hause als in der Welt der Menschen. Sie sehen die Welt durch eine bestimmte Linse – die Welt besteht aus Problemen, die gelöst werden müssen, und Ideen, über die man nachdenken muss. Sie bieten faszinierende Einsichten, Originalität und Forschungsdrang. Ihre rational logischen Überlegungen verbinden sich mit einem ständigen Fluss imaginativer Vorstellungen. Systeme üben eine Anziehung auf Sie aus und Sie sehen oft vor den anderen die operativen Muster solcher Systeme. Die objektive und unpersönliche Art eines INTPs lässt Sie in den Augen anderer als distanziert und als jemand erscheinen, der schwer kennen zu lernen ist. Die offene Struktur Ihrer Persönlichkeit verführt Sie dazu, viele Projekte zu beginnen und wenige abzuschließen.

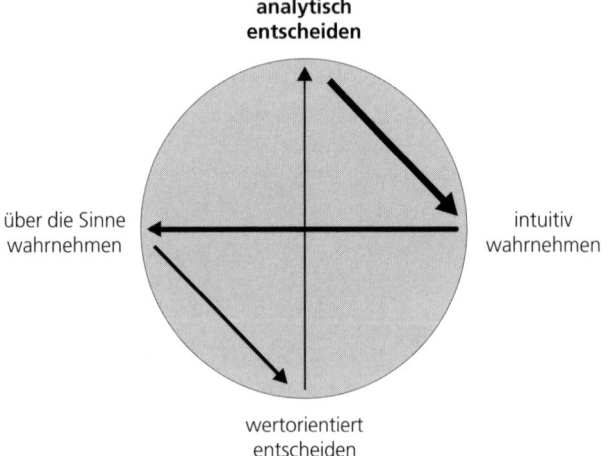

Analytisches Entscheiden ist Ihre dominante Funktion. Sie schätzen rationales Denken über alles. Kein Problem ist so komplex, dass man es nicht durchdenken kann. Sie finden sich zu manchen Menschen und Situation hingezogen, sind aber völlig leidenschaftslos, was andere betrifft. Ihre Stärke ist, dass Sie sich mit Problemen und Ideen beschäftigen können. Die Emotionen, die Sie bei anderen Menschen beobachten, können Sie überhaupt nicht verstehen. Sie sind derjenige in einer Gruppe oder Organisation, an den man sich wendet, wenn Logik und Vernunft gefragt sind.

Ihre Hilfsfunktion ist Intuition (N). Als intuitiver Mensch sehen Sie die Welt in Systemen und Strukturen. Statt die Dinge so anzunehmen, wie sie sind, betrachten Intuitive sie so, wie sie sein könnten oder sein sollten. Details und Regeln interessieren Sie nicht, weil sie gewöhnlich nur aufhalten und unnötig sind. Für Sie ist nie ein Gedanke zu Ende gedacht, endgültig oder vollständig. Neue Ideen und Konzepte interessieren Sie, denn Sie versuchen ja ununterbrochen die sich ständig verändernde Welt um Sie herum zu verstehen.

Ihre tertiäre und inferiore Funktion sind Sinnesorientierung (S) und wertorientiertes Entscheiden (F). Sie machen einen großen Bogen um Details und versuchen Situationen zu vermeiden, die emotional stark aufgeladen sind. Sie fühlen sich unwohl, wenn Sie auf Kleinigkeiten achten müssen oder auf die Gefühle von Menschen. Sie selbst haben wohl tiefe Empfindungen für andere und starke Überzeugungen, aber sie kollidieren nicht mit Ihren logischen Denkprozessen oder Ihren globalen Ansichten.

Als Introvertierter behalten Sie Ihre Ideen und Gedanken eher für sich, es sei denn, Sie selbst halten es für nötig, sie anderen mitzuteilen. Von außen erscheinen Sie zurückgezogen. Tatsache ist, dass Sie sich in großen Gruppen unwohl fühlen. Sie sind auf Ihr Denken angewiesen, wenn Sie Entscheidungen treffen müssen, aber Ihre nach außen orientierte Intuition macht es Ihnen schwer, sich auf eine bestimmte Handlung festzulegen. Mit Ihrer offenen Art sind Sie für andere ein großer Denker, der jedoch unwillig oder unfähig ist, seinen Verpflichtungen nachzukommen.

ESFJ (extravertiertes wertorientiertes Entscheiden mit Sinneswahrnehmung)

ESFJs sind von ihrem Wesen her nach außen gewandt und freundlich. Sie legen Wert auf Harmonie und Zusammenarbeit. Sie haben einen Sinn fürs Praktische, erfassen Stimmungen, sind fürsorglich und versuchen die Dinge zu standardisieren. Sie möchten Zustimmung von allen Seiten und suchen Anknüpfungspunkte, um Kontakt zu anderen aufzunehmen. Sie sind freundlich, denken an andere und fühlen sich von Menschen in Not angezogen und wollen gern deren Anwälte sein. Sie fühlen sich der Menschheit verpflichtet und möchten die Welt zu einem besseren Lebensort machen. Ihr Wunsch nach Anerkennung kann jedoch so übermächtig sein, dass Sie sich schwer tun, kritisches Feedback anzunehmen, weil Sie alles sehr persönlich nehmen.

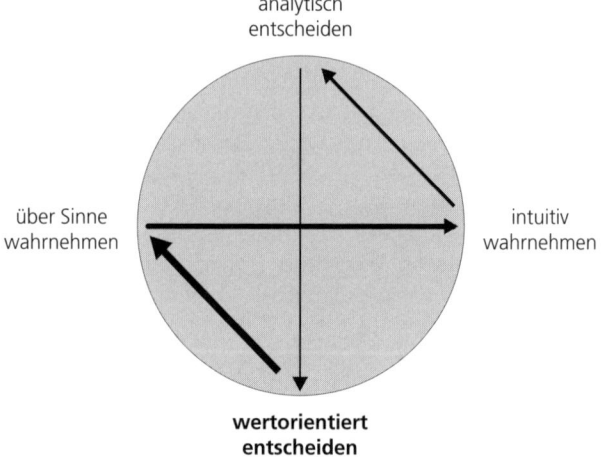

Wertorientiertes Entscheiden (F) ist Ihre dominante Funktion. Ihre Werte und Ihr Bedürfnis nach Harmonie sind für Sie erste Priorität. Sie haben ein hervorragendes Gespür für die Gefühle anderer und brauchen auch für Ihr eigenes persönliches Wohlbefinden ein harmonisches Umfeld. Konflikte bereiten Ihnen große Mühe. Die politischen Spiele im Geschäftsleben oder unausweichliche Unstimmigkeiten in der Familie verursachen Bauchschmerzen und Sorge – oft sind dies die Ursachen, warum Sie sich nicht voll auf Ihre konkreten Aufgaben konzentrieren können. Sie schließen sich Gruppen, Vereinen oder Organisationen an, zum Teil auch deshalb, weil Sie gern dazugehören möchten. Sie sind oft die Person, die solche Beziehungen in Gruppen oder Organisationen fördert, erhält und pflegt.

Ihre Hilfsfunktion ist Wahrnehmung über die fünf Sinne (S). Sie unterstützt Ihr wertorientiertes Entscheiden. Ihre Aufmerksamkeit gilt deshalb dem Hier und Jetzt. Sie leben im Heute, Ihr Interesse gilt den realen Menschen und Sie beschäftigen sich mit den konkreten Erfahrungen. Sie beobachten wach und aufmerksam – Sie nehmen Notiz von allem, was Sie sehen, hören, schmecken, anfassen und riechen können. Sie haben eine gute Erinnerung, besonders wenn es sich um Menschen und Beziehungen handelt.

Ihre tertiäre und Ihre inferiore Funktionen, Intuition (N) und analytisches Entscheiden (T), wirken sich so aus, dass abstrakte Vorstellungen und theoretische Konzepte Sie überhaupt nicht beeindrucken. Brainstorming ist nicht Ihre Methode. Sie nehmen sich lieber eine konkrete Sache vor und machen diese zur Grundlage Ihrer Planung. Sie interessieren sich nicht für wilde Spekulationen oder Strategien – es sei denn, sie haben etwas mit Menschen zu tun.

Vor allen Dingen: Sie möchten mit anderen zusammenarbeiten. Ihre Neigung für Extraversion erlaubt Ihnen, leicht und schnell mit anderen in Kontakt zu kommen. Sie sind ein unterhaltsamer Gesprächspartner und ein aufmerksamer und sympathischer Zuhörer. Sie verlassen sich auf Ihre Präferenz für wertorientiertes Entscheiden. Sie sind überzeugt, dass Regeln grundsätzlich sinnvoll sind: Sie bieten Schutz und Sicherheit. Sie übernehmen bereitwillig Verantwortung und sind wichtige Bezugsperson in Beziehungen, in einer Gruppe oder Organisation – andere sehen Sie als Person, die Dinge erledigt und absolut zuverlässig ist.

ENFJ (extravertiertes wertorientiertes Entscheiden mit Intuition)

Als ENFJ ist Ihr erstes Interesse, Harmonie zwischen sich und anderen herzustellen. Sie können bei einer Aufgabe gut planen, was den Umgang mit Menschen betrifft, und halten alle bei guter Laune. Sie haben ein starkes Empfinden für Loyalität, können generös geben und arbeiten unermüdlich, um das Beste für Ihre Familie und Freunde zu erreichen, zu Hause und am Arbeitsplatz. Sie suchen nach der Wahrheit und nach der idealen Möglichkeit in der Hoffnung, für jeden die beste Lösung zu finden.

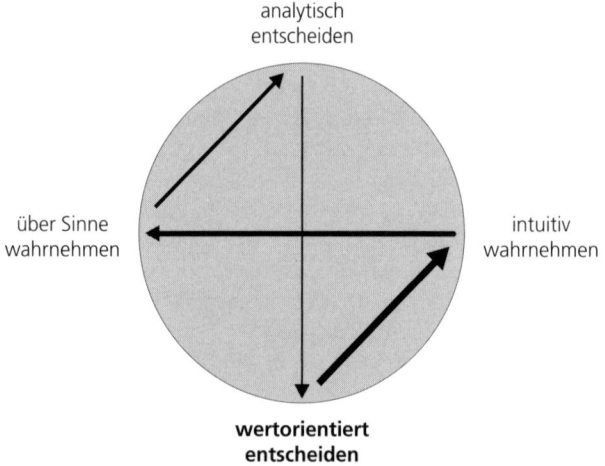

analytisch
entscheiden

über Sinne
wahrnehmen

intuitiv
wahrnehmen

**wertorientiert
entscheiden**

Wertorientiertes Entscheiden ist Ihre dominante Funktion (F). Über allem stehen Ihre Werte und Ihr Wunsch nach Harmonie. Sie haben ein waches Gespür für die Gefühle anderer in Ihrer Umgebung. Sie brauchen Harmonie in Ihrem Umfeld und somit investieren Sie viel Zeit, Energie und Geduld in Beziehungen. Sie tun gern etwas mit anderen zusammen, schließen sich Gruppen oder Organisationen an, nicht zuletzt um Ihrem Bedürfnis nachzukommen, „dazuzugehören".

Ihre Hilfsfunktion ist die Intuition (N). Diese Präferenz führt Sie ins Entdecken und Visionieren. Sie nehmen in einer Situation gern verschiedene Möglichkeiten in den Blick. Unermüdlich bemühen Sie sich in Ihren Entscheidungen, Ihren eigenen hohen Maßstäben und denen der anderen zu genügen.

Ihre tertiäre und Ihre inferiore Funktion sind Wahrnehmen über die Sinne (S) und analytisches Entscheiden (T). Kleinigkeiten und unpersönliches, analytisches Entscheiden beeindrucken Sie nicht. Sie belasten sich nicht mit endlosen Details und überlassen diese lieber anderen. Sie erleben eher Konflikte mit solchen Menschen, die Entscheidungen treffen, ohne Ihre Werte oder Gefühle dabei zu berücksichtigen.

Sie arbeiten gern mit anderen zusammen. Aufgrund Ihrer Präferenz für Extraversion fällt Ihnen Kommunikation leicht. Als Gesprächspartner empfinden andere Sie unterhaltsam und überzeugend. Sie bevorzugen das direkte Gespräch und weniger die schriftliche Mitteilung. Sie verlassen sich auf Ihr extravertiertes wertorientiertes Entscheiden. Sie glauben, dass Regeln und Bestimmungen einen Sinn haben und dass sie Sicherheit und Schutz bieten. Sie sind bereit, Verantwortung zu übernehmen. Ihre Kraft liegt im Wort, in Ihrer Fähigkeit zur Empathie und darin, Harmonie zu erzeugen.

ISFP (introvertiertes wertorientiertes Entscheiden mit Sinneswahrnehmung)

Sie sind oft gut gelaunt und haben eine warme und sensible Ausstrahlung. Sie behalten jedoch Ihre persönlichen Gedanken und Werte meist für sich. Sie sind darauf bedacht, Ihre eigenen persönlichen Werte zu klären und zu leben. Das ist Ihre Lebensreise, die Sie sehr ernst nehmen. Auf der anderen Seite sehen andere Sie eher als einen sorglosen, netten Menschen und übersehen dabei Ihre Tiefe und Komplexität.

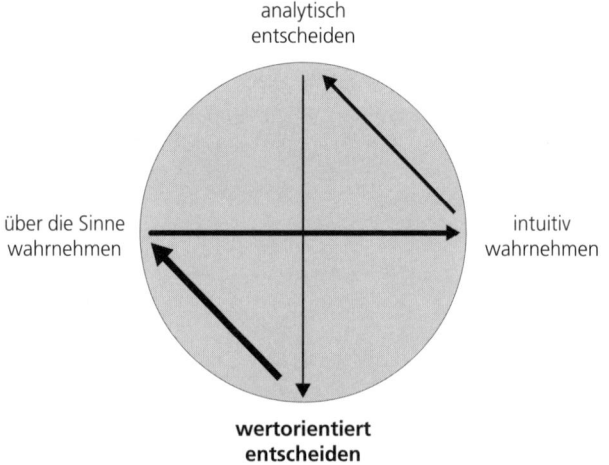

analytisch
entscheiden

über die Sinne
wahrnehmen

intuitiv
wahrnehmen

**wertorientiert
entscheiden**

Ihre dominante Funktion, wertorientiertes Entscheiden, vermittelt Ihnen hohe Einfühlsamkeit und eine sehr genaue Einschätzung von Menschen. Sie können anderen gegenüber für deren Talente sehr präzise Lob und Anerkennung zum Ausdruck bringen. Sie sind ein guter und aufmerksamer Zuhörer. Aufgrund Ihrer Präferenz für wertorientiertes Entscheiden wissen Sie, was einen anderen Menschen verletzen könnte und was nicht. Sie tun alles, um nicht zum Überbringer schlechter Nachrichten zu werden.

Ihre Hilfsfunktion ist Sinneswahrnehmung (S). Über diese sammeln Sie viele Informationen über andere Menschen. Sie benutzen diese Daten, um diese Menschen zu verstehen und herauszufinden, wie sie helfen können. Sie selbst legen Wert auf Genauigkeit, Verständnis und Direktheit – besonders im Blick auf andere Menschen. Sie lieben die reale Welt, freuen sich an der Natur, an allem, was fassbar und konkret ist, an Werkzeugen und an Dingen, bei denen man die Hände benutzen kann.

Ihre tertiäre und Ihre inferiore Funktionen sind Intuition (N) und analytisches Entscheiden (T). Sie mögen keine Unterhaltungen oder Bücher, in denen es um Abstraktes und Unwirkliches geht. Sciencefiction langweilt Sie. Für Sie sind solche Entscheidungen untragbar, bei denen Ihr Wertesystem verletzt wird. Sie können sich verletzt fühlen, wenn Sie direktes Feedback bekommen.

Ihre Präferenz für Introversion und Wahrnehmungsorientierung vermittelt Ihnen die Balance zwischen Besinnung und Handeln. Sie mögen lieber den Rückzug in die Stille als den Lärm der lauten Feste. Sie möchten nicht eingeengt werden durch Verpflichtungen oder Termine. Sie sind ständig mental aktiv und erkennen sofort, was in einer bestimmten Situation zu tun ist. Sie haben die Gabe, in der Krise die Ruhe zu bewahren, weil Sie in Ihrem Inneren ruhig und leicht die Informationen sortieren und sich überlegen, was man tun kann. Aufgrund Ihrer Spontaneität und Ihrem Sinn für Humor schätzen andere Sie als eine Person, die weiß, wie man spielt. Sie sind glücklich, wenn Sie im Heute leben können, völlig unbelastet von langweiliger und anstrengender Routinen.

INFP (introvertiertes wertorientiertes Entscheiden mit Intuition)

Sie haben ein enormes Potenzial an Emotion und Sensibilität. Dies schützen Sie sorgfältig. Beziehungen spielen eine entscheidende Rolle für Sie. Aber Sie müssen jemanden schon gut kennen, bevor Sie Ihr Visier öffnen und anderen erlauben, Sie wirklich kennen zu lernen. Sie möchten andere Menschen auf einer tiefen persönlichen Ebene verstehen, haben für sich selbst das starke Bedürfnis, verstanden zu werden. Sie suchen nach dem, was die Welt im Inneren zusammenhält.

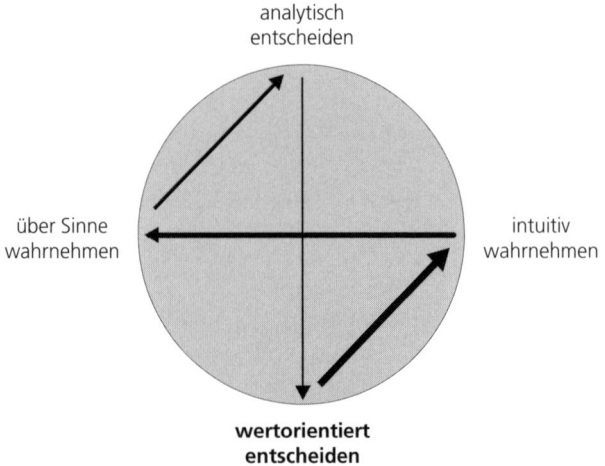

analytisch
entscheiden

über Sinne
wahrnehmen

intuitiv
wahrnehmen

**wertorientiert
entscheiden**

Ihre dominante Funktion ist wertorientiertes Entscheiden. In Ihrem persönlichen Umfeld legen Sie größten Wert auf Harmonie. Sie setzen sich in Ihrer Umgebung ein für Friedfertigkeit und Kooperation. Wenn Sie überall Konflikte um sich herum haben, wird es Ihnen schwer fallen, effektiv zu arbeiten. Sie stellen hohe Anforderungen an sich selbst, was Zuverlässigkeit und Selbstverpflichtung in Sachen Menschen und Grundanliegen betrifft. Haben Sie sich einmal einer Sache verpflichtet, nehmen Sie diese sehr ernst und erwarten dasselbe auch von anderen. Mehr als andere Menschen können Sie Ihren Gefühlen Ausdruck verleihen und Menschen durch Ihre Kommunikation anrühren.

Ihre Hilfsfunktion ist Intuition. Kreativität ist Ihr Markenzeichen. Sie haben stets die Möglichkeiten im Blick und bringen sich in Ihrer eigenen Art in jede Situation ein. Sie interagieren mit sehr unterschiedlichen Menschen, Orten und Situationen. Sie vertrauen Ihrem inneren Eindruck und orientieren sich daran, was das Beste für jeden ist.

Ihre tertiäre und inferiore Funktion sind Sinneswahrnehmung (S) und analytisches Entscheiden (T). Sie langweilen sich, wenn es ins Kleingedruckte geht und fühlen sich verletzt durch Kritik. Sie verschwenden keine Zeit mit anderen, die keinen Blick für die Möglichkeiten haben und Entscheidungen treffen ohne Rücksicht auf Ihr persönliches Wertesystem.

Ihre Präferenz für Introversion bedeutet, dass das Leben mit anderen Sie Energie kostet. Gleichzeitig können Sie sich nicht vorstellen, alleine zu leben. Sie fühlen sich wohl in kleinen, kooperativen Gruppen. Ihre Präferenz für Wahrnehmungsorientierung erlaubt Ihnen, ein Leben ohne Zwänge zu führen. Sie haben kein Problem, schnell von einer Aufgabe zur nächsten zu wechseln. Ob Sie das tun, hängt davon ab, ob Sie sich ernsthaft dafür begeistern können, was wiederum eine Frage Ihrer innersten Berufung ist, der Sie sich verpflichtet fühlen.

ESTP

(extravertierte Sinneswahrnehmung mit analytischem Entscheiden)

Als ESTP sehen Sie die Welt, wie sie ist, begegnen ihr mit Neugier, beobachten alles genau und stellen sich auf das ein, was das Leben Ihnen bietet. Sie finden leicht die Balance zwischen Praktikabilität und Flexibilität. Sie müssen zuerst eine Erfahrung machen, bevor Sie an etwas glauben, aber Sie lassen sich gern auf Experimente ein. Sie leben gern im Jetzt, im Augenblick, tun das aber am liebsten ohne Verpflichtung oder Einschränkung. Sie sind ein hervorragender Architekt für Lösungen – und dass Sie gern in Krisensituation arbeiten, kann in vielen verschiedenen Bereichen eine Bereicherung sein.

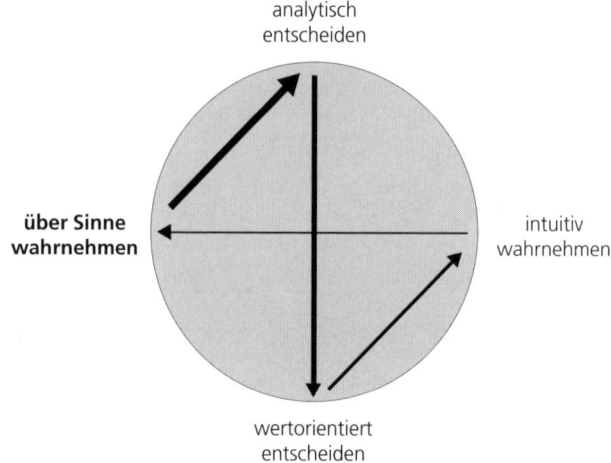

analytisch
entscheiden

über Sinne
wahrnehmen

intuitiv
wahrnehmen

wertorientiert
entscheiden

Ihre dominante Funktion ist Sinneswahrnehmung. Das macht Sie zu einem genauen Beobachter und Sie können gut mit großen Informationsmengen umgehen. Sie schaffen sich Ihre eigenen Kategorien, um die Informationen zuzuordnen. Sie leben und handeln im Hier und Jetzt. Sie tun das, was gerade getan werden muss, jetzt, von Moment zu Moment.

Ihre Hilfsfunktion ist analytisches Entscheiden. Sie setzen gern Ihre trainierten Fähigkeiten für Problemlösung ein. Sie können sich mit jeder Situation beschäftigen und objektive Entscheidungen treffen. Maschinen, Spielzeuge, Instrumente und andere Objekte, die man logisch austüfteln kann, faszinieren Sie.

Ihre tertiäre und inferiore Präferenz sind wertorientiertes Entscheiden (F) und Intuition (N). Mit emotionalen Vorstellungen und abstrakten Reden können Sie nicht viel anfangen. In anderen Worten: Vernünftige Logik ist Ihre Sache und Sie achten überall und immer stark auf die objektiv feststellbaren Tatsachen.

Aufgrund Ihrer Präferenz für Extraversion und Wahrnehmungsorientierung meinen Sie, Arbeit und Spiel sei dasselbe. Sie leben auf, wenn Aktion angesagt ist, und so können Sie auch gut in Krisen agieren. Sie können normalerweise gut mit anderen kommunizieren. Mit unbekannten Situationen kommen Sie gut zurecht und können dabei Ihr systematisches logisches Herangehen gut einsetzen. Sie können gut mit Menschen arbeiten, Lösungen vorschlagen und auf Zustimmung und Kompromiss hinwirken. Sie genießen das Leben und können sich gut an die Bequemlichkeiten des Lebens gewöhnen – schöne Kleider, ein Haus und viel Spaß. Sie finden immer die nötigen Mittel für Ihre Erholung und um in der Freizeit das zu tun, was Sie gerne möchten.

ESFP (extravertierte Sinneswahrnehmung mit wertorientiertem Entscheiden)

Sie gehen mit Spaß an die Dinge heran und können sich mit Ihrer optimistischen Einstellung gut auf Ihre Umgebung einlassen, Sie sind ein angenehmer Gastgeber. Sie leben in der Gegenwart, sind neugierig, beobachten alles genau und passen sich dem an, was das Leben Ihnen gerade bietet. Sie bringen spezifisch ethische Gesichtspunkte bei Lösungsansätzen ein und arbeiten auf Konsens hin. Deshalb treten Sie oft als Vermittler auf. Ihr Stil ist galant, clever und hat ein gewisses Flair. Wenn Risiken zu bedenken sind, verhalten Sie sich pragmatisch und lassen sich auf den Prozess ein.

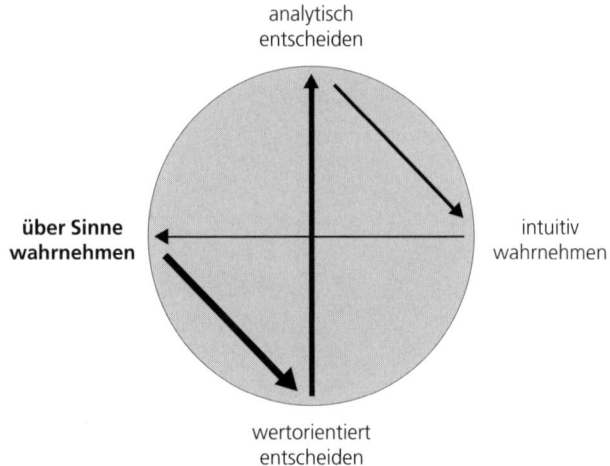

analytisch
entscheiden

über Sinne
wahrnehmen

intuitiv
wahrnehmen

wertorientiert
entscheiden

Mit Ihrer dominanten Funktion, der Sinneswahrnehmung, konzentrieren Sie sich aufs Hier und Jetzt. Sie leben in der Gegenwart, beschäftigen sich mit konkreten Erfahrungen und den realen Menschen. Sie haben eine wichtige Ressource in sich: Sie können integrieren. Enorme Datenmengen können Sie erfassen. Sie beobachten genau – Sie haben ein Gespür für alles, was man sehen, hören, schmecken, berühren und riechen kann. Selbstbewusst treten Sie auf, wenn es darum geht, konkret an etwas zu erinnern – besonders im Blick auf Menschen oder Beziehungen.

Ihre Hilfsfunktion ist wertorientiertes Entscheiden. Ihre Werte und Ihr Bedürfnis für Harmonie sind für Sie vorrangig in allem wichtig, was Sie tun. Sie strahlen Optimismus, Wärme, Freundlichkeit und Empathie aus. Trübsal blasen ist nicht Ihre Sache. Sie haben ein Gespür für die Gefühle anderer. Für sich selbst brauchen Sie Harmonie. In Krisensituation unterstützen Sie andere und machen Ihnen Mut.

Ihre tertiäre und Ihre inferiore Funktion ist analytisches Entscheiden (T) und intuitives Wahrnehmen (N). Sie haben nicht viel übrig für Theorien (T) und werden ungeduldig, wenn sich das Gespräch auf nebulöse Möglichkeiten konzentriert (N). Unterhaltungen, die nicht bodenständig sind oder die sich zu weit weg bewegen von Ihrer Welt der lebendigen Menschen, ermüden Sie.

Ihre Präferenz für Extraversion ist der Weg, wie Sie anderen Ihre Frohnatur vermitteln. Sie mögen Menschen. Mit Ihrem Interesse für Werte haben Sie ein offenes Ohr für die Bedürfnisse und Wünsche der Menschen in Ihrer Umgebung. Sie sind jemand, der von Moment zu Moment lebt. Sie binden sich nicht gern an einen bestimmten Weg und mögen nicht eingeschränkt sein durch zu viele feste Termine oder Pflichten. Arbeit und Spaß gehört für Sie irgendwie zusammen – zumindest streben Sie das an. Es bedeutet für Sie eine Herausforderung, die Balance zu halten zwischen Ihrer fröhlichen und leichten Art einerseits und der Notwendigkeit andererseits, konkrete Ergebnisse zu erzielen.

ISTJ (introvertierte Sinneswahrnehmung mit analytischem Entscheiden)

Als ISTJ sind Sie jemand, der keinen Sinn für Nutzloses hat. Man kann sich voll und ganz auf Sie verlassen. Sie sind stark praktisch veranlagt. Genauigkeit ist Ihre Spezialität. Sie sind gründlich, wenn es darum geht, Informationen aufzunehmen und abzurufen. Sie lassen sich nicht leichtfertig auf eine Unternehmung oder Beziehung ein. Wenn Sie eine Verpflichtung eingegangen sind, machen Sie nur dann einen Rückzieher, wenn es eindeutige Gründe dafür gibt. Sie streben nach finanzieller Sicherheit und sind ein guter Sparer.

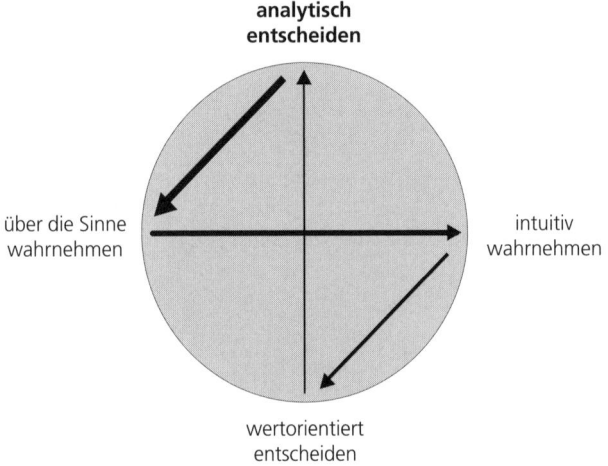

Ihre dominante Präferenz ist analytisches Entscheiden (T). Wo Logik und Handwerk gefragt ist, fühlen Sie sich zu Hause. Sie haben eine klare Vorstellung von Arbeit: Spaß und Spiel muss man sich verdienen. Geschäftswelt, Handel oder technische Bereiche interessieren Sie. Sie gehen systematisch an Problemlösungen heran. Sie bringen Stabilität in den Bereich, mit dem Sie zu tun haben.

Ihre Hilfsfunktion ist die Wahrnehmung über die fünf Sinne (S). Folglich ist die Gegenwart Ihr Lebens- und Arbeitsort. Sie bevorzugen ein stabiles Umfeld, wo die Dinge kalkulierbar sind. Sie orientieren sich an bewährten Methoden. Sie werden sich niemals freiwillig für eine Arbeits-

gruppe melden, wo man neue Ideen und innovative Ansätze für das Be-
stehende erörtert.

Ihre tertiäre und Ihre inferiore Präferenzen sind wertorientiertes Entscheiden (F) und Intuition (N). Abstraktes und Intuitives interessiert Sie
nicht. Sie lassen sich nur dann auf Veränderungen ein, wenn diese nach-
weislich eine Verbesserung des Bekannten und Bestehenden sind. Sie
halten sich an das Motto: Zuerst die Arbeit, dann das Spiel. Von daher ärgern Sie sich auch über Leute, die einfach weggehen oder eine Pause
machen, bevor sie ihre Arbeit abgeschlossen haben.

Ihre Präferenz für Introversion und Strukturorientierung macht es Ihnen möglich, lange und ohne Pause an einem Projekt dran zu bleiben.
Sie brauchen Ruhe und Zeit für sich alleine, um richtig arbeiten zu können. Sie haben die Fähigkeit, Organisationen aufzubauen und zu erhalten. Ihre Verlässlichkeit ist Fundament für jede Art von Organisation. Sie
gehen systematisch an die Dinge heran und beweisen Ausdauer.

ISFJ (introvertierte Sinneswahrnehmung mit wertorientiertem Entscheiden)

Sie arbeiten gründlich und verlässlich – Sie sind wie ein Fels in der Brandung. Sie sorgen für die stabile Grundlage in Beziehungen, Gruppen oder Organisationen. Man weiß: Ihnen kann man trauen, weil Sie nie impulsiv aus einer Beziehung aussteigen; sie geben eine Beziehung nicht grundlos auf. Sie stehen mit beiden Füßen auf dem Boden der Wirklichkeit. Sie leben auf, wenn die Situation und die Erwartungen an Sie klar sind.

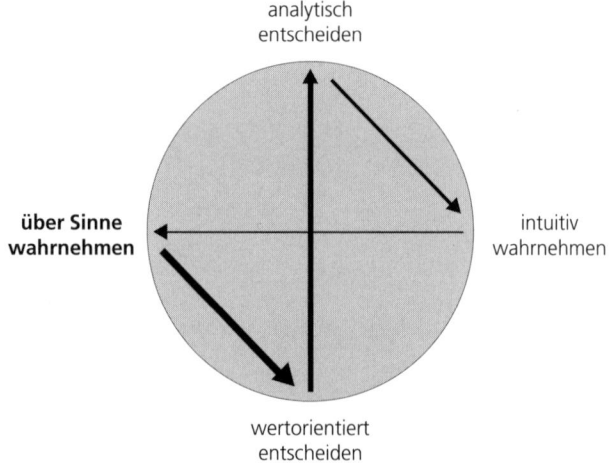

analytisch
entscheiden

über Sinne wahrnehmen

intuitiv wahrnehmen

wertorientiert entscheiden

Sinneswahrnehmung ist Ihre dominante Funktion. Sie konzentrieren sich auf das Hier und Jetzt. Sie leben in der Gegenwart und beschäftigen sich vorwiegend mit realen Erfahrungen und realen Menschen. Sie beobachten ganz genau – nehmen alles wahr, was man sehen, hören, schmecken, berühren und riechen kann. Sie wissen, dass man Ihnen nichts vormachen kann, was Fakten angeht, besonders wenn es mit Menschen und Beziehungen zu tun hat. Selten kommt es vor, dass man Ihnen hier Fehler nachweisen kann. Wer lässig mit den Kleinigkeiten des Lebens umgeht, ist in Ihren Augen unzuverlässig.

Wertorientiertes Entscheiden ist Ihre Nebenfunktion. Sie verträgt sich gut mit Ihrer Präferenz für Sinneswahrnehmung. Dadurch können Sie sich auf die Menschen in Ihrem Umfeld konzentrieren. Sie haben ein starkes Bedürfnis, von anderen gebraucht zu werden. Deshalb sind Ihnen Beziehungen wichtig und Sie kümmern sich um Gruppen und Organisationen. Sie haben ein Gespür für die Gefühle von Menschen und brauchen für Ihr eigenes Wohlbefinden Harmonie. In Konflikten fühlen Sie sich unwohl. Die politischen Spiele in der Firma oder die unvermeidlichen Unstimmigkeiten in der Familie bereiten Ihnen Sorge und Mühe – und können dazu führen, dass Sie sich nicht so gut auf die Erledigung Ihrer konkreten Aufgaben konzentrieren können.

Ihre tertiäre und Ihre inferiore Funktion sind analytisches Entscheiden (T) and Intuition (N). Diese bewirken, dass Theorien und abstrakte Vorstellungen Sie nicht sehr stark interessieren. Sitzungen, in denen man Ideen sammelt, sind weniger Ihre Sache. Sie kümmern sich lieber um die konkrete Planung. Spekulative Vorstellungen und Vermutungen interessieren Sie nicht, es sei denn, es geht dabei um die Menschen.

Aufgrund Ihrer Präferenz für Introversion suchen Sie sich lieber einen ruhigen und friedlichen Arbeitsplatz. Bevor Sie handeln, brauchen Sie Zeit zum Nachdenken. Sie fühlen sich in Ihrem Element, wenn Ihr Umfeld Ihnen genügend Freiraum zur Reflexion lässt. Sie verlassen sich auch auf Ihre Strukturorientierung: Sie suchen konventionelle Wege, sind überzeugt, dass Strukturen, Verantwortlichkeit und gewisse Lebensregeln wichtig sind. Sie schätzen ein verlässliches Umfeld, sind geduldig und lassen sich gern auf Routinen ein. Sie erkennen den Wert von klaren Abläufen und konkreten Vorschriften.

ENTP (extravertierte Intuition mit analytischem Entscheiden)

ENTPs haben ihren Finger am Puls der Zukunft. Sie haben immer einen wachen Blick für die Möglichkeiten in einer Situation und finden gerade Unterschiedlichkeit spannend. Sie widmen Ihre ganze Aufmerksamkeit einer einzigen Sache – und dann geht Ihnen plötzlich die Luft aus. Ihnen fehlt oft der lange Atem, um bis zum Ende eines Langzeitprojekts dran zu bleiben. Sie sind vom Wesen her ein Problemlöser. Ihnen fällt es überhaupt nicht schwer, mit anderen zusammenzuarbeiten. Die Vielfalt der Optionen ist Ihr eigenstes Metier und Sie können ohne großes Zögern schnell von einem Projekt zum nächsten wechseln.

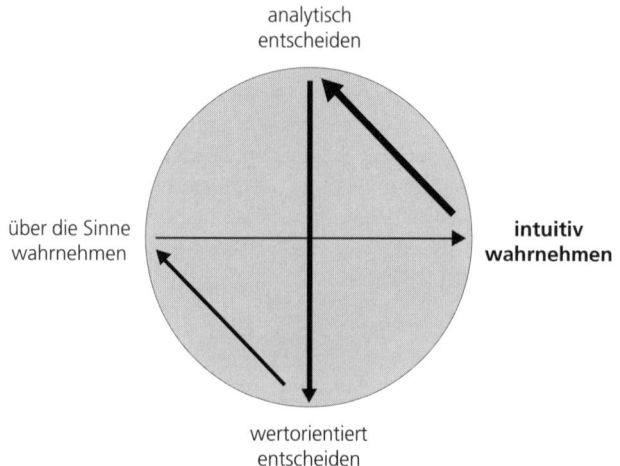

Ihre dominante Funktion ist Ihre Intuition. Menschen und Situationen erscheinen aus Ihrer Sicht stets als ein schillerndes Spektrum von Möglichkeiten und Architekturen. Als intuitiv wahrnehmender Mensch sind Sie Forscher und Visionär. Sie verlieren sich nicht im Detail, sondern sehen das große Ganze vor sich. Ihr Blick ist auf den vor Ihnen liegenden Horizont gerichtet, nicht in die Vergangenheit. Das Mögliche ist für Sie wichtiger als das Wahrscheinliche. Weil Sie Ihre Aufmerksamkeit den großen Ideen und Vorstellungen widmen, verlieren Sie leicht die kleinen Bausteine des Lebens aus dem Blick. Sie setzen einen sehr individuellen Akzent,

Sie treten aus der Masse heraus. Mit Leichtigkeit meistern Sie eine Vielzahl von Problemen und die Vielfalt Ihrer Interessen spiegelt sich in der Bandbreite und Unterschiedlichkeit Ihrer Freunde.

Ihre Hilfsfunktion ist analytisches Entscheiden (T). Objektive Kriterien helfen Ihnen bei der Entscheidungsfindung und nicht unbedingt das, was Ihr Herz sagt. Als intuitiver Denker verlieren Sie sich oft in der Welt der Gedanken und Ideen. Große Probleme finden Sie anregend, sie machen Ihnen keine Angst. Für viele sind Sie jemand, zu dem man kommen kann, um sich einen Rat zu holen, oder den man als Berater holt, um eine verworrene Situation zu klären. Sie glänzen als Problemlöser – nichtsdestotrotz: Emotional geladene Situationen und hochsensible Beziehungen lösen bei Ihnen Verwirrung aus.

Ihre tertiäre und Ihre inferiore Funktionen sind wertorientiertes Entscheiden (F) und Wahrnehmung über die Sinne (S). Deshalb bleiben Sie relativ gleichgültig, wenn Emotionen geäußert werden oder wenn jemand einen Sack voll Fakten präsentiert. Gefühlsgeladene Situationen lösen bei Ihnen eher Zurückhaltung aus. Leidenschaftliche Ausbrüche stoßen bei Ihnen auf Unverständnis. Und sich durch den Wust von Details zu arbeiten, das überlassen Sie lieber anderen.

Sie sind jemand, der nach außen geht. Sie leben in der Welt der Möglichkeiten und Ideen. Ein neues Projekt begeistert Sie und Sie möchten es gern mit anderen diskutieren. Sie treten selbstbewusst auf und sind überzeugt, dass Ihnen aufgrund Ihres objektiven, strategischen Denkens Tor und Tür offen sind. Als ENTP können Sie am besten mit Menschen arbeiten, die gut mit Ihrem innovativen Denken zurechtkommen und Ihre visionäre Kraft schätzen.

ENFP (extravertierte Intuition mit wertorientiertem Entscheiden)

Spaß haben in den unterschiedlichsten Situationen – darauf kommt es Ihnen an. Von allen Persönlichkeitstypen haben Sie dazu den stärksten Drang. Sie leben ständig in einem Zustand von „Was wäre, wenn …". In Ihrem eigensten Projekt vergessen Sie alles um sich herum. Ihr Energiepegel ist für die Menschen in Ihrer Umgebung manchmal sehr anstrengend. Ihr gegenwärtiges Ziel verfolgen Sie unermüdlich – solange Ihr Interesse hält. Ihr ansteckendes Engagement und Ihr Selbstvertrauen bringen Ihnen viele Fans ein.

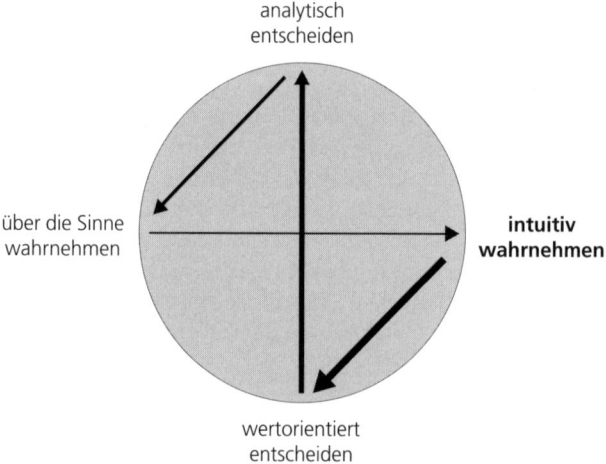

Intuition ist Ihre dominante Funktion. Oft haben Sie das Gefühl, Sie seien kurz vor einer großen Entdeckung, worum es im Leben und mit den Menschen schlechthin geht. Mithilfe Ihrer Intuition nehmen sie Information aus der „realen Welt" auf, mischen Sie in Ihren Vorstellungen auf und schaffen sich damit eine ganz eigene Sicht der Wirklichkeit. Sie sind „ich selbst" im wahrsten Sinn des Wortes. Bei Ihnen spürt man im Umgang mit Problemen einen Hauch von Leichtigkeit. Ein breite Palette von Interessen und viele Freunde, das ist Ihr Leben.

Ihre Hilfsfunktion ist wertorientiertes Entscheiden. Sich selbst verstehen und sinnvolle Beziehungen mit anderen pflegen, darauf konzentrieren Sie sich. Sie achten auf die Gefühle anderer und brauchen ein harmonisches Umfeld, um glücklich zu sein. Authentisch sein hat für Sie oberste Priorität. Dazu gehört vor allem: mit sich selbst in Kontakt zu sein und zu anderen in Beziehung treten zu können.

Ihre tertiäre und Ihre inferiore Funktion sind Sinneswahrnehmung und analytisches Entscheiden. Genauigkeit (S) und unpersönliches Entscheiden (T) beeindruckt Sie überhaupt nicht. Sie beschäftigen sich nicht so gern mit Einzelheiten und Routinen – das überlassen Sie gern anderen. In Konflikt kommen Sie mit Menschen, die Entscheidungen treffen ohne Rücksicht auf Ihr persönliches Wertesystem. Sie finden solche Leute schrecklich langweilig, die nicht bereit sind, ihre Fantasie einzusetzen und keinen Sinn für Spaß und Lebensfreude haben.

Letzten Endes sind Sie ein Optimist, ein unabhängiger Mensch, der bis zuletzt an sich selbst glaubt. Ihre Präferenz für Extraversion bringt Sie in Kontakt mit Menschen in Ihrer Umgebung. Sie finden schnell den Draht zu Menschen, die Ihnen begegnen. Mit Ihrer Neigung für intuitive Wahrnehmung interessieren Sie sich für berufliche Laufbahnen und Beziehungen, die Flexibilität erlauben und in denen Sie andere ähnlich kreative Menschen treffen, die sich nicht einengen lassen wollen von engmaschigen Strukturen und die gern mit Ideen spielen.

INTJ (introvertierte Intuition mit analytischem Entscheiden)

Als INTJ leben Sie in der Welt der reinen Ideen. Ihre Abstraktionen und Assoziationen sind so weitläufig und komplex, dass nicht viele Menschen Ihren Visionen folgen können. Man spürt bei Ihnen einen gewissen selbstbewussten und sehr individuellen Zug. Sie brauchen von keinem Menschen auf der Welt die Erlaubnis, zu handeln oder Entscheidungen zu treffen. Sie haben mit vielen Erfindern und Forschern eins gemeinsam: ein unerschütterliches Vertrauen in Ihre eigenen Ideen. Sie konzentrieren sich auf die Möglichkeiten, setzen Ziele für sich und gehen darauf zu, unabhängig von Hindernissen, die sich in den Weg stellen.

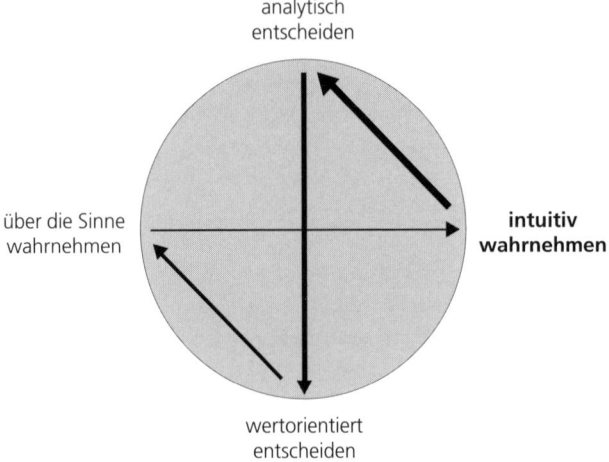

analytisch
entscheiden

über die Sinne
wahrnehmen

**intuitiv
wahrnehmen**

wertorientiert
entscheiden

Ihre dominante Präferenz ist die Intuition. An alles und jedes gehen Sie mit der Einstellung des Erfinders, des Erneuerers, des Organisierers und Revisors heran. Sie mögen das Spiel mit abstrakten Analysen, können ohne weiteres unwesentliche Informationen herausfiltern und sich auf den kritischen Kern konzentrieren. Sie finden immer Zeit, sich mit den schwierigsten Themen zu beschäftigen und jede komplizierte Situation aufzurollen.

Ihre Hilfsfunktion ist analytisches Entscheiden (T), diese fügt sich gut zu Ihrer dominanten intuitiven Funktion (N). So wird Lernen zu Ihrer Passion. Das Konzept purer Intelligenz fasziniert Sie und Sie haben einen stetigen inneren Drang nach Leistung und kontinuierlicher Entwicklung. Sie haben die Tendenz, Entscheidungen logisch zu treffen, ohne persönliche Aspekte zu berücksichtigen. Von daher kann es vorkommen, dass Sie den Informationsfluss abblocken und in der Diskussion nur das zulassen, was Sie selbst für wichtig erachten. Sie haben berechnend überlegt, dass Sie Ihre persönlichen Ansichten am Arbeitsplatz ausblenden müssen, denn Sie agieren auf einem stark wettbewerbsorientierten Markt. Ihre tertiäre Funktion ist wertorientiertes Entscheiden (F) und Ihre inferiore Funktion ist Sinneswahrnehmung. Sie haben nichts übrig für Diskussionen, die emotional geführt werden oder in denen kein Raum für das Denken von Möglichkeiten gegeben wird. Sie schütteln den Kopf, wenn jemand sich von Ihrem objektiven Feedback „verletzt" fühlt. Für Leute, die sich in Details verlieren, haben Sie absolut nichts übrig. Sie suchen das intelligente Gespräch, in dem die Möglichkeiten einer Situation ausgelotet werden.

Ihre Präferenz für Introversion und Strukturorientierung sorgt für den hohen Anspruch, den Sie an sich selbst stellen. Sie haben wahrscheinlich eine mentale Liste von Dingen, die Sie lernen, beherrschen und leisten sollten. Sie brauchen auch Ihren privaten Ort, an den Sie sich zurückziehen können. Wenn ein Problem auftaucht, möchten Sie Zeit und Raum zum Nachdenken haben, bevor Sie Stellung beziehen. Ihr Denken hat wissenschaftliche Strukturen – Sie möchten Ihre Modelle in realen Projekten ausprobieren. Als INTJ sind Sie jemand, der Wert auf Intelligenz legt und sich ständig weiterbilden möchte.

INFJ (introvertierte Intuition mit wertorientiertem Entscheiden)

Sie leben von Inspiration, von Ihren inneren Bildern und Vorstellungen. Sie sind kreativ. Widerstände oder Erwartungen der Außenwelt spielen keine so große Rolle für Sie wie Ihre eigensten persönlichen Maßstäbe. INFJs treffen ihre Entscheidungen aufgrund ihrer persönlichen Wertvorstellungen. Ihre Freunde spüren Ihr Selbstvertrauen und schätzen Ihre individuelle Note.

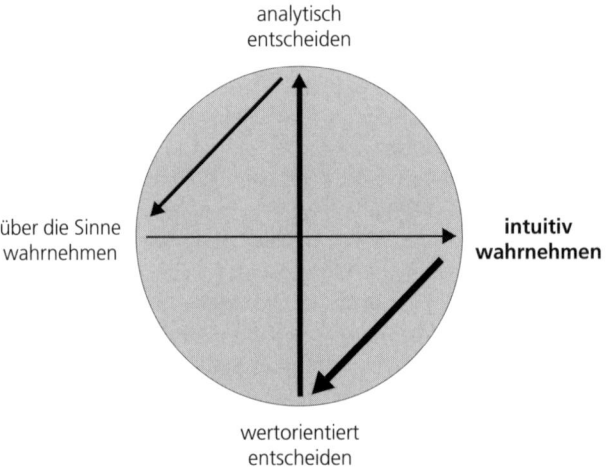

Intuition ist Ihre dominante Funktion, die Sie in die Welt der Ideen einführt. Sie konzentrieren sich auf das Mögliche und planen, wie Sie Ihre Ideen umsetzen können. Ihre ganze Energie geht in diese Richtung. Oft erkennen Sie Probleme schon frühzeitig und haben Ihre Entscheidung schon geplant, wenn es dann hart auf hart kommt. Sie vertrauen Ihrer Intuition und können Entscheidungen schon aufgrund Ihrer Ahnungen treffen.

Wertorientiertes Entscheiden ist Ihre Hilfsfunktion. Von daher orientieren Sie sich an dem, was Sie als echt und ernsthaft erkennen. Sie investieren Ihre Zeit, Energie und Zuwendung nur in wenige Menschen. Ihr Maßstab für Beziehungen ist nicht die Vielzahl, sondern Tiefe und Dauerhaftigkeit. Sie möchten andere auf einer tiefen Ebene verstehen und erwarten das auch von der anderen Seite. Konflikte auszuhalten, fällt Ihnen nicht leicht. Politische Umtriebe in der Firma oder Unstimmigkeiten zu Hause machen Ihnen Druck und Angst – in Folge fällt es Ihnen dann schwer, sich auf die Arbeit zu konzentrieren.

Aufgrund Ihrer tertiären und inferioren Funktionen, analytisches Entscheiden (T) und Sinneswahrnehmung (S), sind unpersönliche Entscheidungsvorgänge und Kleinigkeiten weniger interessant für Sie. Sie haben Probleme mit Menschen, die Ihre Werte und Gefühle nicht berücksichtigen. Sie belasten sich nicht mit den Einzelheiten.

Ihre Präferenz für Introversion leitet Sie in Ihrem Wunsch nach einem friedlichen, ruhigen Arbeits- oder Lebensort. In welcher Situation Sie auch sind, Sie brauchen Zeit zum Nachdenken, bevor Sie handeln. Sie fühlen sich in Ihrem Element, wenn Sie Beziehungen, Gruppen oder Organisationen finden, die Ihnen Zeit zum Nachdenken einräumen. Erst dann können Sie mit Klarheit kommunizieren – besser als andere Persönlichkeitstypen können Sie dann Ihre Gefühle ausdrücken und über Ihre schriftliche Kommunikation Menschen bewegen und motivieren. Ihre Strukturorientierung brauchen Sie für Ihr Bedürfnis nach Perfektion, nach der Sie verlangen, wenn es um Qualität geht. Sie scheuen nicht die Entscheidungen, aber es ist absolut kritisch für Sie, sich für einen Moment zu besinnen und sich an Ihren eigenen persönlichen Werten zu orientieren. Nur so entwickeln Sie Ihre Kreativität.

Zweiter Teil

An den Widersprüchen im Alltag wachsen

Der Vision muss das Wagnis folgen.
Es reicht nicht aus, die Stufen hinaufzublicken ...
wir müssen sie auch hinaufsteigen.

Vance Havner

Die Anwendungsmöglichkeiten der Typentheorie sind vielfältig. Der zweite Teil unserer Reise in die Welt der Persönlichkeitstypologie möchte Ihnen einige besonders wichtige Gebiete näher bringen.

Sicher möchten Sie zunächst einmal mehr über sich selbst erfahren. Wir beginnen in Kapitel 4 darum beim Ich, indem wir uns zunächst mit dem inneren Wachstum und der inneren Entwicklung Ihrer Persönlichkeit beschäftigen. Wir bereisen also zunächst die intrapersonale Ebene, damit Sie die reiche Landschaft Ihres eigenen Ichs auf diese Weise besser kennen- und schätzen lernen können. Das 5. Kapitel führt Sie an den Rand einiger großer Klippen, die Sie alle kennen: Missverständnisse. In Kapitel 6 werden wir uns damit befassen, welche Erfahrungen die verschiedenen Persönlichkeitstypen im Berufsleben machen und welche beruflichen Entwicklungsmöglichkeiten bei Ihnen brach liegen könnten. Vielleicht graben Sie auch einige Begabungen aus, von denen Sie noch nichts wussten! Kapitel 7 ist ein Beitrag zum kostbaren Gut Gesundheit: Hier finden Sie praktische Hinweise, wie Sie mit Ihrem Stressmuster produktiv umgehen können. Im 8. Kapitel drücken Sie noch einmal die Schulbank: Hier erfahren Sie, wie man effektiv lernt und unterrichtet. Außerdem machen Sie mit uns einen Ausflug ins Reich der Märchen.

Keiner ist eine Insel. Miteinander leben ist nicht immer leicht. Unsere zweite Route erforscht darum den Bereich der intrapersonalen Beziehungen. Wir wagen uns in Kapitel 9 in den Dschungel von Partnerschaft und Beziehung und versuchen hier etwas Licht ins Dunkel zu bringen. Und in Kapitel 10 erwartet Sie ein Berg, der für manche von Ihnen vielleicht eine Erstbesteigung bedeutet: die Frage nach der eigenen Spiritualität, der vergessenen Dimension in Ihrem Leben.

Gute Reise!

Viertes Kapitel

Sich selbst verstehen

Wenn ein Individuum sich seiner eigenen inneren Widersprüche
nicht bewusst wird, muss die Außenwelt zwangsläufig den Konflikt austragen
und in zwei entgegen gesetzte Hälften zerrissen werden.
C. G. Jung

Mut zur Komplexität: differenzieren und integrieren

Ein Leben lang stehen die Differenzierung und die Integration des Selbst in Spannung zueinander. Der Begriff *Differenzierung* bezeichnet die Komplexität und Spezialisierung innerhalb des Selbst und das, was es von der Um- und Außenwelt trennt, was uns also von anderen unterscheidet, was uns einzigartig und einmalig macht.

Integration dagegen bezieht sich auf das Übereinstimmende und Zusammenhängende quer durch alle Bereiche, die mit Anpassung und Effektivität zu tun haben; hierbei geht es also um das, was uns mit anderen verbindet und für Kontinuität sorgt – trotz all der verschiedenen Rollen, die wir in unserer Interaktion mit der Umwelt übernehmen.

Zu viel Differenzierung und zu wenig Integration führt zu einer Persönlichkeit mit vielen unklaren, unzusammenhängenden Rollen; ein Zuviel an Integration und zu geringe Differenzierung resultiert in einem undefinierten Selbst.

George Herbert Mead[1] formulierte einmal völlig zutreffend, dass jedes Individuum typischerweise versucht, eine Vorstellung des eigenen Selbst (oder „Ich") zu entwickeln, die sich mit all den verschiedenen Rollen-„Ichs", mit denen wir zu anderen in Beziehung treten, im Einklang befindet.

Jung nannte den Prozess dieses „Zu-sich-selbst-Kommens" oder der „Selbst-Verwirklichung" *Individuation*. Dabei unterschied er klar zwischen Individuation und Individualität: Individuation bezeichnet den Prozess, in dessen Verlauf wir zu einer ganzen Persönlichkeit werden. Individualität dagegen umfasst all unser Innerstes und Tiefstes, was uns unvergleichlich einzigartig macht. Beide Begriffe gehören zum Prozess der Selbstwerdung. „Individualismus ist ein absichtliches Hervorheben und Betonen der vermeintlichen Eigenart im Gegensatz zu kollektiven

Rücksichten und Verpflichtungen. Individuation aber bedeutet gerade-zu eine bessere und völligere Erfüllung der kollektiven Bestimmungen des Menschen, indem eine genügende Berücksichtigung der Eigenart des Individuums eine bessere soziale Leistung erhoffen lässt, als wenn die Eigenart vernachlässigt oder gar unterdrückt wird."[2]

Überempfindlichkeiten, besondere Eigenheiten und Begabungen sind nach Jung das Ergebnis einer einzigartigen Verknüpfung oder graduellen Differenzierung von universalen Funktionen. Jede und jeder von uns ist einzigartig, dennoch hat jeder von uns auch Ähnlichkeit mit allen anderen. Wie können wir uns diese Vorstellungen zunutze machen?

Konkret gibt es vier Grundbereiche, in denen unser Selbst-Verständnis wachsen kann:

1. Verpflichtung zu Wachstum und Entwicklung
2. Gespür für Identität
3. Offenheit und Sensibilität für andere
4. ganzheitliche Perspektive[3]

Diese vier Bereiche helfen uns sowohl in der intrapersonalen als auch in der interpersonalen Selbst-Entwicklung; um unser Selbst verstehen zu können, sind wir auf eine klare und präzise Vorstellung von uns selbst und unserem Verhältnis zu anderen angewiesen.

Die Verpflichtung zu Wachstum und Entwicklung erklärt sich von selbst, wenn wir auf unserem Weg zur Individuation voranschreiten. Wir sehen das Leben als ständiges Werden und versuchen, stets das zu tun, was unsere Entwicklung voranbringt. Wir sind auch bereit, Risiken einzugehen und uns Konflikten zu stellen, weil wir wissen, dass Wachstum und Entwicklung ohne derartige Herausforderungen zum Erliegen kommen könnten. Im Innersten weiß jeder Mensch, dass sein Selbst-Bild die Kraft hat, sein Leben in der Art einer selbsterfüllenden Prophezeiung zu verändern und zu gestalten.

„Leben" heißt „werden" – und das bedeutet für das Individuum, sich immer wieder neu damit zu befassen, das Gespür für die eigene Identität weiterzuentwickeln, die Sensibilität für sich und andere zu steigern und sicherzustellen, dass die Vorstellungen und Bilder, mit denen man sich und anderen gegenüber operiert, immer ganzheitlicher werden.

Der schöpferische Wechsel zwischen den vorhandenen Selbst-Bildern und den Strategien zu deren Verbesserung gehört notwendig zum Individuationsprozess dazu. Erinnern Sie sich an das Medizinrad der Indianer: Ihr großes Gespür für Identität wird besonders eindrucksvoll an ihren ganz persönlichen Schilden sichtbar, die metaphorische Bilder für die Identität des Einzelnen sind. „Jeder Mensch besaß einen Schild und es gab eine große Vielfalt davon." Genau wie die eigene Identität wurde der persönliche Schild sorgfältig entworfen, ausgearbeitet und künstlerisch gestaltet. Meist waren die Schilde zerbrechlich – wenn auch in gewissem Sinne elastisch; nie waren sie jedoch unzerstörbar. Die Schilde dienten niemals als Schutz oder gar als Versteck, ihre Aufgabe war vielmehr, die Identität des Besitzers auszudrücken und anderen ein Wissen über seine Individualität zu vermitteln. Nichts anderes bedeutet der Begriff „Identität": ein hohes Bewusstsein der eigenen Individualität zu haben.

Es gibt unzählige Bücher, die Vorschläge und Wege für die eigene Selbstwahrnehmung und Identitätsfindung anbieten. Unser Buch ist ein Beispiel dafür. Wer sich ausgiebig damit beschäftigt, wird bald ein umfassendes Verständnis dieser Vorgänge gewinnen. Doch es ist sicher sinnvoll, sich zunächst darüber zu verständigen, was es mit dem Begriff Identität auf sich hat. Dabei wollen wir zwei Aspekte unterscheiden: Selbstbild und Selbstachtung.

Wenn wir uns die Auffassung von Mead zueigen machen, ist Identität die Unterscheidung des „Ich" vom „Nicht-Ich". Identität entwickelt sich, wenn jemand sich des Gegensatzes zwischen „Ich" und „Nicht-Ich" bewusst wird. Der Begriff *Selbstbild* beinhaltet das, was wir uns selbst zuschreiben bzw. wie wir uns selbst beschreiben würden. Diese Selbst-Beschreibung beruht auf den Rollen, die wir spielen, und den Eigenschaften, die wir zu besitzen meinen.

Selbstachtung bezieht sich darauf, wie wir mit unserem Selbstbild zufrieden sind – oder eben nicht; während das Selbstbild beschreibenden Charakter hat, stellt die Selbstachtung also eine Wertung dar.

Urteile, die Sie aufgrund Ihrer Selbstachtung fällen, basieren u. a. auf den Wertvorstellungen, die Sie in sich tragen. Aus diesem Grund müssen Sie auch vorhandene und wirksame Werte mitberücksichtigen, wenn Sie Ihre Identität beschreiben. So kann sich z. B. jemand selbst als angepasst beschreiben (Selbstbild), obwohl er diese Verhaltensweise eigentlich ablehnt (Selbstachtung), weil er es in seiner aktuellen Situation für besser hielte, unabhängiger zu sein (Wertvorstellung).

Wir möchten Ihnen gern ein bekanntes Modell vorstellen, das unser Selbst-Verständnis fördert und darauf basiert, alle vier Persönlichkeitsfunktionen einzuüben, wobei das Augenmerk immer auf einer dieser Funktionen allein liegt.

Ursprünglich wurde dieses Modell für die Erarbeitung von Unterrichtsentwürfen entwickelt. Für unsere Zwecke ist es damit besonders geeignet – schließlich entwerfen wir hier ja eine Art Unterrichtsmodell zum Thema Selbst-Verständnis. Sie werden dieses Modell auch in allen anderen Bereichen nutzen können, in denen problemlösendes Denken von Ihnen gefordert wird. Folgende Grafik veranschaulicht dieses Modell, das unter dem Namen „Zick-Zack-Lernen" bekannt ist:

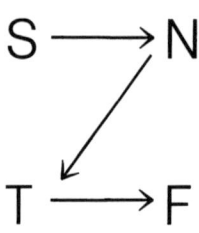

S und N sind die Funktionen der Wahrnehmung über die fünf Sinne und über Intuition. Das Modell beginnt mit der Sinneswahrnehmung (S) und sammelt Daten, Fakten und die relevanten Sinneserfahrungen. Dieses Brainstorming bedient sich aller fünf Sinne. Tatsachen, Daten, Zeiten, Orte und experimentelle Ergebnisse werden zusammengetragen, Definitionen erarbeitet und Kategorien aufgestellt. Wenn unsere Datenbank eine ausreichende Größe erlangt hat, schreiten wir zum nächsten Punkt: der intuitiven Wahrnehmung (N). Nun erweitern wir die über die Sinne erhaltenen Daten, indem wir die sich bietenden Möglichkeiten erforschen und Beziehungen zwischen den vielen einzelnen Informationen herstellen, die wir gesammelt haben. Dabei versuchen wir, den Bereich des Möglichen noch zu erweitern, suchen Alternativen, untersuchen zukünftige Entwicklungen und ordnen die Daten in eine möglichst einheitliche Struktur ein. Zu diesem Zeitpunkt interessieren uns möglichst viele kreative Möglichkeiten und Wege der Problemlösung.

Wenn wir unsere intuitive Aufgabe gelöst haben, führt uns unser „Zick-Zack-Lernen" zum T-Punkt, an dem die analytische und logische Argumentation für die Entscheidungsfindung zum Tragen kommt. Die objektiven Gegebenheiten müssen genau ausgewertet werden, um mögliche Hindernisse oder Widerstände zu erkennen. Nun sind wir auf der Suche nach der „Wahrheit", die objektive Entscheidungen möglich macht.

Nach der Analyse kommt die wertorientierte Beurteilung; wir begeben uns zum F-Punkt, um uns die Frage nach Wert und Werten zu stellen. Hier werden Wertvorstellungen angelegt und Interessen abgewogen, um zu einem harmonischen Ganzen zu gelangen. Am Schluss steht die Frage danach, welche der möglichen Problemlösungen die sozial- und umweltverträglichste, kurz die menschlichste ist.

Häufig stellt sich heraus, dass wir nach der wertorientierten Beurteilung gern noch weitere Daten hätten, um die getroffenen Entscheidungen zu bestätigen. Dann sehen wir uns an den Ausgangspunkt S zurückversetzt, um den Parcours erneut zu durchlaufen.

Das Leben ist natürlich nicht immer so fein säuberlich geordnet, dass wir jeden dieser Punkte Schritt für Schritt und in Ruhe anpeilen können, so wie wir es oben im Modell beschrieben haben. In Wirklichkeit wollen meistens alle vier Funktionen am liebsten gleichzeitig auf jeden kritischen Augenblick reagieren, wenn auch graduell abgestuft. Trotzdem lässt sich dieses Modell nutzen, wenn man nach dem eigenen Selbstverständnis und der eigenen Identität fragt.

Wie gewinne ich ein klares Selbstbild?

Die Persönlichkeitstypologie ist entstanden, um die Beschreibung und das Verständnis unseres Selbst verbessern und präzisieren zu helfen. Jung wollte eine „bewusste Psychologie" für den Alltag darstellen. Je genauer wir unser Selbst zu beschreiben lernen, desto klarer und schärfer wird unser Blick für die vielen Spannungen und Kräfte, die unser Leben bestimmen. Dabei werden wir stets neue Entdeckungen machen, die zu unserem Selbst-Verständnis hinzukommen, wobei wir sowohl die differenzierenden als auch die integrierenden Aspekte im Blick behalten wollen. Unser Ziel ist es, diese Spannungen schließlich in ein angemessenes dynamisches Gleichgewicht zu bringen.

Um ein klareres Selbstbild von sich zu gewinnen, beginnen Sie bei Punkt S mit dem Sammeln von Informationen über sich selbst, indem Sie Ihre fünf Sinne benutzen. Es ist offensichtlich, dass sich ein Selbstbild nicht im luftleeren Raum entwickeln lässt; auch wenn es wichtig ist, das eigene Selbst vom intrapersonalen Standpunkt aus zu untersuchen, müssen wir dennoch wissen, wie andere uns wahrnehmen. Erst diese doppelte Perspektive – Wie sehe ich mich selbst? Wie sehen mich die anderen? – stellt ein genaues und gesundes Selbstbild sicher.

Die Rückmeldung von anderen bestätigt natürlich nicht nur unser Selbstbild. Sie kann auch dazu dienen, Aspekte unserer Persönlichkeit und Konsequenzen unseres Verhaltens zu offenbaren, die uns vorher nicht bewusst waren. Die Persönlichkeitstypologie identifiziert zunächst Ihre eigenen Neigungen und stellt diese in einen größeren theoretischen Kontext.

Derartige Rückmeldungen schärfen Ihr Bewusstsein für das eigene Selbst und versetzen Sie in die Lage, sich selbst und Ihre Wahrnehmungen zu beurteilen und zu untersuchen, wie Ihr Verhalten sich auf andere auswirkt bzw. von anderen wahrgenommen wird. Konstruktives Feedback gibt Ihnen Aufschlüsse über die Stichhaltigkeit Ihres eigenen Selbstbildes und Ihrer Zielvorgaben.

Nachdem Sie sich mit Rückmeldungen versorgt haben, wird die eigene Reflexion zum entscheidenden Faktor. Nach unserem Zick-Zack-Modell sind Sie nun an Punkt N angelangt, wo die intuitive Wahrnehmung eingesetzt wird. Die sensorische Wahrnehmung der Tatsachen muss sich problemlos mit der reflektierenden Erforschung des sich daraus ergebenden Potenzials verknüpfen lassen. Zu diesem Zeitpunkt befinden Sie sich noch immer im „Wahrnehmungsmodus", d. h. Sie sind bereit, Informationen aufzunehmen und neue Erkenntnisse zu gewinnen. Mit Hilfe Ihrer Intuition erforschen Sie Bedeutung und Auswirkungen Ihrer Wahrnehmungen, wobei Sie alle denkbaren Resultate in Ihre Reflexion mit einbeziehen. Wenn Ihre Reflexion Sie zu klaren Optionen geführt hat, gehen Sie weiter zum analytischen Punkt T. Hier sind einige Entscheidungen fällig. Jetzt, da Ihr Selbstbild klarer geworden ist und Sie mehr darüber wissen, wie Sie selbst und andere Sie sehen, ist es sinnvoll, sich über die verschiedenen Einflüsse Rechenschaft abzulegen, die Ihr Selbstbild mitbestimmen. Welche Kräfte fördern Ihre Selbst-Beschreibung, welche behindern sie?

Hier geht es noch nicht um eine wertende Beurteilung, sei sie positiv oder negativ; das kommt später. An dieser Stelle müssen vielmehr beschreibende Faktoren wie Klarheit, Präzision, Aufrichtigkeit und Relevanz der Beobachtungen untersucht werden sowie die Fähigkeit, die Rückmeldungen durch andere richtig zu verstehen und auszuwerten. Ist mein Selbstbild klar? Kann ich es korrekt zum Ausdruck bringen? Ist es präzise? Stimmt es mit den Feststellungen und Erwartungen anderer überein? Bin ich mir selbst gegenüber ehrlich? Erliege ich gelegentlich der Verlockung zu rationalisieren? Lasse ich in meiner Selbstwahrnehmung meine Intuitionen zu Wort kommen oder ignoriere ich sie? Bin ich tatsächlich in der Lage zu entschlüsseln, was andere mir über mich erzählen?

Zusammenfassend lässt sich sagen: Ihr Selbstbild ist die eigene Selbst-Beschreibung. Es basiert auf den Eigenschaften und Merkmalen, die Sie zu besitzen meinen. Das Selbstbild wird als „wirklich" wahrgenommen und eingeschätzt. Es bedarf keines Werturteils, ist aber ein Teil des Selbstverständnisses, dessen anderer Teil die Selbstachtung darstellt. In unserem Zick-Zack-Modell haben die ersten drei Schritte sämtlich mit dem Selbstbild zu tun. Der nächste Schritt besteht in der Berücksichtigung von Werten und Wertungen; wie begeben uns vom T-Punkt zur F-Funktion.

Wie komme ich zu einer gesunden Selbstachtung?

Der Begriff Selbstachtung bezieht sich auf die Auswertung des Selbstbildes, das rein beschreibenden Charakter hat. Bei derartigen Äußerungen des Selbstwertgefühls handelt es sich um Werturteile darüber, wer und was Sie sind. Genauer gesagt: Mit Selbstachtung lässt sich der Grad beschreiben, in dem Sie mit Ihrem eigenen Selbstbild zufrieden sind oder auch nicht, im Ganzen oder auch nur teilweise. Die Urteile, die Ihre Selbstachtung fällt, sind subjektiv und haben ihre Grundlage in Ihren persönlichen Wertvorstellungen.

Das erste Ziel in dem Bemühen, die Selbstachtung zu fördern, besteht darin, die Fähigkeit der Selbst-Bewertung zu verbessern und ein Gefühl für den Wert der eigenen Persönlichkeit zu entwickeln. Für eine richtige Selbst-Bewertung müssen Sie zunächst wissen, wie Sie zu einem Urteil über Ihren eigenen Wert kommen. Johnson[4] unterscheidet fünf Wege.

Weg 1, die *grundsätzliche Selbstannahme,* nimmt an, dass Sie selbst zunächst einmal von sich aus und bedingungslos annehmenswert sind. Auf diesem Weg wird Ihr Selbstbild von vornherein und ohne Bedingungen mit einem positiven Wert verknüpft.

Weg 2, die *reflektierte Selbstannahme,* besteht darin, die Entscheidung über den Wert der Persönlichkeit von den Urteilen anderer abhängig zu machen. Wenn andere Sie mögen, dann mögen Sie sich auch.

Der dritte Weg, die *bedingte Selbstannahme,* ist durch eine „Wenn-Dann"-Logik gekennzeichnet. Wenn ich von außen an mich herangetragene Normen und die Erwartungen anderer erfülle, dann und nur dann habe ich einen Wert.

Der vierte Weg, die *Selbst-Auswertung,* besteht darin, Ihre eigene Einschätzung Ihrer Eigenschaften damit zu vergleichen, was andere Ihnen ebenbürtige Personen darüber sagen.

Der fünfte Weg besteht in einem *Soll-Ist-Vergleich.* In diesem Fall vergleichen Sie Ihr reales Selbst mit dem Ideal, das Sie von sich haben.

Jeder dieser Wege ist gangbar. Welchen Weg Sie gehen, wird von Ihrem Wertesystem bestimmt und davon, was Sie glauben. Hohe Selbstachtung äußert sich in einer positiven Einstellung gegenüber der eigenen Person und dem Verzicht auf Zynismus im Umgang mit sich selbst. Was Sie über Ihr eigenes Selbstbild und Ihre Erfahrungen wissen, bildet die Grundlage für Ihr Werturteil über Ihren eigenen Selbst-Wert. Selbstachtung braucht positive Bilder, daher ist es von zentraler Bedeutung, solche positiven Selbst-Bilder zu schaffen und zu behaupten.

Die Entwicklung einer größeren Selbstachtung besteht u. a. darin, die Gründe dafür herauszufinden, warum Sie mit bestimmten Aspekten Ihres Selbstbildes unzufrieden sind. Daraufhin werden Sie Mittel und Wege suchen und finden, all die Bereiche zu verbessern, in denen Sie Probleme wahrgenommen haben. Positive Selbst-Bilder besitzen große Macht, jedoch werden Sie unausweichlich Diskrepanzen zwischen diesen Bildern und Ihrer Lebenserfahrung feststellen. Wenn Sie ein Idealbild entwerfen, werden Sie regelmäßig Erfahrungen machen, die dieses Bild herausfordern. Doch auch diese Herausforderungen können dazu dienen, Selbstachtung zu fördern, indem Sie die auftauchenden Diskrepanzen dazu nutzen, Ihre Selbstachtung zu klären, zu erproben und damit zu stärken.

Wenn Sie Ihre Selbstachtung gestärkt haben und keine Probleme mehr damit haben, sich selbst anzunehmen, ist es hilfreich für Sie, die verschiedenen Einflüsse näher zu untersuchen, die Ihre Selbstachtung bestimmen. Stellen Sie sich die folgenden Fragen:

Welche Faktoren fördern meine Selbstachtung, welche behindern sie? Bin ich wirklich mit der Art und Weise einverstanden, wie ich meinen eigenen Wert bestimme? Verwende ich dazu konsequent eine einzige Methode oder nutze ich verschiedene Zugangswege? Bin ich in der Lage, ein positives Bild von mir zu entwerfen? Akzeptiere ich zumindest generell, dass ich dieses Bild auch wirklich bin? Kann ich bestimmte Diskrepanzen zwischen meinem Idealbild und meinem realen Selbst feststellen? Wie komme ich mit der Art und Weise zurecht, in der ich diesen Diskrepanzen und Herausforderungen begegne?

Zusammenfassend lässt sich festhalten: Selbstachtung bezeichnet die Urteile, die wir aufgrund unseres Selbstbildes über uns selbst fällen. Diese Urteile basieren auf persönlichen Wertmaßstäben.

Menschen, die zur Individuation unterwegs sind, sind offen und sensibel für die eigenen und die Bedürfnisse anderer. Sie isolieren sich nicht selbst in ihren Selbst-Bildern oder ihrer intrapersonalen Entwicklung. Sie erkennen die dynamischen Spannungen in ihrem Innern und arbeiten daran, sie ins Gleichgewicht zu bringen. Gleichzeitig sind sie dazu in der Lage, die Bedürfnisse anderer wahrzunehmen und Einfühlungsvermögen zum Ausdruck zu bringen. Menschen, deren Individuation zur Reife gelangt ist, wissen um den wechselseitigen Einfluss und die wechselseitige Abhängigkeit, die sie mit ihren Mitmenschen verbinden. Um an ihrer hohen Selbstachtung und an ihren persönlichen Wertmaßstäben zu arbeiten, sind sie daher auch in hohem Maße bereit, sich auf der zwischenmenschlichen (interpersonalen) Ebene zu engagieren.

Ein Zeichen von Reife im Leben dieser Menschen ist, dass sie die Widersprüchlichkeiten in ihrem Leben akzeptieren und die scheinbar so unverträglichen Sichtweisen in ein einheitliches Bewusstsein integrieren. Sie empfinden Kopf und Herz als ausbalanciert und erleben sich als ganzheitlich, weil sie sowohl ihre intuitiven und imaginativen Funktionen als auch ihre analytischen und logischen Gaben anwenden können. Bruno Bettelheim hat diese Einheit des Bewusstseins einmal treffend als „das wissende Herz" bezeichnet.[5]

Mit dem „Zick-Zack-Modell" haben wir eine Methode der persönlichen Entwicklung beschrieben. Sie ermöglicht Ihnen ein besseres Verständnis und Bewusstsein Ihres Selbst und bringt sie zugleich auf sanfte Weise dazu, alle vier Ihrer Persönlichkeitsfunktionen zu nutzen, unbeschadet der Tatsache, dass Sie zwei dieser Funktionen bevorzugen und daher besonders ausgeprägt haben.

Wie kann ich mich persönlich entwickeln?

Die psychologische Typentheorie geht von der Annahme aus, dass jedes Kind mit einer Voreinstellung zugunsten einiger der genannten Funktionen auf die Welt kommt. Kinder zeigen ihr größtes Interesse in dem Bereich ihrer bevorzugten Funktion. Doch wie kommt dieser Prozess ins Rollen?

Stellen Sie sich zwei kleine Mädchen vor, die in der Kinderstation eines Krankenhauses liegen. Direkt über ihren Bettchen hängt ein buntes Mobile. Beide schlafen noch, doch bald wacht das erste Mädchen auf. Es sieht das bunte Mobile und streckt sich, um es anzufassen. Dieser Akt des Sehens und Berührens lässt sich unter psychologischen Gesichtspunkten als „Belohnung" auffassen; das Kind genießt die Erfahrung sichtlich. Das kleine Mädchen schläft wieder ein. Als es erneut aufwacht, sieht es wieder das Mobile und findet seine Belohnung in der Berührung und dem Anblick der bunten Farben. Erfahrung und Belohnung wiederholen sich wieder und wieder. Eine Neigung für Sinneswahrnehmung entsteht.

Da erwacht auch das andere Mädchen. Es sieht das farbenprächtige Mobile und genießt das Zusammenspiel und den leuchtenden Widerschein der Farben an den Wänden und der Decke des Krankenzimmers. Auch es fühlt sich „belohnt" und schläft zufrieden wieder ein. Als es erneut aufwacht, freut es sich wieder an den bunten Farben und den sanften Bewegungen des Mobiles. Erfahrung und Belohnung wiederholen sich wieder und wieder. Eine Präferenz für intuitive Wahrnehmung entsteht.

Aber warum hat das eine Kind seine Hand ausgestreckt, um seine Belohnung durch Berührung zu bekommen, und das andere nicht? Warum war es für das erste Mädchen nicht genügend Belohnung, einfach Farben und Bewegung des Mobiles zu betrachten? Warum hat auf der anderen Seite das zweite Kind nicht auch nach dem Mobile gegriffen, um es zu berühren?

Es scheint, als ob bei der Entwicklung der persönlichen Neigungen, Veranlagung und Prägung zusammenwirken. Erinnern Sie sich: Sie haben eine Präferenz für eine bestimmte Hand, wenn Sie zu einem Stift greifen und damit schreiben. Warum nehmen Sie nicht abwechselnd, wie es der Zufall gerade will, die rechte und die linke Hand? Warum nehmen Sie regelmäßig die bevorzugte Hand zum Schreiben und nur diese? Wenn Sie für sich selbst hier eine Antwort finden, können Sie vielleicht auch die Frage nach Ihren Persönlichkeitspräferenzen beantworten.

Wir sind offensichtlich dazu motiviert, eine Funktion gegenüber anderen besonders zu trainieren. Wenn wir uns in einer bestimmten Funktion üben, lernen wir sie geschickter und differenzierter zu gebrauchen. Durch die stetige Praxis gestärkt, lässt sich die bevorzugte Funktion kontrollierter und zuverlässiger anwenden. Gleichzeitig entwickelt sich das Gespür dafür, wie und wo sich die Funktion am besten einsetzen lässt. Das Vergnügen, das die Ausübung dieser Funktion bereitet, erstreckt sich bald auch auf andere Bereiche, die ihre Verwendung erfordern, und hinterlässt ihre Spuren auch an der „Oberfläche" der Persönlichkeit, in Verhaltensweisen und Fähigkeiten, die mit der Funktion verbunden sind.

Während sich die bevorzugte Funktion mehr und mehr entwickelt, wird ihr Gegenpol relativ vernachlässigt. Das Kind, das die Sinneswahrnehmung bevorzugt, wird seine Intuition nicht in demselben Maße üben. Deshalb wird es sich anders entwickeln als das Kind, das eine Präferenz für intuitive Wahrnehmung gezeigt hat. Jedes von ihnen wird sich in einem Bereich ausdifferenzieren und den anderen relativ undifferenziert lassen. Beide werden verschiedene Charakterzüge entwickeln, die sich unmittelbar aus ihren grundlegenden Präferenzen ergeben.

In den meisten Fällen beginnt die Differenzierung der Persönlichkeitsfunktionen wahrscheinlich nicht vor dem Jugendalter. Während der Jugendzeit wird als erste die dominante Funktion ausgebildet, sie wird differenziert und verbindet sich mit Erfolgserlebnissen. In der Übergangszeit zum Erwachsenendasein richtet sich das Augenmerk auf die sekundäre Funktion. In der Mitte des Lebens oder später wird schließlich die tertiäre Funktion entdeckt und entwickelt. Die inferiore Funktion meldet sich meist mit unangenehmen Gefühlen oder Auswirkungen in unkontrollierten Stresssituationen. Sie bleibt blinder Fleck, Achillesferse. Sie stört. Gleichzeitig ist in ihr ein Schatz für Weisheit verborgen, der eventuell in der späten Lebensphase gehoben werden kann.

Vermutlich erreicht man im reifen Erwachsenenalter eine gewisse Flexibilität im Umgang mit allen vier Funktionen, was jedoch nicht auf Integration schließen lässt.[6] Nach Jung[7] beginnen die Menschen ihren Lebensweg in einem Zustand unbewusster Vollkommenheit. Die Kindheit ist die Zeit des tiefempfundenen Einsseins mit der Welt. Die mittleren Lebensjahre sind von weithin unreflektierter und unbewusster Unvollkommenheit geprägt, bis man schließlich im Alter die bewusste Vollständigkeit erreicht. Die Bewegung geht von der unbewussten Suche nach Vollkommenheit zum bewussten Streben nach Vollständigkeit. Die Entwicklung verläuft jedoch in der Regel nicht so geradlinig, leicht und natürlich. Viele andere Faktoren schalten sich ein und verursachen Ängste, Stress oder lange Zeiträume, in denen sich in Sachen Entwicklung oder Veränderung herzlich wenig tut, auch wenn diese von Wachstumssprüngen unterbrochen werden. In manchen Fällen kann die Entwicklung an einem bestimmten Punkt sogar völlig zum Erliegen kommen. Der Mensch ist dann gezwungen, auf Dauer mit dem Selbst zurechtzukommen, das sich bis dahin entwickeln konnte. So kommt es vor, dass jemand sich ausschließlich auf die Stärken seiner dominanten und sekundären Funktion konzentriert, wie sie sich aus dem Vier-Buchstaben-Code der Persönlichkeitsinventare zur Jungschen Typologie ergeben. Zwar versucht er, in diesen Bereichen perfekt zu werden, aber er bewegt sich nicht auf das Ziel zu, das Jung als Weg der Vervollkommnung bezeichnet hat.

In einem solchen Fall werden die tertiäre und die inferiore Funktion womöglich so stark unterdrückt, dass sie sich auf recht ungestüme Weise bemerkbar machen können. Das folgende Bild stammt von Christopher Bryant: „Wenn Sie einen völlig normalen Hund anketten und ihm weder genug zu essen geben noch ihn herumtoben und mit seinen Kameraden spielen lassen, wie er es eigentlich bräuchte, dann ist es kein Wunder, wenn er tückisch wird."[8]

Es kann sich als lange und schwierige Aufgabe erweisen, den Hund zu seinem normalen – und nützlichen – Verhalten zurückzuführen. Dasselbe gilt auch für Funktionen, die wir lange Zeit unterdrückt oder ignoriert haben. Oft kostet es viel Mut, zu einer als ungebärdig und unkontrollierbar erlebten Funktion eine vertrauensvolle und gute Beziehung aufzubauen.

Um zu vollständiger Individuation zu gelangen, müssen wir unsere unentwickelten Funktionen trainieren. Die Unterdrückung von Funktionen ist nur eine mögliche Hürde, andere Faktoren sind etwa das Alter, Interessen- und Motivationslage, Frustrationstoleranz u. a. m. Auf keinen Fall ist die Entwicklung aller vier Funktionen etwas Selbstverständliches.

Schauen wir uns dazu die Dynamik von Wachstum und Entwicklung näher an. Die dominante Funktion ist die erste, die im Leben eines Menschen differenziert ausgebildet wird. Sie spielt eine größere Rolle, als ihr eigentlich zusteht. Alle Anstrengungen werden allein auf die Vervollkommnung der dominanten Funktion gelenkt; die sekundäre, die tertiäre und besonders die inferiore Funktion werden abgewehrt. Die sekundäre Funktion wird abgewertet, wenn nicht sogar verächtlich gemacht, während die tertiäre Funktion einfach ignoriert wird. Die inferiore Funktion wird geradezu als Gift betrachtet, gelegentlich auch geleugnet und so weit weg geschoben, dass sie möglichst nicht mehr wahrzunehmen ist. Sie verliert ihre libidinöse Energie, verkümmert und verschwindet schließlich scheinbar ganz.[9]

Am Ende dieses Prozesses erkennen wir, dass wir unsere dominante Funktion bis zu deren vollständiger Integrität ausdifferenziert haben. Und dann? Wir merken plötzlich, dass das noch nicht alles ist, was das Leben zu bieten hat. Irgendetwas fehlt uns. Da ist noch keine Vervollkommnung, so einfach lässt sie sich nicht erreichen. Wir beginnen, die sekundäre Funktion höher zu bewerten und mehr einzusetzen. Durch ständiges Üben wird die sekundäre Funktion immer verlässlicher und bildet schließlich zusammen mit der dominanten Funktion ein schlagkräftiges Team. Diese beiden Funktionen können wir durch die Persönlichkeitstypologie als erste identifizieren.

Dieses Team wird seine Arbeit normalerweise viele Jahre lang tun, ohne dass wir groß darüber nachdenken. Die unreflektierte Perfektion dieses Zusammenwirkens kann uns sogar dazu verleiten, dass wir uns ausschließlich auf diese beiden Funktionen verlassen.

„Jeder von uns steckt in einem Panzer, den wir bald vor Gewöhnung nicht mehr spüren. Nur Augenblicke gibt es, die ihn durchdringen und die Seele zur Empfänglichkeit aufrühren", schreibt Martin Buber.[10] Wenn wir erwachsen sind, werfen solche „Augenblicke" ein Licht auf diesen Panzer und beleuchten nicht nur den Schutz, den er bietet, sondern auch sein einengendes Wesen. Die unreflektierte Perfektion weicht einer Haltung, die sich der Unvollkommenheit der Selbst-Entwicklung bewusst ist.

Und auch hier stellen wir dann fest: Es fehlt immer noch etwas. Ich fühle mich immer noch unvollständig. Was kann ich denn noch tun? So beginnt die Integration der tertiären Funktion. Die Krise, die sich abzeichnet, ist viel schmerzhafter als die bisherigen Wandlungen, die wir mitmachen mussten. Jetzt sind wir schon älter und die dominante und die unterstützende Funktion haben uns lange Jahre treu gedient, sodass wir das Thema Weiterentwicklung durch Wandlung eigentlich schon abgehakt hatten.

Die Psyche ist ein Empire. Sie will sich entwickeln. Sie stört die Normalität, in der wir uns eingerichtet haben. Bemerkbar macht sie sich als

Unzufriedenheit, als Gefühl „mir fehlt etwas" oder auch als Krise. Technisch gesprochen: Die tertiäre Funktion prallt mit der sekundären Funktion in heftigen und schwierigen Konfrontationen aufeinander oder meldet sich als Interesse. Dieser Abschnitt ist auch eine Zeit der Unsicherheit und Ungewissheit. Schließlich sorgt jedoch die sekundäre Funktion für das neue Gleichgewicht mit der tertiären Funktion und nimmt wieder die Rolle des Copiloten der dominanten Funktion ein, wobei sie durch die neu erworbenen Fähigkeiten der tertiären Funktion eine stärker Position innehat als vorher.

Die Integration der untergeordneten Funktion folgt am Schluss – wenn überhaupt. Das Triumvirat aus dominanter, sekundärer und tertiärer Funktion muss sich der Aufgabe stellen, die distanzierte, schwierige und unkontrollierbare inferiore Funktion als Freund zu gewinnen. Wem es gelingt, die inferiore Funktion zu integrieren und zu einer vollständigeren Persönlichkeit zu gelangen, der hat etwas von immenser Bedeutung errungen. Der Individuationsprozess ist durch Krisen gekennzeichnet, durch die der Mensch Schritt für Schritt lernt, sein eigentliches und wahres Wesen zu erkennen und auszuleben. Die Reise zur Individuation lässt sich durch eine alt vertraute Geschichte veranschaulichen.

Rotkäppchens Individuation oder:
von der Vollkommenheit zur Vervollkommnung

> *Du selbst bist deine eigene Mauer – erhebe dich über sie hinweg.*
> *Der Sufi-Dichter Hafiz*

Das bekannte Märchen von Rotkäppchen bietet eine treffende Metapher für die Persönlichkeitsentwicklung. Rotkäppchen war offenherzig und freundlich, lebte im Jetzt und war bestrebt, allen Menschen zu gefallen, denen es begegnete. In der Terminologie des GPOP oder der Typentheorie gesprochen: Es war ein ESFP. Seine tertiäre Funktion, T (analytische Beurteilung), wird in dem Märchen durch seine Mutter dargestellt, später auch durch den Jägersmann. Rotkäppchens inferiore Funktion N (intuitive Wahrnehmung) wird durch die Großmutter und den Wolf symbolisiert. Das Märchen ist eigentlich die Individuationsgeschichte eines einzelnen Menschen, des ESFP Rotkäppchen.

Es war einmal ein kleines süßes Mädchen, das hatte jedermann lieb, der es nur ansah, am allerliebsten aber seine Großmutter, die wusste gar nicht, was sie dem Kind alles geben sollte. Einmal schenkte sie ihm ein Käppchen von ro-

tem Samt und weil ihm das so gut stand und es nichts anderes mehr tragen wollte, hieß es nur das Rotkäppchen.

Die Großmutter repräsentiert die erkennbaren positiven Aspekte von Rotkäppchens inferiorer Funktion (N). Zwischen dem ESFP-Kind und seiner intuitiven „Großmutter" bestand eine starke wechselseitige Anziehung. Sie standen sich sehr nah; dennoch musste das Kind mit der dominanten S-Funktion die Intuition (N) noch integrieren, um ganz zu werden. „Großmutter" (die Intuition) war so nahe, dass „sie gar nicht wusste, was sie dem Kind alles geben sollte". Gleichzeitig liegt eine Distanz zwischen ihnen, die durch das Alter und die räumliche Entfernung symbolisiert wird: *Die Großmutter aber war schon alt und wohnte draußen im Wald, eine halbe Stunde vom Dorf.* Als artiges Kind geht Rotkäppchen los, um seiner alten und kränklichen Großmutter mit einem Stück Kuchen und einer Flasche Wein einen Besuch abzustatten, denn Großmutter ist krank und schwach und wird sich daran laben.

Die typische ST-Mutter, die Rotkäppchens dominante und tertiäre Funktion symbolisiert, warnt: *Brich auf, bevor die Sonne sticht, geh auch ordentlich und lauf nicht vom Wege ab, sonst fällst du und zerbrichst das Glas! Dann hat die kranke Großmutter nichts. Sei auch hübsch artig und grüße sie von mir und schau nicht zuerst neugierig in alle Ecken.* Was hier zu Wort kommt, ist S als Rotkäppchens dominante Funktion; auch T, seine tertiäre Funktion, ist mit von der Partie. Rotkäppchen hört zwar auf sie, hat sie aber noch nicht völlig integriert. Daher gebraucht es seine tertiäre T-Funktion auch noch nicht in vollem Ausmaß und „gehorcht" ihr nicht.

Es ist wichtig für Rotkäppchen, diese Reise zu machen und in diesem Geschehen zu wachsen. Es muss seine inferiore N-Funktion integrieren, die seine Großmutter besitzt und auslebt; und weil Großmutter so einladend und verlockend wirkt, scheint Rotkäppchen diese Aufgabe besonders reizvoll zu sein. Es hat noch keine Ahnung von den Schwierigkeiten, die vor ihm liegen, geschweige denn von den negativen Aspekten seiner Intuition, wie sie durch den Wolf repräsentiert werden.

Außerdem ist Rotkäppchen noch nicht in der Lage, völlig zu verstehen oder vorauszuahnen, wie wichtig es ist, sich negativen und gefährlichen Kräften zu stellen, um zur Fülle seines Potenzials zu gelangen. Es wird auch feststellen müssen, dass es zusätzlichen Beistand braucht, um sowohl seine tertiäre als auch seine inferiore Funktion gänzlich integrieren zu können. Das Ringen Rotkäppchens um seine ESFP-Integration wird also durch vier Symbolgestalten veranschaulicht:

Da gibt es den *Wolf*, der die negativen Kräfte seiner Intuition und vielleicht auch seine typologischen Gegenpol, INTJ, repräsentiert – alles

Funktionen, die zuerst differenziert und schließlich integriert werden müssen, um zu vollständigerer Individuation zu gelangen. Die *Großmutter* dagegen steht für die positiven Kräfte seiner Intuition und repräsentiert vielleicht zugleich auch die E-FP-Komponenten in Rotkäppchens Persönlichkeit. Der *Jäger* und die *Mutter*, beide STs, symbolisieren die Kombination aus S, Rotkäppchens dominanter Funktion, und seiner tertiären Funktion T.

Als Rotkäppchen erstmals auf den Wolf trifft, kann dieser es leicht lenken, wie es ihm gefällt, indem er sich seiner NT-Funktionen bedient und mit Rotkäppchens SF-Funktionen sein Spielchen treibt:

„Rotkäppchen, sieh einmal die schönen Blumen, die ringsumher stehen. Warum guckst du nicht um dich? Ich glaube, du hörst gar nicht, wie die Vöglein so lieblich singen? Du gehst ja einher, als wenn du zur Schule gingst, und dabei ist es so lustig hier draußen im Wald."

Rotkäppchen reagiert in typischer ESFP-Manier und *blickte um sich und als es sah, wie die Sonnenstrahlen durch die Bäume hin und her sprangen und alles voll schöner Blumen stand, dachte es: „Ich will der Großmutter einen frischen Strauß mitbringen. Der wird ihr große Freude machen. Es ist ja noch früh, sodass ich zur rechten Zeit ankomme." Dann sprang es in den Wald und suchte Blumen. Und wenn es eine gepflückt hatte, meinte es, weiter hinaus stände eine noch schönere, und lief hin und geriet immer tiefer in den Wald hinein.*

Hier handelt unser ESFP Rotkäppchen in unreflektierter, unbewusster Unvollkommenheit und reagiert ausschließlich mit seinen bevorzugten Funktionen. Dass es andere Funktionen überhaupt geben könnte, beachtet es nicht. Es strebt nach seiner bisherigen kindlichen unbewussten Vollkommenheit, doch es ist schon unterwegs auf ihrem Weg der Persönlichkeitsentwicklung. Seine inferiore und seine tertiäre Funktion (NT; symbolisiert durch den Wolf) haben es angesprochen und irregeleitet; es merkt nicht, was geschieht, und folgt seinen ausgewiesenen SF-Präferenzen. Was hier passiert, ist ein gutes Argument dafür, Differenzierung und Integration aufeinander folgen zu lassen, denn die bevorzugten Funktionen führen leicht zu Extremen, wenn sie nicht ins Gleichgewicht gebracht werden. Auf der anderen Seite können die tertiäre und die inferiore Funktion viel Einsicht und Weisheit vermitteln; wenn sich Rotkäppchen jedoch zu sehr mit diesen identifiziert, kann es ihnen leicht zum Opfer fallen.

Der Wolf ist mittlerweile von dannen geeilt und hat die kränkelnde Großmutter ohne Mühe überlistet und verputzt. In den Anfangsstadien der Differenzierung treten die negativen Begleiterscheinungen besonders deutlich zutage. Einige Zeit später merkt das heranreifende Rotkäppchen, dass ihm eine noch größere Herausforderung bevorsteht.

Rotkäppchen aber hatte inzwischen so viele Blumen gepflückt, dass es keine mehr tragen konnte. Da fiel ihm die Großmutter wieder ein und es machte sich auf den Weg zu ihr.

Auch dies ist ein typisches ESFP-Verhalten, doch Rotkäppchen ist inzwischen reifer geworden und hat gemerkt, dass es mehr im Leben gibt, als nur in den bevorzugten Funktionen zu schwelgen. Die intuitive Großmutter hat offensichtlich etwas zu bieten. Rotkäppchen erreicht Großmutters Häuschen und wundert sich, dass die Tür offen steht. *Und wie es in die Stube trat, da kam es ihm so seltsam darin vor, dass es dachte: „Ei, du mein Gott, wie ängstlich wird mir's heute zu Mut und ich bin sonst so gerne bei der Großmutter!"* Rotkäppchens Wachstum macht rasante Fortschritte. Das seltsame Gefühl ist seine Intuition, die ihm eine drohende Konfrontation meldet. Doch noch kann sich Rotkäppchen auf seine noch undifferenzierte Intuition nicht völlig verlassen und es weiß nicht, was es erwartet. Immer noch von seinem dominanten S gesteuert, stürzt es sich in die kommenden Ereignisse: *„Guten Morgen!" rief Rotkäppchen laut, doch es erhielt keine Antwort. Darauf ging es zum Bett und zog die Vorhänge zurück. Da lag die Großmutter und hatte die Haube tief ins Gesicht gezogen und sah so wunderlich aus.* Immer noch ist Rotkäppchen nicht fähig, ganz auf seine Intuition zu hören. Sein dominantes S hat weiter das Sagen: *„Ei, Großmutter, was hast du für große Ohren!" – „Dass ich dich besser hören kann."* Für das sinnesorientierte Rotkäppchen klingt das vernünftig.

„Ei, Großmutter, was hast du für große Augen!" – Dass ich dich besser sehen kann." Rotkäppchen, das nach wie vor seiner sinnlichen Wahrnehmung vertraut, versucht es noch einmal: *„Ei, Großmutter, was hast du für große Hände!" – Dass ich dich besser packen kann."* Langsam scheint auch Rotkäppchen zu merken, dass hier etwas nicht stimmt. *„Aber, Großmutter, was hast du für ein entsetzlich großes Maul!"* Rotkäppchen spürt nun, dass hier ein ernstes Problem droht; die Antwort bestätigt seine Ahnung: *„Dass ich dich besser fressen kann."* Rotkäppchen weiß jetzt, dass seine Intuition, seine inferiore Funktion, kurz davor ist, es zu verschlingen. Genau das geschieht auch.

Und kaum, dass der Wolf das gesagt hatte, sprang er mit einem Satz aus dem Bett auf das arme Rotkäppchen zu und verschlang es. In der englischen Version dieses Märchens geschieht an dieser Stelle etwas Bemerkenswertes: Wurde Rotkäppchen bisher immer „Little Red Riding Hood" genannt, fehlt die Verkleinerungsform ab jetzt; Rotkäppchen ist offensichtlich reifer geworden. In der deutschen Fassung ist nicht mehr vom „kleinen, süßen Mädchen" die Rede, sondern ganz schlicht vom „Mädchen". Wir möchten die symbolische Deutung des Märchens nicht überstrapazieren. Aber für unsere Illustration sind die scheinbar nebensächlichen Hinweise interessant: Die Konfrontation mit der inferioren Funktion ist keine Angelegenheit, die sich in der Kindheit abspielt; sie findet statt, als Rotkäppchen bereits erwachsen ist.

Der Kampf und das Gefressenwerden – eine schreckliche Erfahrung. Und doch, im Innern des Wolfes findet Rotkäppchen positive Aspekte seiner inferioren Funktion, der Intuition: die Großmutter. Welch eine Offenbarung – Trost und Schrecken in einem. Wie wird Rotkäppchen diese Erfahrung überleben? Wird sein Leben jemals wieder sein wie zuvor? Wird seine inferiore Funktion vorherrschen, wird Rotkäppchen ihr auf Gedeih und Verderb ausgeliefert sein? Die Antwort hängt ausschließlich und allein von der Stärke und der Integration der anderen Funktionen ab.

Als der Wolf nun seinen Hunger gestillt hatte, legte er sich wieder ins Bett, schlief ein und fing an, laut zu schnarchen. Ein Jäger – Symbol der Kombination von Rotkäppchens dominantem S und tertiärem T – *ging eben vorbei und dachte bei sich: „Wie kann die alte Frau so schnarchen. Du musst einmal nachsehen, ob ihr etwas fehlt." Da trat er in die Stube und als er vor das Bett kam, lag der Wolf darin. „Hab ich dich endlich, alter Sünder!", sagte er. „Ich hab dich lang gesucht."*

Rotkäppchen erkennt, dass es seine tertiäre Funktion T braucht, damit sie ihm bei der Integration seiner Intuition zur Seite steht. Es trommelt seine dominante und tertiäre Funktion zusammen, die es aus der Umklammerung durch die inferiore Funktion befreien sollen. Außerdem lässt es durchblicken, dass es endlich gefunden hat, was es schon so lange gesucht hatte.

Er wollte schon seine Büchse anlegen, doch da fiel ihm ein, der Wolf könnte die Großmutter gefressen haben und sie wäre noch zu retten. Er schoss nicht, sondern nahm eine Schere und fing an, dem schlafenden Wolf den Bauch aufzuschneiden. Wie er ein paar Schnitte getan hatte, sah er das rote Käppchen leuchten, und noch ein paar Schnitte, da sprang das Rotkäppchen heraus und rief: „Ach, wie war ich erschrocken, was war es so dunkel in dem Bauch vom Wolf." Und dann kam die alte Großmutter auch noch lebendig heraus ...

Rationale Entscheidungen (die tertiäre Funktion T) helfen Rotkäppchen, sich dem Würgegriff seiner inferioren Funktion zu entwinden. Es ist bemerkenswert, dass diese Befreiung nicht schnell vonstatten geht, sondern einige Zeit (und einige Schnitte) braucht. Kaum ist Rotkäppchen (SF) frei und hat seine Angst vor der Dunkelheit im Innern des Wolfs zum Ausdruck gebracht, kommt auch schon die „alte" Großmutter – die positiven Aspekte seiner Intuition – zum Vorschein. Nun erkennt Rotkäppchen seine differenzierten Funktionen und akzeptiert seine Intuition als Teil seiner Persönlichkeit. Auch wenn die Intuition stets seine inferiore Funktion bleiben wird, so hat sie doch ihre liebenswerten Aspekte, die erforscht und gefeiert werden können.

Aus diesem Grund tötet sie den Wolf auch nicht, sondern *holte geschwind große Steine, damit füllten sie dem Wolf den Leib, und wie er aufwachte, wollte er fortspringen, aber die Steine waren so schwer, dass er gleich niedersank und sich totfiel.*

Rotkäppchen erkennt, dass es mit seiner inferioren Funktion leben muss und sie nicht töten darf. Wenn diese jedoch nicht mehr in der Lage ist, Rotkäppchen hereinzulegen oder Angst ihm einzujagen, dann ist sie verwandelt worden – und in einem bestimmten Sinne auch gestorben. Doch nicht Rotkäppchen hat sie getötet; vielmehr akzeptiert es sie in ihrer ganzen Bedeutung und holt aus ihr heraus, was sie kann.

Nun wird die Integration gefeiert: *Da waren alle drei vergnügt. Der Jäger zog dem Wolf den Pelz ab und ging damit heim, die Großmutter aß den Kuchen und trank den Wein, den Rotkäppchen mitgebracht hatte, und erholte sich, Rotkäppchen aber dachte: „Du willst dein Lebtag nicht wieder allein vom Weg ab in den Wald laufen, wenn dir's die Mutter verboten hat."*

Für Rotkäppchen ist geschehen, was Jung die „bewusste Vollständigkeit" in der Entwicklung eines ESFP nennen würde. Individuation bezeichnet den Prozess, in dem der Mensch sich seinen unbewussten Energien und instinktiven Antrieben zu stellen hat, um schließlich in schöpferische Beziehung mit ihnen treten zu können. Rotkäppchen hat genau das erreicht, was Jung mit Individuation meint.

Was für Rotkäppchen gilt, gilt auch für uns. Wir müssen uns den Spannungen unseres Lebens stellen, damit wir sie auf unserem Weg zur Vervollkommnung und Individuation differenzieren und integrieren lernen. Die umfassende und detaillierte Lebensberatung, die hilft, das eigene Selbst zu verstehen und zu identifizieren, ist nur einer der vielen unterschiedlichen Bereiche, in denen die Persönlichkeitsinventare eingesetzt werden.

Andere Anwendungsgebiete sind etwa Studien- oder Karriereberatung (worauf wir in Kapitel 6 zu sprechen kommen werden) und Beratung bei Beziehungsproblemen.

Unsere nächste Reiseetappe ist die Anwendung der typologischen Grundmuster in der Kommunikation und in allgemeinen Beratungssituationen.

Fünftes Kapitel

Miteinander ins Gespräch kommen

Ein Abend, an dem sich alle Anwesenden völlig einig sind,
ist ein verlorener Abend.

Albert Einstein

Die Präferenzen, mit denen wir die Welt wahrnehmen und Entscheidungen treffen, zeigen sich auch in der Art und Weise, wie wir miteinander kommunizieren. Dies gilt natürlich auch für unsere Reise durch das Land der Individuation: Unsere Kommunikationsmuster sollten unser Vorankommen widerspiegeln. Ob wir uns in Zeiten der Differenzierung oder der Integration befinden, unsere Präferenzen bestimmen die „Gezeiten" der Kommunikation in einem sanften Wechsel von Ebbe und Flut, denn wir trachten immer danach, unsere Verbundenheit mit den Menschen in unserer Umgebung durch Kommunikation zum Ausdruck zu bringen. Die psychologische Typentheorie bietet Ihnen einen guten Kompass, damit Sie sich angesichts der Fülle menschlicher Kommunikationsmuster besser orientieren können.

Weil wir Menschen so verschieden sind, gibt es unzählige Möglichkeiten, sich misszuverstehen. Obendrein scheint Kommunikation die abgrundtiefen Unterschiede zwischen den einzelnen Individuen erst recht sichtbar zu machen. Trotzdem gibt es kommunikative Fähigkeiten, die wir uns aneignen können, um mit deren Hilfe unsere Vorstellungen und Gaben genauer und wirkungsvoller auszutauschen.

Damit Kommunikation überhaupt gelingen kann, müssen wir lernen, in gelöster und versöhnter Atmosphäre genau hinzuhören und zu verstehen, ohne dass Feindseligkeit uns den Blick trübt. Es gehört zur menschlichen Natur, dass wir Botschaften ignorieren, sobald wir den Eindruck haben, sie seien unwichtig oder irrelevant. Schnell haben wir einander in entsprechende Schubladen gesteckt und erwarten entweder nur wichtige oder nur unwichtige Informationen von unserem jeweiligen Gegenüber.

Jede gelingende Kommunikation ist darauf angewiesen, dass sie von vornherein allen Beteiligten das Gefühl gibt, dass sie wertvolle Dinge weitergeben können oder selbst vermittelt bekommen. Das Problem ist nur, dass sich die Dinge, die jeder für wertvoll erachtet, von Typ zu Typ erheblich unterscheiden. Das gilt besonders für den Unterschied zwischen extravertierten Typen, die ihre Energie aus der Begegnung mit anderen ziehen, und introvertierten Typen, die ihre Kraft aus der Welt der eigenen Ideen und Vorstellungen schöpfen.

Bei einem extravertierten Menschen ist es wahrscheinlich, dass er irgendwann etwas Wertvolles von sich gibt, denn er versucht immer, möglichst alles mitzuteilen. Er muss aufpassen, dass er möglichst schnell zur Sache kommt und sich nicht zu lange bei unbedeutenderen Aspekten aufhält.

Introvertierte Menschen dagegen neigen dazu, zu lange zu zögern, bis sie überhaupt etwas sagen. Wie ein Introvertierter empfindet, dem jemand eine längere und aufregende Geschichte erzählen will, müssen Sie sich vorstellen wie bei dem Dichter Rainer Maria Rilke: „Die Notwendigkeit, allein zu sein, für lange Zeit allein, wächst in mir Tag für Tag ... Menschen (ob es nun mein Fehler ist oder der ihre) ermüden mich."[1] Wenn wir also nicht in der Lage sind, die Bedürfnisse und Energiequellen unseres Gegenübers richtig einzuschätzen und zu respektieren, können wir die wahre Bedeutung ihrer Botschaften nicht verstehen.

Ebenso wissen wir, dass Kommunikation häufig konkurrierende Botschaften enthält und einerseits Wahrnehmungen, andererseits auch Urteile über das Wahrgenommene übermittelt. Dies macht Kommunikation zwar lebendig und interessant, schafft aber auch häufig Probleme,[2] wie das folgende Beispiel zeigt:

Eine Mutter kam zusammen mit ihrer 15-jährigen Tochter zur Beratung. Im Verlaufe des Gesprächs bat der Berater die Mutter, eine Verhaltensweise zu benennen, die sie bei ihrer Tochter am liebsten ändern würde. Die Mutter antwortete: „Sie ist ohne jedes Verantwortungsgefühl." Die Tochter widersprach sofort: „Das stimmt überhaupt nicht." Der Berater wies die Mutter darauf hin, dass sie eine Verhaltensweise ihrer Tochter nennen und nicht beurteilen sollte, was sie selbst darüber dachte. Darauf sagte die Mutter: „Sie hält sich für die Wichtigste in der Familie." Wieder entgegnete die Tochter: „Das stimmt nicht." Der Berater erklärte der Mutter noch einmal, dass sie wieder nicht das Verhalten ihrer Tochter beschrieben, sondern erneut eine Beurteilung und Wertung abgegeben hatte. Die Mutter dachte einen Moment nach und sagte dann: „Das ist sehr schwer. Alles, was mir einfällt, ist schon wertend." Das ist nicht überraschend, sondern häufig der Fall – vor allem, wenn die dominante Funktion der Mutter eine der Beurteilungsfunktionen T (analytisch) oder F (wertorientiert) ist.

Es ist nicht immer leicht, zwischen den Funktionen differenzieren zu lernen. Wir müssen versuchen, unsere Wahrnehmungen klar zu äußern, sowohl die konkret sichtbaren als auch die intuitiven. Und wir müssen einfühlsam und fair bleiben, wenn wir unsere Beurteilungen von uns geben, seien sie nun analytisch oder wertorientiert. Es passiert sehr schnell, dass wir unsere Wahrnehmungen mit unseren Urteilen und Wertungen vermischen. Unsere Sprache ist ein wichtiges Hilfsmittel, mit dem wir uns über Ähnliches, Konstantes und Gleichbleibendes verständigen. Gleichzeitig aber versuchen wir mit demselben Instrument auch die Welt des Prozesshaften, der Unterschiede, Veränderungen, Interaktion und Komplexität zum Ausdruck zu bringen.[3] Kommunikation bleibt ein Wagnis, bei dem die Kenntnis Ihres Typs Ihnen große Dienste leisten kann.

Wem es gelingt, alle Botschaften, die uns Wahrnehmungen übermitteln, von denen zu trennen, die uns Urteile vermitteln, hat schon den ersten Schritt geschafft. Er wird bald erkennen, dass auch die Art und Weise, wie wir Wahrnehmungen vermitteln, von unseren Präferenzen bestimmt wird.

Bevorzugte Kommunikationsmuster

S-Typen oder Eure Rede sei ja, ja; nein, nein

Jemand, der eine ausgeprägte S-Präferenz (Sinneswahrnehmung) und damit großes Vertrauen in Daten und Fakten hat, wird stets klare und präzise Informationen mitteilen – und eben solche von Gesprächspartnern erwarten. Wenn man einem S-Typen eine Idee vorstellen will, wird er sich typischerweise sofort auf die Einzelheiten konzentrieren. S-Typen können solche Einzelheiten bis in ihre kleinsten Verästelungen verfolgen und möglicherweise schnell herausfinden, was fehlt. Sie nehmen alles wörtlich, weil sie versuchen, in der Kommunikation zunächst die konkreten Informationen auszumachen.

In der Kommunikation mit S-Typen ist es hilfreich, wenn Sie sich im Voraus auf die üblichen Fragen einstellen, die S-Typen mit Sicherheit stellen werden: „Und was machen Sie mit Herrn Schmidt? Er wiegt drei Zentner und wir haben nur 38 cm breite Alu-Klappstühle!?" Und dann werden die S-Typen genau aufpassen, welche Antwort Sie parat haben.

Wenn Sie mit einem S-Typen kommunizieren, ist es das Vernünftigste, die Einzelheiten möglichst klar auszuführen. Definieren Sie Ihre Begriffe, legen Sie die Fakten auf den Tisch und bereiten Sie einen ausgearbeiteten Aktionsplan vor, sodass Ihr S-Gegenüber sich sofort an die Arbeit machen kann. Sie werden von ihm auf jede konkrete Frage auch eine konkrete Antwort erhalten.

Behalten Sie im Gedächtnis: Wir kommunizieren zunächst auf der Wahrnehmungsebene und tauschen Information aus; Wertungen und Beurteilungen werden nicht getroffen.

N-Typen oder alle Dinge sind möglich dem, der da glaubt

Wer eine Präferenz für die Intuition (N) zeigt, produziert seiner Natur gemäß ständig neue Ideen. Wenn ein N-Typ einen neuen Geistesblitz hat, wird er diesen im Gespräch typischerweise in groben Umrissen und skizzenhaft entwerfen. Wenn Sie einem N-Typen zuhören, konzentrieren Sie sich auf das Wesentliche – wenn Sie es erkennen können – und ignorieren Sie alle unausgegorenen Einzelheiten. Auch hier gilt: Wahrnehmungen, keine Urteile, bitte.

Wenn Sie einem intuitiven Gegenüber eine Idee vorstellen wollen, seien Sie sich über Ihr Hauptanliegen im Klaren. Denken Sie daran, dass N-Typen nicht an wörtlichen Bedeutungen interessiert sind, sondern an Assoziationen und Beziehungen, an dem großen Zusammenhang.

Versuchen Sie nicht, einem N-Typen mit hunderterlei Einzelheiten und Fakten zu kommen – die interessieren ihn überhaupt nicht; wenn Sie ihn allerdings in eine Sache einbinden wollen und bei einer Idee seine Hilfe brauchen, fragen Sie ihn: „Was würden Sie in diesem Fall tun – so ganz allgemein?" Jeder N-Typ wird Ihnen begeistert seine Zeit und Energie „opfern", um Ihnen zu helfen, sich durch alle möglichen Hindernisse hindurchzudenken.

T-Typen oder ein Kluger tut alles mit Vernunft

Analytiker (T-Typen) entscheiden nach logisch analytischen Kriterien und vergessen leicht, die anscheinend unlogischen menschlichen Motive und Reaktionen mit zu berücksichtigen, die Teil jeder zwischenmenschlichen Interaktion sind. Sie neigen daher dazu, ihre Meinung frei heraus zu sagen, ohne sich um die Gefühle der anderen Beteiligten zu kümmern. T-Typen müssen sanft und sachlich darauf aufmerksam gemacht werden, was andere Menschen empfinden. Dann können sie diese Empfindungen auch in die Reihe der zu berücksichtigenden Faktoren einordnen, wenn Entscheidungen zu treffen sind, und sich entsprechend verhalten.

F-Typen oder ich muss menschlich davon reden

F-Typen dagegen legen bei ihren Entscheidungen großen Wert auf Harmonie und guten Willen. Sie haben ein gut entwickeltes Gespür für die

Vorlieben und Abneigungen der Menschen in ihrer Umgebung. Sie neigen dazu anzunehmen, dass andere diese Gefühle ebenso wahrnehmen, was sich oft als falsch herausstellt. Wenn F-Typen die wertorientierten Aspekte einer Angelegenheit darlegen wollen, kann es daher eine große Hilfe sein, wenn sie die Fähigkeit erlernt haben, sich im Gespräch ruhig und sachlich durchzusetzen.

Wenn ein T-Typ sich mit einem F-Typen unterhält, sollte er im Gedächtnis haben, dass F-Typen Rücksicht auf die persönlichen Wertvorstellungen über alles stellen und daher am liebsten zunächst einmal auf dieser Ebene eine Verbindung suchen. Daher würden wir im Gespräch mit F-Typen zunächst die Punkte erwähnen, in denen Übereinstimmung besteht oder zu erwarten ist. Wenn auf diese Weise erst einmal grundsätzlich eine gute Atmosphäre geschaffen ist, kann man unterschiedliche Standpunkte einbringen, diskutieren, verhandeln und sich schließlich gemeinsam über sie freuen.

Wenn ein F-Typ sich mit einem T-Typen unterhält, sollte er sich daran erinnern, dass T-Typen großen Wert auf Logik und Vernunft legen. T-Typen müssen nicht immer etwas finden, dem sie zustimmen können. Ihnen macht es nichts aus, abweichende Meinungen zu vertreten und zu akzeptieren, vorausgesetzt, den Regeln der Logik wird die gebührende Ehre erwiesen. Ein F-Typ könnte in diesem Fall die Diskussion eröffnen, indem er ein logisches Konzept entwirft und dann den Denkern die Debatte überlässt, auch ohne dass es zu einem Konsens kommen muss.

Wenn es um die Kommunikation von Wahrnehmungen geht, beachten Sie also bitte: S-Typen nehmen Tatsachen ernster als Möglichkeiten; sie wünschen eine klare Darstellung des Problems, bevor sie an die Diskussion möglicher Lösungswege gehen. N-Typen dagegen werden zuerst von den vielen interessanten Optionen angelockt, die eine neue Situation ihnen eröffnet; die Fakten sind bewegliche Möbelstücke im Raum der Möglichkeiten.

Wenn es um die Kommunikation von Beurteilungen geht, müssen Sie folgendes berücksichtigen: Für T-Typen muss jede Äußerung in einen logischen Zusammenhang passen. Sie werden ungeduldig, wenn sie das schlüssige Prinzip nicht erkennen. F-Typen sind hauptsächlich an Angelegenheiten interessiert, die sich auf bestimmte Weise auf das Wohl und Wehe von Menschen auswirken. Wenn Sie gleich zu Anfang deutlich machen, dass es Ihnen „um den Menschen geht", hören sie Ihnen zu.

Wenn Kompromisse zwischen entgegen gesetzten Typen notwendig sind, ist die Lösung die beste, die allen Seiten gerecht wird: S-Typen bevorzugen Lösungen, mit denen sich arbeiten lässt und deren konkreter Nutzen sofort einsehbar ist – im Hier und Jetzt; N-Typen wünschen Zukunftsperspektiven und sehen Lösungen stets in größeren Zusammenhängen. T-Typen streben nach einer Systemlösung, während es für F-Typen wichtiger ist, dass Menschen und soziale Werte berücksichtigt sind. Wenn wir in unserer Kommunikation sensibel genug sind, lässt sich eine gute Idee von jedem dieser Pole aus präsentieren. Alle Typen werden es jedoch als gerechtfertigt empfinden, wenn sie gegen etwas angehen, was ihnen von ihrer Warte aus falsch erscheint. Das Problem dabei ist, dass jeder Angriff die Gegenseite wahrscheinlich in eine defensive Haltung bringt, wodurch die Kommunikation zusammenbrechen kann. Förderlicher ist allerdings die gemeinsame Freude an der Verschiedenheit und dem größeren Reichtum an Kommunikationsmustern, die diese erst möglich macht. Je komplexer eine Situation ist, umso wichtiger ist es, dass Menschen mit unterschiedlichen Neigungen sich einbringen können.

Beraten und Coachen

Eine extravertierte Bekannte erzählte uns, dass sie während ihrer Ehescheidung einen Familientherapeuten hatte, der zufällig introvertiert war. Dieser Berater machte ihr nach bestem Wissen und Gewissen den Vorschlag, dass sie ein Wochenende lang wegfahren solle, um allein und ungestört von der Außenwelt „zu sich selbst" zu kommen. Er hatte keine Ahnung, dass er sie damit nicht auf Kur schickte, sondern eher in eine Folterkammer.

In vielen Beratungssituationen ist es von entscheidender Bedeutung, dass die jeweiligen Präferenzen gleich zu Beginn erkannt und akzeptiert werden. Alle Beraterinnen und Berater bevorzugen bestimmte Methoden der Gesprächsführung. Die typologische Herangehensweise bietet zusätzlich einen wirkungsvollen Ausgangspunkt für jede Beratungssituation, der andere psychologische Testverfahren gut ergänzt. Von Beratern, die professionell mit der Persönlichkeitstypologie arbeiten, erhalten wir regelmäßig die Rückmeldung, dass sie an der psychologischen Typentheorie am meisten schätzen, dass ihre Klienten vom ersten Gespräch an ein Gefühl der Würde und des Selbstwertes vermittelt bekommen.

Wenn wir ein wissenschaftlich zuverlässiges typologisches Instrument benutzen (mit dem sehr schnell die Neigungen identifizieren kann), können wir von Anfang an sicher sein, dass wir unsere eigenen Präferenzen und die der anderen Typen verstehen können – eine befreiende Erfahrung. Je mehr wir über die verschiedenen Typen wissen, desto befreiter können wir unsere eigenen natürlichen Präferenzen erkennen und uns bei unserer Reise zur Individuation auf unser eigenes Wachstumspotenzial verlassen.

Wenn jemand eine Beratungsstelle aufsucht, dann steht dies meist unmittelbar (und kausal) damit in Zusammenhang, dass er über längere Zeit von anderen herabgesetzt und in seiner Würde verletzt wurde.[4] Das Erkennen der persönlichen Präferenzen kann hier eine Grundlage für neue Hoffnung bieten. Wer sich in einer seelischen Wüstenlandschaft verlaufen hat, empfindet es wie Ankommen in einer Oase, wenn er in den beschrieben Präferenzen das Wohnzimmer-Ich wieder erkennt. Diese Erkenntnis ist der Startort für eine neue Entwicklungsphase – vielleicht eine intensivere Beschäftigung mit der Coaching-Funktion, wie der GPOP die dritte Funktion bezeichnet, die sich in der Lebensmitte bemerkbar macht und beachtet werden möchte.

Von einem solchen Ausgangspunkt aus kann man ein Entwicklungsmodell entwerfen, das alle Schwierigkeiten als Durchgangsstationen auffasst. Auf dem Weg zu uns selbst gewinnen wir dann immer mehr Einsichten in unsere eigensten Kräfte, Möglichkeiten und Funktionen – die bevorzugten genauso wie die übrigen.

So können intuitive Menschen beispielsweise erkennen, dass ihre Visionen, Pläne und Zukunftsträume zwar geschätzt werden, sie jedoch oft die Bedürfnisse der Gegenwart vernachlässigen und ihnen darum größere Aufmerksamkeit widmen sollten. S-Typen dagegen merken, dass man ihre Fähigkeit schätzt, mit dem wirklichen Leben umzugehen, ihnen aber die Entwicklung ihrer intuitiven Fähigkeiten womöglich noch weit mehr praktische Möglichkeiten eröffnet.

Eine Reihe von Beratern berichtet, dass Klienten, die ihre Präferenzen korrekt wiedergegeben haben, deutliche Anzeichen der Erleichterung zeigen, wenn sie ihre Typenbeschreibungen lesen. Diese Klienten ziehen die richtigen Schlüsse aus ihrem Typ und sind bereit, die „negativen" Aspekte ihres Typs zu diskutieren, ohne eine Verteidigungshaltung aufzubauen. Sie interpretieren diese „negativen" Aspekte einfach als Gegenpole zu ihren persönlichen Stärken, die – sobald sie erkannt sind – ins Selbst integriert werden können. Sie nehmen die Herausforderung an, sich zu entwickeln, – und akzeptieren ihre Grenzen, an denen sie ihre Stressfunktion erleben – wie eine Überschwemmung aus dem Unbewussten.

Wer die Typentheorie in Beratung und Coaching verwendet, sollte als Erstes die Präferenzen des oder der Ratsuchenden möglichst genau bestimmen. Kein Persönlichkeitsinventar liefert verlässliche Ergebnisse.

Jedes Ergebnis muss mit professioneller Hilfe validiert, d. h. auf ihre Zuverlässigkeit hin überprüft werden. Nur die Erfahrungen und Selbstbeobachtungen der Ratsuchenden verifizieren das Ergebnis. Fragen Sie nach, ob die zugeschriebenen Eigenschaften tatsächlich „passen". Stellen Sie die Merkmale fest, die zutreffen, und unterstreichen Sie diejenigen, die von Ihrem Klienten als nicht zutreffend empfunden werden. Wenn Ihr Gegenüber Zweifel an der Stimmigkeit der gefundenen Präferenz äußert, achten Sie sorgfältig auf die Art und Weise, wie es seine Erfahrungen schildert.

Erfahrungen, die sich tatsächlich auf Präferenzen beziehen, beschreiben die Betreffenden meist zustimmend, bestätigend und wie selbstverständlich („Genau ...!"). Sind die geschilderten Erfahrungen jedoch mit weniger bevorzugten Funktionen verknüpft, werden sie oft mit Begriffen wie Anstrengung, Kampf oder Unbehagen in Verbindung gebracht. Gespräche über Erfahrungen dieser Art sind anstrengend und befreiend zugleich.

Gewöhnlich können die zutreffenden Präferenzen des Klienten zu Anfang der Beratung bestimmt werden, vielleicht schon in der ersten Sitzung. Manchmal bleibt eine Präferenz aber auch den gesamten Beratungsprozess über fraglich. In solchen Fällen sollten Berater und Klient übereinkommen, zunächst mit den Erkenntnissen über die schon bekannten Präferenzen fortzufahren und die noch unbekannten weiteren Untersuchungen zu unterziehen.

Wie schon erwähnt, finden die Instrumente zur Typenbestimmung in verschiedensten Beratungsbereichen Verwendung. Kontextabhängig wird in der Beratung die Entwicklung des Typs bewusst angestrebt, indem man sich auf Wahrnehmung, Beurteilung sowie Einstellungen konzentriert. Interventionen sind sowohl von der Art der Beratung als auch von den Bedürfnissen des Klienten abhängig.

Sechstes Kapitel

Work-Life: den richtigen Beruf wählen – im Team arbeiten – andere führen

Karrierewege – den richtigen Beruf wählen

Die Laufbahn oder Karriere, die wir planen, und die Beschäftigungen, die wir wählen, sind von vielen unterschiedlichen Faktoren abhängig. Herausforderung, Bezahlung, örtliche Gegebenheiten, die Ermutigung durch die Familie, der Einfluss charismatischer Lehrer, der Wunsch zu helfen, das Freizeitangebot, das Verhältnis zu Mitarbeitern – alles kann zum bestimmenden Einfluss werden.

Die Typentheorie postuliert, dass eines der wichtigsten Motive für berufliche Entscheidungen in dem Bedürfnis jedes Einzelnen nach einer Arbeit besteht, die für ihn ihrer Natur nach interessant und zufrieden stellend ist und ihm den Einsatz seiner bevorzugten Funktionen und Einstellungen gestattet.

Scott Goldberg[1] nahm die psychologischen Typen als Referenz, als er seine Klassifizierungen für berufliche Orientierung entwickelte. Menschen mit einer Präferenz für Intuition (N) sind in ihrer Berufswahl eher an *Veränderungen* („transitorisch") interessiert als solche, die ihre Sinneswahrnehmung (S) bevorzugen. Diese neigen eher zu einer stetigen und *kontinuierlichen* Karriere. Wer eine Präferenz für analytische Urteile zeigt (T), sieht Karriere eher als Leiter, die man hinaufsteigen muss, während ein F-Typ, der wertorientierte Urteile bevorzugt, eher an *persönlichem Wachstum* interessiert ist.

S-Typen oder „lerne, zu gebrauchen, was vor Augen ist"

Menschen mit einer Präferenz für Sinneswahrnehmung schätzen es, wenn ihre berufliche Laufbahn stetig verläuft. Sie bauen gern auf vorangegangene Erfahrungen auf. Fortschritte und Errungenschaften werden möglichst in eine klar erkennbare Folge gebracht, sodass die nächsten Schritte planbar werden. (Militär und Behörden sind so strukturiert, dass sie stufenweise Beförderungen dieser Art als wesentliches Element enthalten.)

S-Typen sehen ihre Karriere als planbares Fortschreiten an – jede neue Sprosse zu ihrer Zeit. Wenn sie ihre Tätigkeit oder Laufbahn wechseln, versuchen sie auf der Erfahrung aufzubauen, die sie sich in ihrem bisherigen Beruf erworben haben. Angetrieben von ihrem Bedürfnis, etwas zu tun, streben S-Typen stets danach, die Dinge im Hier und Jetzt zu erledigen, ohne unnötige und zeitraubende Überlegungen anstellen zu wollen. Diese Gegenwartsorientierung gestattet ihnen, alle Dimensionen ihres jeweilig gültigen Status voll zur Geltung zu bringen, was ihnen eine solide Karrieregrundlage verschafft.

S-Typen wollen alles erledigen, was ihrer Meinung nach getan werden muss. Sie beurteilen das Engagement anderer grundsätzlich danach, was diese für eine Sache tun, alles andere ist für sie ohne Bedeutung.

Tatsächlich gilt besonders für extravertierte S-Typen: „Deine Taten sprechen lauter als deine Worte!" S-Typen glauben, dass das tägliche Handeln von Bedeutung ist. Daher müssen sie auf konstruktive Weise jede Gelegenheit nutzen, die jeder Tag für sich an Befriedigung bietet. Sie sind in der Regel unkompliziert und energiegeladen und stehen mit beiden Beinen fest in der Arbeit und im Leben. Im Grunde sind die S-Typen „Zupacker". Sie arbeiten sich gern gezielt und entschlossen voran und können dabei scheinbar unüberwindliche Hindernisse aus dem Weg räumen – vorausgesetzt, es geschieht immer eins nach dem anderen. Sie beschäftigen sich gern mit einer Reihe von Projekten und Aufgaben gleichzeitig, solange sich alles ordnen und in eine genaue Reihenfolge bringen lässt; nehmen Sie zum Beispiel den Sachbearbeiter, der mit vielen sehr verschiedenen Klienten umzugehen hat, aber alles unter Kontrolle und die anstehenden Aufgaben präzise im Griff hat.

S-Typen legen oft eine schier unglaubliche Fähigkeit an den Tag, alles „auf die Reihe zu kriegen". Wenn ein neues Projekt oder geschäftliches Unternehmen ansteht, stellen sie sich und anderen meist sofort Fragen wie „Wird das funktionieren? Wenn ja, wie? Was kommt kurzfristig dabei heraus?". Sie haben nichts dagegen, sich mit voller Kraft auf Unternehmungen – auch schon auf Vorarbeiten – zu stürzen, sobald sie sich selbst darüber Rechenschaft abgelegt haben, dass das Projekt mit einer gewissen Wahrscheinlichkeit Erfolg verspricht und konkrete Ergebnisse abwirft. Wenn S-Typen einen Vorschlag nicht sofort in direkte Erfahrung umsetzen können (Wer macht was? Wie? Zu welchem Zweck? Woran merken wir, dass es funktioniert?), finden sie es möglicherweise schwierig oder wenig erstrebenswert, sich weiter mit der Angelegenheit zu befassen.

S-Typen arbeiten am besten, wenn sie unmittelbare, direkte und persönliche Erfahrungen als Grundlage haben; Theorien und Konzepte sind nichts für sie. Wenn beispielsweise ein Kollege das Szenario eines überwältigenden Durchbruchs bei der Computer-Software entwirft, wird wahrscheinlich ein S-Typ seinen Redefluss unterbrechen und fragen: „Wie anfällig ist das Programm für Viren? Kann man es zum Download anbieten und verkaufen? Ist es leicht zu programmieren?" Handeln ist ihr wichtigstes Mittel, um Ängste zu bewältigen oder sich vor Zeitverschwendung zu schützen. Wenn Dinge nicht sofort entschieden werden können, möchten S-Typen einfach am liebsten „loslegen", auch versuchsweise, und ausprobieren, ob etwas funktioniert, und wenn ja, wie. Fortschritte beurteilen sie meist nach den Ergebnissen, d. h. sie orientierten sich lieber an Punkten wie Verkaufszahlen, Umsätzen, Gewinnberechnungen oder Fehlerquoten als an spekulativen oder theoretischen Kriterien.

S-Typen suchen nach Berufen und Tätigkeitsbereichen, in denen die fünf Sinne gefordert werden. Ob Vorstand oder Techniker in der Produktion – sie verlangen von sich und anderen konkrete Ergebnisse und praktisches Tun. Man findet sie in verschiedenen Bereichen: Verkauf, Zahnmedizin, Polizeidienst und Militär, Landwirtschaft, Handwerk, Finanzdienstleistungen, Gesundheitsdienst, technische Berufe, Immobilien- und Börsenmakler, Grundschule und dergleichen. S-Typen findet man häufig in Berufen, in denen es auf spezifische und konkrete Ergebnisse ankommt.

In ihren besten Zeiten sind S-Typen wahre Kraftmaschinen – wenn sie sich einmal für eine Sache entschieden haben, können sie Berge versetzen, um die Sache zum Erfolg zu bringen. Sie sind energiegeladen, einfallsreich, gut organisiert, pragmatisch und steuern stets „hart am Wind". In der Regel beurteilen sie andere nach denselben Maßstäben, die sie sich selbst auferlegen. Dabei wirken sie oft auf konstruktive Weise ungeduldig oder unermüdlich. Wenn S-Typen sich auf den „gesunden Menschenverstand" berufen, meinen sie das Anfassbare, Konkrete und Mit-beiden-Beinen-auf-der-Erde-Stehen. Wenn sie Ziele und Perspektiven fordern, müssen diese erreichbar, klar und konkret sein. „Nicht hinter den sieben Bergen, sondern dort auf dem Hügel vor uns."

Auf der anderen Seite lassen S-Typen oft einen Sinn für die langfristigen Konsequenzen ihrer Aktivitäten vermissen. Sie können so voller Tatendrang stecken, dass sie wichtige Schritte im Planungsstadium überspringen oder „kurzschließen". Wie die Helden in Mantel- und Degen-Filmen neigen sie dazu, Vorsicht und Analyse vom Tisch zu fegen: „Es zählt nur, was wir tun! Warum unnütz Zeit verschwenden und nach Alternativen suchen?"

S-Typen neigen dazu, kurzfristige Ergebnisse überzubewerten, anstatt Strategien zu wählen, die auf Plänen, Konzepten oder der Berücksichtigung anderer Meinungen und Einstellungen basieren. S-Typen kümmern sich in der Regel nicht besonders stark um Zukunftsplanung. Wenn jeder sich um das kümmern würde, was der heutige Tag an Verantwortlichkeiten bringt, und sich mit größter Kraft den Zielen widmete, die wirklich wichtig sind, würden ihrer Ansicht nach alle Aufgaben besser und schneller erledigt. Wenn sich alle danach richten, dann wäre die Menschheit produktiver und motivierter und letzten Endes zufriedener.

N-Typen oder „seht, der Träumer kommt daher"

Menschen mit einer Präferenz für intuitive Wahrnehmung richten ihren Blick auf die Möglichkeiten, die vor ihnen liegen. Karriere ist für sie gleichbedeutend mit Wachstum und Potenzialen – ein Prozess der Veränderung und des Übergangs. Haltungen wie „Du kannst alles erreichen, wenn du nur willst" inspirieren sie. Wenn ihre gegenwärtige Arbeit sie nicht befriedigt oder nicht in die Richtung geht, die sie gerne hätten, haben sie keine Schwierigkeiten, den Job zu wechseln oder sich einen völlig neuen Tätigkeitsbereich zu erschließen.

Hauptmerkmal der N-Typen ist das Schwergewicht, das sie auf Ideen, Innovationen, Konzepte, Theorien und langfristige Entwürfe legen. Nehmen wir als Beispiel den Direktor einer Werbeagentur: Er muss theoretisches Wissen von den Eigenschaften und Vorlieben seiner Zielgruppe haben und zugleich fähig sein, daraus vielfältige schöpferische Wege zu entwickeln, um die Aufmerksamkeit seines Publikums zu wecken. N-Typen ziehen ihre größte Befriedigung aus der Welt des Möglichen. Daher – so glauben sie – stehen ihnen auch alle denkbaren Karrieren offen. Oft führt ihre Vorstellungskraft dazu, dass sie auf das Denken ihrer Umgebung als Katalysatoren wirken und andere dazu bringen, ihre berufliche Laufbahn zu überdenken. Sie neigen dazu, andere herauszufordern – nicht, weil sie ihnen feindlich gesonnen sind, sondern weil sie die Atmosphäre ständiger Erprobung und Prüfung genießen.

Kurz gesagt, erhalten N-Typen ihre Stimulation und persönliche Befriedigung eher aus der Arbeit an den Lösungen von Problemen; diese Lösungen in der Praxis anzuwenden, liegt ihnen dagegen gar nicht. Das hat drastische Auswirkungen auf die Gestaltung ihrer Karriere. Während der S-Typ, wie erwähnt, seine Laufbahn schrittweise zu gestalten versucht, indem er erprobte Problemlösungen anwendet, ist der N-Typ begierig, sich neuen Problemen zu stellen, sich zu verändern und neue Optionen auszuprobieren. Für ihn wäre ein Karriereweg mit immer denselben Routinen so etwas wie ein schreckliches Hamsterrad.

N-Typen sprühen vor Ideen. Unter ihnen finden wir sehr oft Werbefachleute, klinische Psychologen, Sozialwissenschaftler, Forscher, Künstler und Entertainer, Kunstlehrer, Professoren, Schriftsteller, Herausgeber und Reporter, Unternehmensberater und dergleichen. Unabhängig von ihrem jeweiligen Job lassen sich N-Typen stimulieren, wenn ihnen viele Möglichkeiten offen stehen und kreative Problemlösungen gefordert sind. N-Typen werden als die schnellen und profunden Denker geschätzt, die sie auch sind. Oft entwickeln sie eine überragende Vorstellungskraft. Ein Psychologe zum Beispiel, der seine Fragen auf so einzigartige Weise zu stellen vermag, dass er den Zuhörer zwingt, eine neue Perspektive einzunehmen, wird von vielen geachtet und bewundert. N-Typen stellen sich selbst genauso gern in Frage wie andere. Sie haben sich nicht daran gewöhnt, die Dinge als selbstverständlich zu betrachten. Es scheint oft, als hätten sie eine unheimliche Fähigkeit, etwas vorauszusehen oder Dinge früher zu „wissen" als andere. Auf diese Weise sind sie auch in der Lage, Beziehungen zwischen Gegenständen und Ideen wahrzunehmen.

N-Typen sind an theoretischen Möglichkeiten und an den in Konflikten wirksamen Kräften interessiert. Das macht sie für andere vieldeutig und schwer zu verstehen. Manchmal wirken ihre Äußerungen und Gesprächsbeiträge abstrakt oder unverständlich. Gerade introvertierte N-Typen scheinen aus der Sicht anderer Leute in einem Kosmos der Vorstellungen zu leben. Nichtsdestotrotz genießen es intuitive Menschen, aus ihrer Vorstellungskraft Sinn und Bedeutung zu gewinnen. Was sie sehen und für wirklich erachten, scheint anderen aber häufig unwirklich und unpraktisch zu sein.

N-Typen akzeptieren meist die Tatsache, dass Unordnung und Chaos unausweichlich sind. Künstler und Forscher sind im Allgemeinen intuitive Menschen. Sie sind stolz auf ihre Fähigkeit, zwischen abstrakten und unverbundenen Einzelheiten Beziehungen und Wechselwirkungen entdecken zu können. Es kommt vor, dass sie andere Menschen – diejenigen, die am Hier und Jetzt oder an Detailfragen interessiert sind – bemitleiden, weil sie die „wirklich wichtigen Dinge verpassen". N-Typen nehmen es übel, wenn sie in Situationen gestellt werden, in denen sie sich in irgendeiner Weise eingeschränkt fühlen oder gezwungen sind, auf vorstrukturierte, geplante Weise zu denken, zu empfinden oder sich zu verhalten. Sie genießen es, das Chaos herauszufordern. Sie leisten Herausragendes, wenn integrative Aufgaben langfristig zu lösen sind oder es in scheinbar zufälligen Konstellationen Muster und Strukturen zu entdecken gilt.

Zu ihren besten Zeiten können N-Typen charismatische Visionäre sein. Sie können die Nebelwände von Tradition und „bewährtem Vorgehen" durchstoßen und zum Kern einer Sache vordringen. N-Typen sind gewöhnlich in der Lage, auch dort neue, gewinnbringende Richtungen und Lösungen zu entdecken, wo andere scheitern. Häufig werden sie unverbrauchte und innovative Zugangswege und Vorstellungen entwerfen.

Auf der anderen Seite vermitteln intuitive Menschen den Eindruck, dass sie „viel denken, aber wenig tun" und sich der mühseligen Kleinarbeit am liebsten entziehen. Sie können so von dem Wert und der Schlagkraft ihrer Einsichten und visionären Beiträge überzeugt sein, dass sie die Notwendigkeit nicht einsehen, ihre Tätigkeit zu dokumentieren oder sich einer Prüfung durch andere zu unterziehen.

Tatsächlich wirken N-Typen gelegentlich ziemlich ungeduldig oder irritiert, wenn jemand von ihnen detaillierte Belege fordert oder nicht sofort den Wert ihrer Intuitionen erkennt. N-Typen laufen Gefahr, desinteressiert oder übermäßig abstrakt zu wirken. Sie stehen der Wirklichkeit einer Situation scheinbar indifferent gegenüber und wirken manchmal egozentrisch oder in einem „Elfenbeinturm" isoliert.

Typischerweise sind N-Typen auch weniger stark daran interessiert, was bereits getan wurde, sondern stärker daran, was in Zukunft noch zu tun ist. Sie wenden sich lieber hingebungsvoll dem zu, was sich an Möglichkeiten oder Veränderungen bietet, als der Analyse bereits vergangener Ereignisse oder der Modifikation der unmittelbaren Gegenwart. Da sie aus der Welt ihrer Vorstellungen und Ideen große Befriedigung ziehen, leisten sie Hervorragendes, wenn es darum geht, zukünftige Möglichkeiten zu entwerfen. Für N-Typen ist das aufregendste und befriedigendste Universum das unendliche Reich der Alternativen – und zugleich das wirklichste. Dabei kann es vorkommen, dass sie die fantastischen Ideen haben – und der S-Typ nebenan macht daraus bare Münzen.

T-Typen oder „was ich denke, das tue ich auch"

Menschen mit einer Präferenz für analytische Beurteilung und Entscheidungsfindung haben gern strategische Ziele und genaue Vorstellungen, was ihre Karriere betrifft. Sie entscheiden sich für eine Laufbahn mit gut definiertem Anfangs- und erreichbarem Zielpunkt. Ihre Ziele setzen sie sich häufig sehr konkret: einen bestimmten Beitrag leisten, ein bestimmtes Gehalt oder Prestige erreichen, einen bestimmten Einfluss erlangen. Es kann sein, dass sie zur Erreichung ihrer Ziele mehrfach die Beschäftigung oder den Beruf wechseln. Ihre Karriere wird daher den Charakter „eines Segelbootes haben, das im Wind kreuzt, um einen geraden Kurs steuern zu können",[2] wobei der Blick fest auf den endgültigen Bestimmungsort gerichtet ist.

Das Hauptmerkmal der T-Typen, ihre Betonung von Analyse und Logik, lässt sich bei ihren Berufswegen und Karrieren sehr gut verfolgen. Sie brauchen Kontexte, in denen ihre Analysefähigkeit gefordert ist. Es befriedigt sie, Probleme zu entdecken, diese sorgfältig abzuwägen und zu testen, um sich schließlich dem vernünftigsten und systematischsten Weg anzuvertrauen.

T-Typen sind stetig und hartnäckig und vertrauen dabei ihren eigenen Beobachtungen und analytischen Grundsätzen. Sie vermeiden, Gefühle in ihre Überlegungen einzubeziehen – wenn überhaupt, dann als Faktor, den man einbeziehen muss.

T-Typen stellen häufig nicht nur die anfänglichen Reaktionen und Kommentare anderer in Frage, sondern auch ihre eigenen. Aus diesem Grund würden sie oft lieber eine neue Idee sorgfältig abwägen und diskutieren, bevor sie Position beziehen oder sich zu irgendetwas verpflichten. Sie vermeiden bewusst, sich von herrschenden Strömungen mitreißen zu lassen oder voreilige Schlüsse zu ziehen. Kritische Distanz ist ihr Lebenselixier, denn nur so kann man objektiv bleiben.

Sie gelten als konsequente und stetige Produzenten logisch begründeter Ergebnisse. Sie werden für ihre Umsicht und ihre besonnene Analyse geschätzt, haben dagegen weniger die Fähigkeit, bei anderen Begeisterung zu wecken. Sie werden für Positionen ausgewählt, in denen ihre große Objektivität und ihre Fähigkeit, auch unter Druck ruhig zu bleiben und einen kühlen Kopf zu bewahren, von großem Wert sind. Sie haben gewöhnlich die Fähigkeit, systematische Methoden zu entwickeln, nach denen andere vorgehen können, um Alternativen zu testen und nach logischen Kriterien auszuwählen.

Unter den T-Typen finden wir Richter, Ingenieure, Physiker, Techniker, Universitätslehrer, Banker und andere Geldberufe, Systemanalytiker, EDV-Spezialisten, Buchhalter und dergleichen.

Zu ihren besten Zeiten sind T-Typen konstante Kraftquellen für den strategischen Fortschritt eines Projekts. Sie können in Forschung und Planung äußerst effektiv sein, wenn es darum geht, sich und andere zu organisieren. Bei der Durchführung logisch und sorgfältig geplanter, gewinnträchtiger Unternehmungen sind sie daher eine große Hilfe.

Auf der anderen Seite können T-Typen sich so sehr im Prüfen, Abwägen, Forschen und Erproben verlieren, dass sie die Wertvorstellungen der Menschen in ihrer Umgebung überhaupt nicht in den Blick bekommen. Sie wirken prinzipienorientiert und bisweilen unwillig, die einmal gewählten Methoden und Prozeduren in Frage zu stellen oder gar aufzugeben. T-Typen scheinen manchmal mehr Interesse an korrekten Anweisungen zu haben als daran, die Menschen in ihrer Umgebung für ihre Sache zu gewinnen. Wenn es „richtig" ist, so müssen es die Leute doch einsehen können, denken sie.

T-Typen müssen sich gelegentlich die Kritik gefallen lassen, sie seien mechanisch und unpersönlich. Sie wirken manchmal, als hätten sie kein Interesse an den Gefühlen anderer Menschen oder einfach keine Ahnung davon. In ihren schlechtesten Zeiten werden sie oft beschuldigt, übervorsichtig, zu methodisch und verkopft zu sein. Sie wirken dann auch unspontan, uninteressant und unpersönlich.

T-Typen halten alle drei Dimensionen der Zeit – Vergangenheit, Gegenwart und Zukunft – für gleich wichtig und beziehen sie gleichwertig in ihre Überlegungen ein. Sie haben kein großes Interesse an dramatischen Durchbrüchen, sondern halten am liebsten einen gegenwärtig eingeschlagenen Kurs ein und versuchen, ihn mit Vergangenem und Zukünftigem in Beziehung zu bringen bzw. zu halten. Da in ihren Augen auch die Zeit ein logisches Fortschreiten darstellt, sind sie weniger an konkreten Einzelereignissen interessiert als vielmehr an dem Prozess des Fortschritts an Wissen und Erfahrungen selbst. Es ist daher eigentlich kein Wunder, dass sich unter den T-Typen großartige Historiker, Rechtsanwälte, Lehrer und Sozialwissenschaftler finden.

T-Typen sind stolz auf ihre analytischen Fähigkeiten und ihre ständigen Bemühungen, ihren denkerischen Horizont zu erweitern.

F-Typen oder „die wir von ganzem Herzen dienen"

Persönliches Wachstum ist das erklärte Karriereziel derjenigen, die eine Präferenz für wertorientierte Wahrnehmung zeigen. Ob sie ihre Laufbahn wechseln oder jahrelang in einer Stellung bleiben, hängt ganz davon ab, ob ihr Arbeitsumfeld ihnen persönliches Wachstum ermöglicht oder nicht. Wichtiges Merkmal der F-Typen ist ihre Betonung von Wertvorstellungen, gesellschaftlichen Werten und zwischenmenschlichen Beziehungen. In ihren Augen sind persönliche und soziale Werte wichtiger als sachliche Analysen. Wenn sie in ihrem Beruf genug Spielraum haben und persönliche Erfüllung finden, bleiben sie ihrem Umfeld treu und zeigen gewöhnlich größeres Interesse für Menschen als für Dinge. Wenn sie allerdings anderswo eine bessere Gelegenheit sehen, persönlich zu wachsen oder zum allgemeinen Wohl anderer beizutragen, werden sie ihre Laufbahn wechseln.

F-Typen fühlen sich zu Berufen hingezogen, in denen der Dienst am Menschen im Vordergrund steht. Durch ihre loyale Unterstützung von Arbeiten, die sie für gut und wichtig halten, tragen sie zum Gemeinwohl bei. Sie gelten im Allgemeinen als hilfsbereit und großzügig und sind daher auch fähig, effektiv ihren Dienst zu tun. Unter F-Typen finden wir häufig PR-Spezialisten, Kommunikationsfachleute, Geistliche, Kindergärtnerinnen, Psychologen, Entertainer, Krankenschwestern, Mitarbeiter und Mitarbeiterinnen im Sozialwesen, Lebensberater und dergleichen.

Unabhängig davon, welche Funktion in der Gesellschaft sie tatsächlich einnehmen, werden F-Typen von Situationen angezogen, in denen soziale oder persönliche Kontakte wahrscheinlich sind. F-Typen werden häufig für Positionen ausgewählt, in denen ihre Fähigkeit, zuzuhören und mitzufühlen, ebenso von Bedeutung ist wie ihre Geduld und Nachsicht in dem Bemühen, anderen beizustehen, die persönliche Probleme oder Lebenskrisen zu bewältigen haben.

F-Typen wirken auf ihre Umwelt dynamisch und stimulierend; sie stehen gern in wachem und engem Kontakt zu anderen Menschen. So ist der Kommunikationsfachmann fähig, mit einem großen und höchst unterschiedlichen Publikum umzugehen. Dasselbe gilt für alle, die in beratenden Berufen tätig sind.

Gewöhnlich zeigen F-Typen die Fähigkeit, die Bedürfnisse und Nöte anderer Menschen wahrzunehmen, weil sie in der Lage sind, die Diskrepanz zu spüren, die zwischen dem besteht, was wir nach außen hin sagen oder tun, und dem, was wir tief innen wirklich empfinden.

F-Typen sind sensibel für die eigenen Motive und die anderer und gelten infolgedessen oft als scharfsichtig und verständnisvoll im Blick auf andere Menschen. PR-Fachleute unter ihnen erhalten häufig das Kompliment, sie wüssten gleichzeitig die Wünsche der Kunden und die Standards und Ziele der Firma zu berücksichtigen.

F-Typen werden für Positionen ausgewählt, in denen ihre Fähigkeit, komplexe soziale Probleme und Situationen zu klären, die Bedeutung menschlicher Verhaltensweisen zu interpretieren oder die Atmosphäre oder Stimmung einer Gruppe richtig einzuschätzen, von großem Wert sind. Sie können in vielen Fällen die Reaktionen anderer auf eine geplante Aktion oder Veränderung verstehen, wenn nicht sogar vorhersehen.

Führungskräften mit F-Präferenz gelingt es meist leicht, ihren Kolleginnen und Kollegen bestimmte Visionen, Werte oder ethische Entscheidungen zu vermitteln und sie damit zusammenzuschmieden. Denn Werte sind der Klebstoff für Teams und Communities. F-Typen sind in der Regel mitfühlende Zuhörer und Beobachter und dabei wahrhaft sensibel und wach, geduldig und kommunikationsfähig. Sie sind oft fähig, die Unternehmenspolitik präzise und einsichtsvoll zu „lesen" und zu bewerten. Sie können sich selbst richtig einordnen. Sie entdecken Wege zu Veränderungen, die mögliche Widerstände schon im Vorfeld aus dem Weg räumen können, wodurch sie die Wahrscheinlichkeit von Zusammenarbeit, Teamwork und Erfolg erhöhen. Ihre Fähigkeit, Verhandlungen zu führen und Konsens zu schaffen, beruht darauf, dass sie Verständnis für alle Beteiligten haben.

F-Typen scheinen sich oft mehr um soziale Harmonie und die Berücksichtigung der jeweiligen Werte zu kümmern als um Veränderungen oder Handlungen, die zur Konfrontation mit anderen führen. Anders ausdrückt: Sie haben anscheinend weniger Interesse daran, Konzepte, Pläne oder Programme zu entwickeln (oder sie systematisch zum „Laufen" zu bringen) und dabei Konflikte in Kauf zu nehmen, als vielmehr daran, alles um sich her wahrzunehmen, zu diskutieren und zu interpretieren.

Gelegentlich scheinen F-Typen hauptsächlich davon in Anspruch genommen zu sein, einen bestimmten subjektiven Eindruck auf andere machen zu wollen oder diese dazu zu bringen, sich nach ihren Wertvorstellungen zu verhalten; ob solche Aktionen sorgfältig durchdacht oder geplant sind, spielt keine Rolle.

Sie tendieren dazu, ihre eigenen Reaktionen und ihre Schlussfolgerungen über die Gefühle anderer Leute als Tatsachen hinzustellen. Infolgedessen neigen sie auch zu Schutzmechanismen und Überreaktionen. Nicht selten wird ihnen ihre Subjektivität angekreidet, wenn nicht sogar als Ränkeschmiede empfunden. Bei ihren gut gemeinten Versuchen, andere aus der Reserve zu locken, kann es passieren, dass sie wirklich vorhandene Brandherde mit ihren emotionalen Funken zusätzlich anfachen. Wenn die anderen nicht genauso wie sie selbst der Meinung sind, dass Werte und Normen die Eckpfeiler sinnvollen Handelns bilden, pflegen sie sehr enttäuscht zu sein. Wenn dies geschieht, laufen sie Gefahr, auf andere einen subjektiven, impulsiven und unüberlegten Eindruck zu machen.

F-Typen wirken unter Stress dünnhäutig und überempfindlich. Wenn sie ihre große Fürsorge für andere oder ihre immens wichtigen Grundsätze zum Ausdruck bringen, gehen sie in ihrem Bestreben, kühn und freimütig oder dramatisch zu sein, gelegentlich zu weit. Wenn sie anfangen, ihre Meinung auch noch logisch-analytisch zu begründen, wirkt das eher aufgesetzt und künstlich. Wenn dieses Verhalten bei anderen irgendwelche unregelmäßigen oder unberechenbaren Reaktionen auslöst, glauben viele F-Typen gleich, dass ihre gesamte Glaubwürdigkeit nun in Zweifel gezogen wird. Wenn sie sich doch in solchen Situationen daran erinnern würden, dass Werte eine ebenso rationale Grundlage haben wie sachliche Analysen! Beide berufen sich auf eine bestimmte Logik – die sachlich-analytische folgt einer linearen Logik, die werteorientierte Entscheidung folgt einer nichtlinearen Logik.

Durch ihre Fähigkeit, aus früheren Erfahrungen und sozialen Wechselwirkungen Schlüsse zu ziehen, können F-Typen der Gegenwart Sinn verleihen und ihre persönlichen Wachstumsziele erweitern. Sie sind ihr Leben lang um Authentizität bemüht – und erwarten auch von anderen, dass sie authentisch sind.

Zusammenfassung

Jede der genannten Präferenzen hat einen charakteristischen Einfluss auf Arbeitssituationen, berufliche Entscheidungen und Karrierewege. Was wir bisher beschrieben haben, sind die Kernfunktionen. Wenn wir die übrigen Dimensionen hinzufügen, ergibt sich ein noch größerer Reichtum an Erkenntnissen.

So lassen sich Extravertierte motivieren, wenn sie es in ihrer Arbeit mit einer Reihe von Leuten interaktiv zu tun bekommen oder dazu das Büro, den Schreibtisch, den gewohnten Arbeitsplatz verlassen können. Introvertierte dagegen schöpfen ihre Energie aus Arbeiten, die ihnen Möglichkeit und Zeit bieten, allein zu sein und sich zu konzentrieren.

S-Typen bevorzugen Arbeiten, bei denen sorgfältige Beobachtung und ein Blick fürs Detail gefordert sind; N-Typen fühlen sich wohl, wenn es ständig neue Probleme zu lösen gilt. Wer eine S-Präferenz für Sinneswahrnehmung hat und am liebsten mit konkreten Erfahrungen zu tun hat, wird eher durch anwendungsorientierte Berufe motiviert als durch Gebiete wie etwa der Kernphysik, in denen die Theorie eine überragende Rolle spielt (was wiederum einen intuitiven Typen sehr reizen würde).

T-Typen bevorzugen Arbeiten, die vor Logik strotzen, besonders wenn es um Ideen, Zahlen oder physikalische Objekte geht. F-Typen dagegen werden von einer Arbeit dann angezogen, wenn sie die Möglichkeit bietet, andere zu unterstützen. Ebenso wichtig ist für sie eine Arbeitsatmosphäre, die von Harmonie und gegenseitiger Wertschätzung geprägt ist.

J-Typen schätzen es, wenn ihre Aufgaben ihnen Richtlinien und Normen vorgeben und wenn sie Schritt für Schritt mit ihrer Arbeit fortfahren und Entscheidungen treffen können. Sie wollen Ergebnisse sehen.

P-Typen dagegen bevorzugen eine Arbeit, die sich stets ändert. Sie genießen es, sich veränderten Gegebenheiten anzupassen und sich neuen Herausforderungen zu stellen, deren Ausgang offen ist. Für sie ist der Weg das Ziel.

Die obigen Erwägungen, die auf der Auswertung jeweils einzelner Präferenz beruhen, bilden jedoch nur den Ausgangspunkt für eine Karriereberatung. Wenn wir die Wahrnehmungsfunktion und die Entscheidungsfunktion kombinieren und unser Wissen um die dominanten Merkmale heranziehen, ergeben sich vier allgemeine Orientierungspunkte, die sich folgendermaßen charakterisieren lassen:

ST	„Bitte klare, messbare Ziele und Praxisbezug!"
SF	„Praxisbezug ja, aber im Sinne einer Dienstleistung für Menschen!"
NF	„Sollte Spaß machen und irgendwie für mich und andere was bringen! Verstehen Sie, was ich meine?"
NT	„Klares Konzept muss her! Und meine Kompetenz will ich einbringen können."

Selbstverständlich spielt die Dynamik eine Rolle. Die Typologie ist ja kein statisches Modell, sondern in jedem Typus pulsiert ein spannendes Spiel der Kräfte. Die dominante Funktion betont jeweils eine der beiden Funktionen und gibt das Tempo an. Einige Beispiele:

Ein ST mit dominanter S-Funktion wird vor allem Wert auf Stabilität und Kontinuität seiner beruflichen Laufbahn legen. Was die Wahrnehmung betrifft, ist für ihn ungleich wichtiger als Angelegenheiten, in denen es um Beurteilung geht.

Ein ST mit dominanter T-Funktion wird sich ziemlich ähnlich verhalten, wobei er die Betonung stärker auf die Klarheit der Etappen seiner Karriere legt. Für ihn ist Strukturieren wichtiger als Wahrnehmen.

Die verschiedenen Kombinationen zeigen einen ungeheuren Reichtum an Möglichkeiten. Auch wenn wir bei der Untersuchung unserer beruflichen Laufbahn anfangs vielleicht nur einen Buchstaben, eine Präferenz heranziehen – wenn wir uns näher mit unserer Karriere und unserer Persönlichkeit beschäftigen, müssen wir auch die elegante Komplexität sehen, die uns die Typentheorie mit ihrer ganzheitlichen Perspektive bietet.

Das Bewusstsein der eigenen typischen Muster hat schon vielen Menschen geholfen, ihre Charaktereigenschaften mehr zu würdigen und ihr natürliches Potenzial auch am Arbeitsplatz besser auszuschöpfen. Wer sein Muster kennt und es produktiv und selbstbewusst einsetzen kann, wird viel weniger über Stress und Burn-out-Symptome klagen als vorher. Eine besonders große Hilfe ist die Typentheorie für Menschen, die wissen wollen, welche Interessen sie wirklich haben und was sie sich für ihr Leben eigentlich wünschen.

Unterschiedliche Aufgaben und Berufe ziehen auch unterschiedliche Typen an. Wenn zwischen Präferenzen und beruflichen Aufgaben hohe Übereinstimmung besteht, wird der Betreffende normalerweise produktiv, glücklich, engagiert und zufrieden sein; wenn dies nicht der Fall ist, wird er sich unproduktiv, geängstigt, gestresst, müde und am falschen Platz fühlen. Diese Ermüdungserscheinungen kommen vor allem daher, dass es mehr Energie kostet, eine weniger bevorzugte Funktion einzusetzen, als seine Aufgaben mit Hilfe der etablierteren und somit bequemeren Präferenzen anzugehen.

Entmutigung ist eine weit verbreitete Erscheinung, wenn Präferenzen und Aufgaben schlecht harmonieren; denn trotz weit höherer Anstrengungen wird das Arbeitsergebnis wahrscheinlich bei weitem nicht die hohe Qualität aufweisen, die unter Anwendung der bevorzugten Funktionen zu erwarten gewesen wäre. Eine Aufgabe, die die bevorzugten und damit besser entwickelten Funktionen anspricht und erfordert, hat bei weniger Mühe höhere Leistungen und größere Zufriedenheit zur Folge.

Unser Berufsleben kann aber auch zu einem Feld werden, in dem wir die Entwicklung unseres Typs vorteilhaft vorantreiben können. Wenn wir einsehen, dass jede Arbeit auch Aufgaben beinhaltet, die unsere weniger entwickelten Funktionen erfordern, können wir dies als persönliche Herausforderung verstehen, anstatt auch dann höchste Produktivität zu erwarten.

So kann beispielsweise ein T-Typ einen ihm zugewiesenen PR-Job dazu benutzen, seine wertorientierte Beurteilung (F) zu schulen, während ein N-Typ einen Produktionsauftrag verwenden kann, um seine Sinneswahrnehmung (S) zu entwickeln. Nur wenn wir eine Funktion einsetzen wollen oder müssen, die aufgrund des individuellen Profils als inferiore bzw. Stressfunktion beschrieben wird, sollte kein Termindruck da sein oder ein entscheidender Erfolg davon abhängen. Denn wir gehen dadurch das Risiko ein, dass das Ergebnis schlechter wird als erwartet, weil die weniger bevorzugte Funktion eingesetzt werden muss. Jeder kann seine Stressfunktion benutzen – aber bitte vorher eine gute CD hören oder eine Entspannungsübung machen!

Auf jeden Fall kann die Kenntnis der Präferenzen eine Hilfe bei der Unternehmensführung und dabei sein, den richtigen Leuten die richtigen Arbeiten zuzuweisen. Die Mitarbeiter können so ihre Fähigkeiten ausbauen, ohne unproduktiv oder unzufrieden zu werden.

Die meisten Menschen profitieren von Arbeitsaufträgen, die den Einsatz weniger bevorzugter Funktionen *kurzfristig* erfordern. Es sind allerdings nur wenige Leute bereit, ihre eigentlichen Interessen zu opfern und sich den größten Teil ihrer Arbeitszeit mit weniger bevorzugten Funktionen herumzuschlagen. Wenn im Beruf derart „unpassende" Aufgaben unumgänglich sind, lassen sie sich schmackhafter machen, wenn sie als Herausforderung zu persönlichem Wachstum interpretiert werden. Viele Menschen haben auf diesem Weg die Auseinandersetzung mit ungeliebten Aufgaben letztlich doch als Bereicherung erlebt.

Wer sowohl *optimale Produktivität* als auch *optimale Entwicklung* erreichen will, profitiert von seinem Wissen der verschiedenen Persönlichkeitstypen. Dieses Wissen beinhaltet auch die verschiedenen Kommunikationsmuster, Methoden der Teamzusammensetzung und zwischenmenschlichen Beziehungen.

Im Team arbeiten

Ohne Zusammenarbeit geht heutzutage gar nichts mehr, die wenigsten arbeiten für sich im stillen Kämmerlein. Je besser wir die Faktoren kennen, welche die Zusammenarbeit bestimmen, desto produktiver und zufriedener können wir alle werden. Die Typentheorie stellt ein Modell zur Verfügung, mit dem wir feststellen können, wie jeder seine Arbeit angeht und wie er besser mit anderen zusammenarbeiten und damit sowohl die eigenen Ziele als auch die des Unternehmens verfolgen kann. Alle Beteiligten profitieren davon, wenn sie lernen, effizienter und effektiver zusammenzuarbeiten.

(Redner)	E	$\longleftrightarrow$	I	(Zuhörer)
(Macher)	S	$\longleftrightarrow$	N	(Erfinder)
(Analytiker)	T	$\longleftrightarrow$	F	(Helfer)
(Entscheiden)	J	$\longleftrightarrow$	P	(Suchen)

Wer sich mit der psychologischen Typentheorie auseinandersetzt, schätzt sie vor allem deswegen, weil sie vorurteilsfrei, d. h. ohne zu werten, operiert und dadurch Offenheit und Vertrauen fördert; das ist in der Wirtschaft nicht anders als in Beratungssituationen. Diese Eigenschaften sind besonders beim Aufbau von Teams und Arbeitsgruppen entscheidend. Wenn es gelingt, dass alle im Team vertretenen Typen feststellen, dass sie gerade für ihre unverwechselbaren Eigenschaften und Beiträge geschätzt werden, dann entwickelt sich ein besonderer „Korpsgeist", der die Zusammenarbeit und Produktivität bedeutend verbessert. Die Typentheorie hilft dabei, ein Team auf sanfte Weise so weit zu entwickeln, dass die Differenzen zwischen den beteiligten Personen ohne Schaden an die Oberfläche kommen, erforscht und bereinigt werden können.

Die Stärke eines Teams wird von den Stärken der einzelnen Typen in diesem Team bestimmt. Ein Team, in dem ENFPs dominieren, wird sich beispielsweise durch aktive Innovation auszeichnen und sehr viel Wert auf Entwicklung, Kommunikation, Berücksichtigung anderer Meinungen und grundsätzliche Offenheit legen. Ein Team, das vorrangig aus ISTJs besteht, wird dagegen durch „Macher" bestimmt, die organisieren, planen und alles zuwege bringen, was getan werden muss.

Homogene Gruppen sind die produktivsten, wenn direkte und klar abgegrenzte Ziele erreicht werden müssen. Wenn es darum geht, möglichst viele mögliche Lösungen für ein gegebenes Problem zu entwickeln, ohne die Vorschläge kritisieren oder entscheiden zu wollen, ist ein Team aus NP-Typen am besten geeignet. Wenn eine Aufgabe möglichst schnell und korrekt zu erledigen ist, bietet sich ein Team aus SJ-Typen an.

Langfristige und komplexe Ziele lassen sich am besten durch heterogene Teams erreichen. Die Stärke solcher Gruppen liegt gerade in der Verschiedenheit ihrer Mitglieder. Im Idealfall repräsentieren sie aufgrund ihrer Zusammenstellung das ganze Spektrum an Vorstellungen und Denkweisen, das auch in der Gesamtgesellschaft vorkommt.

Theoretisch wird es jedoch umso länger dauern, bis die Teammitglieder sich zusammenraufen, je heterogener die Zusammensetzung ist. Wenn die Gruppe schließlich Gestalt gewinnt und zu einem echten Team wird, sollte sich die Verschiedenheit der Standpunkte als Stärke und Vorteil erweisen. Auf der anderen Seite gilt: Je homogener die Gruppe, desto schneller werden sich die Beteiligten als Team fühlen – aber desto mehr blinde Flecken werden sie auch haben. Diese blinden Flecken entstehen durch das Fehlen der anderen Typen.

Eine Untersuchung der Stärken und Schwächen der Kernfunktionen, wie sie von Bar und Bar („The Leadership Equation") vorgenommen wurde, kann eine produktive Hilfe beim Aufbau von Teams bieten.[3]

N-Typen im Team

Stärken	Schwächen
denken schnell, lesen zwischen den Zeilen	informieren sich zu flüchtig, lassen wichtige Größen unbeachtet übersehen Fakten und lassen zu viele Dinge in der Schwebe
können in großen Zusammenhängen denken, wenn sie zufällige Daten verknüpfen	bearbeiten zu viele Themen zugleich und sind daher zerstreut und unkonzentriert
entwickeln leicht Vorstellungen, sehen Möglichkeiten, erkennen Muster	überbewerten das Mögliche, nehmen nur sekundäre statt primäre Implikationen wahr
sind visionär	sind unpraktisch
arbeiten produktiv, wenn sie „Energieanfälle" haben	sind leicht gelangweilt, weil sie Routineaufgaben mühselig finden
entwickeln Systeme, um zu Ergebnissen zu kommen	haben unrealistische Vorstellungen, was die zur Erfüllung der Aufgabe erforderliche Zeit betrifft

T-Typen im Team

Stärken	Schwächen
bevorzugen analytische und logische Äußerungen	analysieren zu distanziert
schätzen Objektivität	unterschätzen die Rolle von Gefühlen bei der Motivierung anderer
handeln in Notsituationen rational	wirken kalt und unsensibel
erklären ausführlich und dringen tief in ein Thema ein	erklären zu viel und stellen zu viele Fragen
machen ihre Bemerkungen vorzugsweise objektiv und unpersönlich	unterdrücken ihre Gefühle oder zwingen sie in die „geforderte" Bahn, damit sie rationalen, objektiven Äußerungen nicht in die Quere kommen können
schätzen streng methodisches Vorgehen	sind zu methodisch

S-Typen im Team

Stärken	Schwächen
wünschen beobachtbare Tatsachen	übersehen Implikationen und Bedeutungen
lassen sich Informationen gern Schritt für Schritt geben	übersehen den roten Faden in der Information
bevorzugen das Praktische, Realistische und Gegenwärtige	lehnen neue, innovative Ideen ab und übersehen zukünftige Implikationen
bevorzugen das Erprobte	halten an überholten Methoden und Techniken fest
fordern anfassbare Beweise	können nicht „um die Ecke sehen", während sie auf Beweise warten
haben alles am liebsten schnell erledigt	werden ungeduldig und drängend
können klare Anweisungen geben	versäumen, ausreichend zu diskutieren und zu fragen bzw. sich der Unterstützung durch die Gruppe zu versichern

F-Typen im Team

Stärken	Schwächen
helfen und geben gern	sind zu unkritisch in ihrer Bereitschaft zu helfen und zu geben
sind emotional sensibel	nehmen zu viele emotionale Daten auf und werden dadurch mit Gefühlen überladen, die ihre Wahrnehmung verzerren
sehen die Dinge aus der Sicht der „Leute" haben stets die Wirkung auf andere im Blick	sehen die Dinge zu stark vereinfacht und personenbezogen
sind charmant und überzeugend	bauen zu sehr auf ihren Charme anstatt sich eine Strategie zu überlegen

Stärken	Schwächen
können die Aufmerksamkeit auf sich ziehen	brauchen zu lange, um zum Wesentlichen zu kommen, oder sind zu unpräzise, um ihre Botschaft an den Mann bringen zu können
können ergreifend menschliche Schicksale schildern	verlieren sich in Geschichten und Anekdoten
identifizieren sich mit anderen Menschen und verausgaben sich bereitwillig, um ihnen zu helfen	„brennen aus" und versinken in dumpfem Selbstmitleid oder Anklagen

Zusammenfassung

Wenn wir ein Team gründen oder seine Zusammensetzung ändern wollen, müssen wir folgende Faktoren untersuchen:
1. die Ziele, die das Team erreichen soll,
2. die Persönlichkeitstypen, die im Team zur Zeit vertreten sind,
3. den Prozess der Veränderung des Teams, ob wir nun jemanden hinzunehmen, ersetzen oder herausnehmen.

Die Aufgaben und Ziele des Teams sollten sich in der Zusammensetzung niederschlagen. Dabei ist es eine Hilfe, sich ein „ideales" Team für die anstehende Aufgabe zu überlegen. Wenn wir die real existierenden Typen anschließend mit diesem Idealbild vergleichen, lassen sich passende und unpassende Konstellationen leicht feststellen.

Auch der Prozess der Veränderung der Teamzusammensetzung lässt sich besser verstehen, wenn Sie Ihre Kenntnisse der Typentheorie einsetzen. Ein Team, das hauptsächlich aus ISTJs besteht, wird sich wahrscheinlich stärker gegen Veränderungen sträuben als ein Team aus ENFPs. Wenn Sie die Typentheorie als eine Art Radarsystem für Ihr Team benutzen, werden Sie auch in der Lage sein, die blinden Flecken im Team zu kompensieren.

Führen und Leiten

Die einzig wichtige Aufgabe von Führungspersönlichkeiten ist,
dass sie eine Kultur schaffen und managen; und ihr besonderes Talent
ist die Fähigkeit, in und mit einer Kultur arbeiten zu können.

Edgar Schein

In der heutigen Zeit ist Leiten die Kunst, unterschiedliche Menschen auf ein Ziel hin in Bewegung setzen zu können. Persönlichkeit ist gefragter denn je. Deshalb sprechen wir von Führungspersönlichkeiten. Führungspersönlichkeiten sind nicht Macher und Manager, sondern sie inspirieren die Menschen in ihrer Umgebung.

Die Typentheorie misst keine Fähigkeiten zur Führung – das *Was*, sondern das *Wie*, d. h. wie jemand seine Talente und Fähigkeiten einbringt. Nach der Einteilung in die 16 Grundtypen gibt es Belege, dass alle Typen Führungspositionen einnehmen. Aber es gibt auch einen Vorbehalt. Wenn wir die Wirtschaftsführer und Industriebosse aus aller Welt (USA, Japan, Großbritannien, Australien, Mexiko und Lateinamerika) in unsere Übersichtstabelle der 16 Typen einordnen, finden wir erstaunlicherweise Häufungen in den vier Ecken der Grafik – also bei ISTJ, ESTJ, INTJ und ENTJ. Diese Führungspersonen haben zwei Buchstaben gemeinsam: T und J.

Diese Beobachtung wirft eine Reihe von Fragen auf: Wie lassen sich Leitung und Management definieren? Welche typischen Eigenschaften werden von Führungskräften in einer westlich geprägten Industriekultur verlangt? Zu diesen Punkten lohnt es sich nachzufragen. Für unsere Zwecke wollen wir die oft gestellte Frage „Welcher Typ ist am besten für Leitungsaufgaben geeignet?" umformulieren in „Wie äußert sich Führungsverhalten aus typologischer Sicht?", was wesentlich aufschlussreicher ist. Wer sich bewusst wird, wie sein eigener bevorzugter Führungsstil auf seine Umgebung wirkt und was die Menschen in seiner Umgebung tatsächlich brauchen, kann wirksamer führen und leiten.

Führen heißt: Verantwortungsbewusstsein schaffen, Vertrauen fördern, Ergebnis orientiert sein, Stärken nutzen, positiv denken, entscheiden können. Diese Eigenschaften sind zunächst typunabhängig. Wenn wir nun noch Führungseigenschaften heranziehen, wie sie von McCaulley u. a.[4] herausgefunden wurden, kommen wir zu folgendem idealtypischen Verhaltensweisen:

Eine Führungspersönlichkeit
- inspiriert andere,
- überblickt und schätzt Situationen präzise ein,
- hat einen Blick für neue Möglichkeiten,
- analysiert logisch Ursache und Wirkung,
- erkennt unmittelbare und langfristige Auswirkungen,
- klärt und gewichtet Wertvorstellungen,
- berücksichtigt menschliche und ethische Faktoren,
- sieht Veränderungen in unmittelbarer und fernerer Zukunft voraus,
- trifft entschlossen richtige Beurteilungen,
- entwickelt klare Konzepte zum Thema,
- motiviert andere und fördert deren Handeln.

Auch hier gilt: Diese Merkmale zeigen sich je nach Typenpräferenz des Leitenden in verschiedenen Abstufungen und Mustern. Jemand, der in einer bestimmten Umgebung zu Erfolg kommt, ist in einer anderen, in der unterschiedliche Anforderungen gestellt werden, möglicherweise nicht so erfolgreich. Die Art und Weise, in der Führungseigenschaften zum Ausdruck kommen, ist von Typ zu Typ je nach Präferenz verschieden. Zudem haben einige Persönlichkeitstypen eher eine Prädisposition für „Führungsaufgaben", andere dagegen eine für „Managementaufgaben". Unsere Aufgabe ist es nun zu bestimmen, aus welchen Eigenschaften unseres Typs wir Kapital schlagen können und welche unserer Grenzen wir quasi auspolstern müssen.

Führung bezeichnet den dynamischen Prozess, in dem es uns gelingt, Mitarbeiter dazu zu bringen, ihre Energie einzusetzen, ihr Potenzial zu nutzen, ihrer Zielstrebigkeit freien Lauf und sich selbst aus der Reserve locken zu lassen, um Ziele zu erreichen. Führen fordert heraus, riskiert, treibt an, inspiriert, droht, unterstützt und schenkt Visionen. Das Ergebnis wahrer Führung ist Vertrauen, Anerkennung und Loyalität.

Management bezeichnet dagegen den gestalterischen Prozess, wie Arbeit organisiert und erledigt wird. Management beinhaltet Planung, Organisation, Ausführung, Kommunikation, Kontrolle und Auswertung. Die Verantwortung des Managements bezieht sich auf das, was herauskommt. Manager produzieren Ergebnisse.

Management betrifft die Arbeit, Führung betrifft die Menschen. Management schafft und bewahrt eine funktionierende Arbeitsorganisation, Führung schafft und fördert die belebende, sich entfaltende und dynamische Entwicklung von Menschen. Beide sind nicht identisch, sondern arbeiten zusammen; jede erfolgreiche Organisation braucht beides.

Das erste Ziel muss es daher sein, unsere Management- und Führungseigenschaften zu entdecken und zu fördern. Vom Standpunkt der

Persönlichkeitsentwicklung aus ist das keine Begrenzung oder Einschränkung, sondern die Frage „Welche Funktionen bzw. Funktionsweise bevorzuge ich?". Wenn jemand die eigenen Präferenzen bewusst in den Blick bekommt, geht es im zweiten Schritt darum, die anderen Typenmuster zu verstehen, um mit ihnen effektiv in Beziehung treten zu können. Dazu muss man Führungsstile und Management-Präferenzen erlernen und sie dem eigenen Verhaltensrepertoire hinzufügen, wobei klar ist, dass diese anderen Stile keine Präferenzen darstellen.

Wenn wir uns auf die Kernpersönlichkeit konzentrieren, die aus den beiden mittleren Buchstaben des Typen-Codes gebildet wird, können wir vier verschiedene Führungsstile erkennen.

ST oder der bürokratische Organisator

ST-Führungskräfte vollziehen Entscheidungen, packen zu und sind um die Hierarchie des Unternehmens besorgt. Sie arbeiten am besten, wenn die Aufgabe klar definiert ist. Sie sind ordentlich, verlässlich und realistisch. Ihr Anliegen ist es, dass das Produkt dem vorgegebenen Standard entspricht. ST-Führungskräfte etablieren Strategien, Regeln und Schemata. Sie können eine Sache gut zu Ende führen und sind geduldig, stetig und dabei in hohem Maße verantwortungsbewusst, loyal und fleißig. Sie sind leichter als andere Typen dazu in der Lage, auch Managementfunktionen verantwortlich zu übernehmen.

Führer mit ST-Eigenschaften sind gewöhnlich gut organisiert und strukturiert, sie wissen, wie man die Bürokratie zum Laufen bringt, und können mit anderen Menschen am besten über die Hierarchie in Verbindung treten. Altbundeskanzler *Helmuth Kohl* zeigte ST-Diplomatie in der Art, wie er Deutschland schnellstmöglich zur Wiedervereinigung und ins internationale Rampenlicht brachte.

Bundeskanzlerin *Angela Merkel* ist im Unterschied zu ihrem Protagonisten Kohl eher introvertiert, wahrscheinlich ISTJ. Sie legt Wert auf Sachverstand, klare Regeln, sie stellt die Dinge der Reihe nach dar. Sie kann sich offensichtlich auch gut auf ein Gegenüber einstellen (F), dessen Wertvorstellungen oder Prinzipien anders gelagert sind, sie ist diplomatisch und kann Konsens oder Kompromisse herstellen.

Merkels Vertraute werden beschrieben als „kontrolliert, höflich, nüchtern, marktwirtschaftlich, bürgerlich, religiös und mit ausgeprägtem analytischen Verstand"[5] – die klassische Beschreibung einer ISTJ-Kultur.

Führungsstile

S

ST   Der bürokratische Organisator

- Umsetzer
- Macher
- Interesse für Unternehmens-
  hierarchie
- pflichtbewusst
- verlässlich
- realistisch
- loyal
- geht den Dingen nach
- gründlich

SF   Der freundliche Verhandlungspartner

- stets verhandlungsbereit
- partizipatorische Entscheidungsprozesse
- klare Kommunikation
- sachbezogen
- lebt in der Gegenwart
- kümmert sich um die
  Bedürfnisse der Mitarbeiter
- fördert Arbeitsklima

T ———————————————————— **F**

NT   Der unternehmerische Architekt

- konzeptioneller Planer
- bemüht sich um Unterneh-
  mensziele und Strategien
- strebt nach Kompetenz und
  Wissen
- legt Konzepte fest, startet
  Pilotprojekte, entwickelt
  Modelle
- plant Veränderungsstrategien
- sucht neue Möglichkeiten,
  benutzt dabei sachliche
  Analyse
- beginnt gern neue Projekte

NF   Der kollegiale Katalysator

- sein Ziel: Unternehmens-
  wachstum und Mitarbeiter-
  förderung
- bemüht sich um humanitäre
  Aspekte
- innovative Führungspersönlichkeit
- kann Menschen motivieren
- bemüht sich um Sinnzusam-
  menhänge und Authentizität
- ist emphatisch, wenn es um
  die Ziele des Unternehmens
  geht
- ist aufgeschlossen, wenn es
  um zwischenmenschliche
  Beziehungen geht

N

Der amerikanische Autopionier *Henry Ford* agierte in typischer ST-Manier, als er seine Fabrikation auf Fließbandarbeit umstellte und seinen Kunden sagte: „Sie können alle möglichen Farben wählen; Hauptsache es ist schwarz" (alle frühen Fordmodelle wurden nur in der Farbe schwarz geliefert!).

SF oder der freundliche Verhandlungspartner

Eine SF-Führungsperson ist offen für Verhandlungen und versucht, möglichst alle Beteiligten am gemeinsamen Entscheidungsprozess teilnehmen zu lassen. Ihr Blick richtet sich auf die Bedürfnisse der Menschen in ihrer Organisation. Sie ist fest in der Realität gegründet und pflegt einen offenen und flexiblen Stil, der es ihr erlaubt, schnell auf anstehende Probleme zu reagieren. SF-Führungskräfte kommunizieren klar und verständlich. Sie sind bestrebt, ein gutes Betriebsklima zu schaffen und zu erhalten. Ihr Interesse gilt der Gegenwart; sie strukturieren ihre Organisation, so, dass diese in der Lage ist, die aktuellen Bedürfnisse zu befriedigen. Dies spiegelt auch ihre Produktpalette wider. Wenn SF-Führungskräfte Managementaufgaben übernehmen, haben sie stets das Wohl ihrer Beschäftigten im Blick.

Franz von Assisi und *Dwight Eisenhower* sind Beispiele für SF-geprägte Führerpersönlichkeiten. Franz von Assisis Liebe zum Leben, die mit einem scharfen Blick für die menschlichen Probleme gepaart war, brachte ihn zu konkreten Antworten auf akute Probleme. Sein lebenslanger Dienst führte schließlich zu einem ganz neuen Orden. Der amerikanische Präsident Dwight Eisenhower stand nie in dem Ruf, ein glänzender militärischer Stratege zu sein. Aber er war einer der populärsten Präsidenten der USA, weil er als politischer Führer galt, der niemandem etwas zuleide tat.

NT oder der unternehmerische Architekt

Die unternehmerischen NT-Führungskräfte sind vorrangig an der Mission und an der Struktur ihrer Organisation interessiert. Sie hungern nach Wissen und Kompetenz. Sie entwerfen Rahmenkonzepte und entwickeln Prototypen, Pilotprojekte und Modelle. Sie planen Veränderungen im Voraus. Ihre Analyse zukünftiger Möglichkeiten beruht auf unpersönlichen Kriterien. Sie lieben es, viele Projekte vom Stapel zu lassen, tun sich aber schwer, die notwendigen Routinen in Gang zu setzen, weil sie ständig neue Ideen haben und sich neuen Gegebenheiten anpassen.

Die Zukunft ihrer Organisation besteht für sie in geplanter Veränderung. Wenn NT-Führer sich mit Managementaufgaben befassen, werden sie diese in der Regel recht erfolgreich erledigen; es kann sein, dass sie die menschliche Seite in ihrem Führungsstil aus dem Blick verlieren.

Unter den NT-Führungspersönlichkeiten finden wir die in Polen geborene französische Chemikerin *Madame Curie*, die für die Frauen den Zugang zur Wissenschaft freikämpfte und den Nobelpreis für Physik erhielt. In seinen revolutionären und komplexen Theorien, die bisher nur wenige völlig verstanden haben, demonstrierte der Schweizer Psychologe *Carl Gustav Jung* introvertierte NT-Eigenschaften. Ihm als NT ging es einfach „nur" darum, Fragen aufzuwerfen, die jeden angingen.

Auch der Dichter und Philosoph *Friedrich Nietzsche* war, wie seine Analysen erkennen lassen, eine introvertierte NT-Persönlichkeit, die sich in Sätzen äußerte wie „Gott ist tot" und „Wenn aber vor allem Glaube not tut ..., (wird) der Weg zur Wahrheit zum verbotenen Weg".[6] Für ihn bedeuteten „Gott" und „Glaube" die Einschränkung menschlicher Möglichkeiten und Entfaltung.

NF oder der kollegiale Katalysator

NF-Führungspersönlichkeiten sind die großen „Katalysatoren". Ihr Interesse gilt dem Wachstum der Organisationen genauso wie dem der einzelnen Mitarbeiterinnen und Mitarbeiter. Sie gelten als menschenfreundlich und haben eine große Begabung, andere zu motivieren und die nötige Begeisterung für ein Projekt zu wecken. Außerdem streben sie nach Wahrheit und Sinn. Wenn sie die Entwicklungsmöglichkeiten einer Organisation einschätzen, spielt ihre Fähigkeit, sich in andere hineinzuversetzen, eine sehr große Rolle. Sie strahlen in der Kommunikation Annahme, Enthusiasmus und Zustimmung aus. NF-Führer reagieren sehr feinfühlig auf das, was sich in zwischenmenschlicher Kommunikation abspielt, und sind daher an möglichst gutem Kontakt zu allen Beschäftigten interessiert.

Ihr Credo ist, dass nur hoch motivierte Mitarbeiter hoch produktiv sein können. Wenn sie Managementaufgaben übernehmen müssen, werden sie wahrscheinlich ziemliche Schwierigkeiten damit haben und sich lieber auf ihr Führungscharisma verlassen, um die Dinge zu erledigen.

Der amerikanische Präsident *Jimmy Carter* demonstrierte einen introvertierten NF-Führungsstil. Seine Art, die Dinge anzusehen und anzugehen, wurde nicht immer ganz verstanden. Im Nachhinein betrachtet, erwies er sich jedoch als erfolgreicher Vermittler. Die früheren Außenminister *Hans-Dietrich Genscher* und *Joschka Fischer* entwickelten wichtige persönliche Kontakte und genossen in der ganzen Welt einen ausgezeichneten Ruf dank ihrer charismatischen Diplomatie.

Diese unterschiedlichen Führungsstile erfordern jeweils ganz besondere Reaktionen. Die verschiedenen Stile werden sich zudem in bestimmten Situationen oder Kontexten als produktiver erweisen als in anderen. Wenn wir beispielsweise das Konzept des situativen Führens nach Hersey und Blanchard zum Vergleich heranziehen,[7] können wir überraschende Übereinstimmungen feststellen.

Führungsstile lassen sich danach auf ein Koordinatorensystem abbilden. Dabei bezeichnet die Y-Achse das „Aufgabenverhalten" bzw. das Bemühen darum, wie die Aufgabe erfüllt wird, während die X-Achse das „Beziehungsverhalten" bzw. das Bemühen um die beteiligten Personen darstellt.

Der jeweils erforderliche Führungsstil lässt sich daran ablesen, in welchem Maße einerseits Aufgabenverhalten und andererseits Beziehungsverhalten benötigt werden. Wenn eine Unternehmung viel Aufgaben- und wenig Beziehungsverhalten erfordert, können wir die vernunftorientierten ST-Funktionen aktivieren. Die Motivation der Mitarbeiter erfolgt dann am besten auf nüchterne, *anordnende* Weise.

Benötigt ein Projekt beide Komponenten in hohem Maß, eignen sich am besten die der Aufgabe und den Menschen verpflichtende SF-Verhaltensweisen. Die Haltung des *Verkaufens* klappt dann am besten. In Situationen, die ein hohes Maß an Beziehungs- und wenig Aufgabenverhalten erfordern, ist der kreative und treu sorgende NF-Führer am richtigen Platz. Ein Verhalten, das teilhaben und teilnehmen bzw. partizipieren lässt, setzt hier am meisten Energie frei.

Organisationen und Projekte, die weder eine großartige äußere Struktur noch besondere Beziehungsaspekte einbeziehen müssen, verlangen nach der analytischen Vorgehensweise eines NT-Führers. *Delegieren* erweist sich hier als effektives und richtiges Verhalten. Es ergibt sich folgendes Schema:

155

Projekte, Aufträge und sogar Organisationen haben eine begrenzte Lebensdauer: einen Beginn, einige bedeutende Momente unterwegs und einen Endpunkt. Die verschiedenen Lebensstadien eines Projektes bedürfen auch verschiedener Führungs- und Managementstile.

Zu Anfang strukturiert der *anordnende* ST die Aufgaben, benennt die Tatsachen, definiert die Begriffe und vergibt die Arbeitsaufträge. Wenn das Projekt voranschreitet, muss sich der Blick auf die beteiligten Personen richten und was sie dazu beitragen – hier hilft die *verkaufende* SF-Strategie, die hohe Aufgabenorientierung aufrechtzuerhalten und gleichermaßen die Bedürfnisse der Einzelnen zu berücksichtigen. Die vier Führungsstile und Motivationsmodelle sind in der folgenden Grafik abgebildet:

Das Projekt gelangt zur Reife, wenn es sich die Beteiligten „zu Eigen" gemacht haben. Die Aufgabe ist vielleicht schon Routine geworden, aber von ihrer Vollendung noch weit entfernt. Ein kreativer, schöpferischer NF sorgt hier für neue Motivation, die belebt und wieder Interesse weckt. Wenn sich das Projekt seiner Vollendung nähert, wird der analytische NT die richtigen Fragen zur Auswertung stellen und neue Optionen für die zukünftige Entwicklung bereithalten.

Diese Projektentwicklung verdeutlicht der Pfeil, der sich in der folgenden Abbildung durch die verschiedenen Quadranten bewegt (Leitungsprozesse): Dadurch, dass wir dem situationsbezogenen Führungsmodell die Präferenzen der Persönlichkeitstypen hinzugefügt haben, haben wir unser Verständnis der unterschiedlichen Führungsstile ungeheuer erweitert. Wir haben den Blick darauf gelenkt, was die einzelne Führungspersönlichkeit oder ein Manager tun sollte, um seine Position und seine Effektivität zu verbessern. Zahlreiche andere Managementanalysen fügen sich problemlos in unser Schema ein, etwa Maslows „Hierarchie der Bedürfnisse",[8] McGregors „Theorie X und Theorie Y",[9] Likerts „Management-Systeme"[10] und Argyris' „Unreife-Reife-Kontinuum".[11] Wer sich mehr für diesen Themenkomplex interessiert, findet in dem Werk von Hersey und Blanchard eine fruchtbare Lektüre.

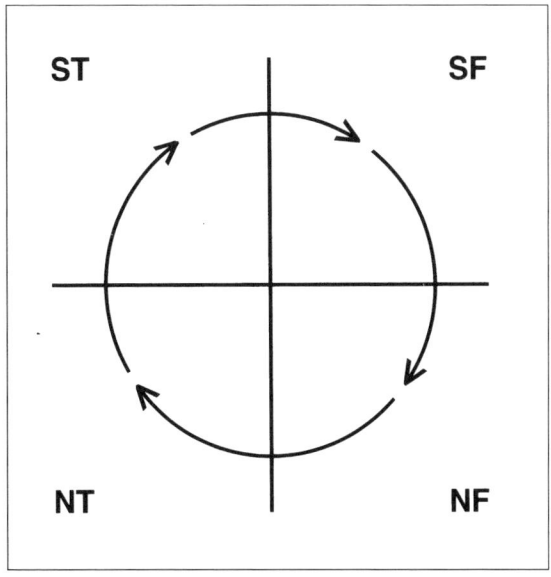

Selbstverständlich unterscheiden sich die Mitarbeiter in einer Organisation genauso von einander wie die Führungskräfte. Auch die Präferenzen der Beschäftigten für Wahrnehmung bzw. Beurteilung müssen berücksichtigt werden, ebenso ihre Bedürfnisse hinsichtlich Aufgaben- und Beziehungsverhalten je nach anstehender Aufgabe. Myers[12] stellte fest, dass es unter den täglich wechselnden Problemen, mit denen Führungskräfte sich herumzuschlagen haben, vier Grundanforderungen gibt:
1. Sie müssen wahrnehmen, was zu tun ist.
2. Sie müssen entscheiden.

3. Sie müssen Recht haben.
4. Sie müssen gewisse Schlüsselpersonen von dem überzeugen, was sie für richtig halten.

Kein Persönlichkeitstyp ist schon von vornherein mit allen notwendigen Fähigkeiten ausgestattet, um in allen Fällen richtig wahrnehmen, entscheiden und analysieren zu können und für jede Kommunikationssituation gerüstet zu sein.

Um zu größtmöglicher Effektivität zu gelangen, müssen die natürlichen Präferenzen identifiziert sowie deren Gegenpole erkannt und entwickelt werden. Kurz gesagt: Eine Führungspersönlichkeit muss nach Individuation streben.

Viele *Profit*-Organisationen haben erkannt, dass man ganzheitlichere Zugangswege braucht, wenn Entscheidungen getroffen werden müssen. Da es sich bei vielen Entscheidungsträgern um STs handelt,[13] wird gegenwärtig verstärkt die Forderung laut, auch die Intuition und ethische Gesichtspunkte in Entscheidungsprozesse einzubinden.[14]

Mit welchen Fähigkeiten müssen ST-Führer ausgestattet werden, damit sie sich auf ihre N- und F-Funktionen verlassen können, wenn sie es mit Werten und humanitären Erwägungen zu tun haben? Wie bringen wir die verschiedenen Führungsstile mit den jeweiligen Zielen und betroffenen Menschen in Einklang?

Führungskräfte, die die unterschiedlichen Zugangswege verstehen und angemessen reagieren lernen, fördern damit die Produktivität und Zufriedenheit in ihrer Organisation auf drastische Weise – und schreiten voran auf der Reise zu ihrer eigenen Individuation.

Siebtes Kapitel

Stress erfahren – Stress steuern

Wann haben Sie zum letzten Mal „bloß keinen Stress!" leidvoll vor sich hingestöhnt? Zum Thema Stress gibt es gesundheitlich eine gute und eine schlechte Nachricht. Zuerst die schlechte: Viele empfinden Stress als eine Art Seuche, die jeden infiziert und sich rasend schnell ausbreitet. Eine Stressreaktion ist die Antwort unseres gesamten Körpers auf den Stressor und setzt sich aus vielfältigen Kombinationen von Reaktionen auf physiologischer, verhaltensbezogener, emotionaler und kognitiven Ebene zusammen. Stress macht krank.

Nun die gute Nachricht: Bei positiver Einstellung kann der Stress ungeheure Lebensenergien freisetzen! Stress kann als Zündung wirken für völlig neue, kreative Zugänge zu schwierigen Problemen.

Tatsache ist: Stress fordert uns heraus. Lässt sich Stress managen? Nein, wir können nur den Umgang mit dem Stress verbessern und Lösungsmöglichkeiten aufzeigen, adäquater mit Stress umzugehen und zu mehr Gelassenheit zu gelangen. Die Persönlichkeitstypologie hilft dabei, sich selbst zu steuern, Warnsignale der Psyche rechtzeitig zu erkennen und eine Entstressungsstrategie einzuleiten nach dem Motto „Stärken stärken". Das ist leichter gesagt als getan, denn Stress ist ein dynamischer Prozess – wie alle psychischen Reaktionen.

Der Umgang mit Stress wird zur Schlüsselkompetenz auf dem Weg zum persönlichen Erfolg. Durch einen sinnvollen Umgang mit chronischem Stress gelingt es unter Einbezug des Persönlichkeitsprofils, kostbare Energiereserven zu bewahren und einem unnötigen Verschleiß vorzubeugen. Es gibt kein Standardrezept zum Umgang mit Stress. Wir alle sind unterschiedlich in unserem Persönlichkeitsprofil, geprägt durch Umfeld, Erziehung, Erfahrung, Wissen und Einstellung. Dementsprechend kann eine Lösung nur dann wirklich effektiv sein, wenn die Bewältigungsstrategien und Maßnahmen individuell maßgeschneidert sind. Wichtig ist, dass Sie Stress-Symptome frühzeitig erkennen, verstehen und einen für Sie passenden individuellen und situationsgerechten Lösungsansatz entwickeln.

Leben in Umbruchzeiten

In Deutschland sind nach Einschätzungen einer Hamburger Krankenkasse etwa 1,5 Millionen Menschen im Alter von 18–59 tablettenabhängig. Zwei Drittel davon sind Frauen. Die Medikamentenabhängigkeit ist im Vergleich zu anderen Süchten eher unauffällig, da sie für Außenstehende nur schwer zu erkennen ist.

Die Dunkelziffer der Kosten durch Arbeitsunfälle, Arbeitsausfällen, Krankheiten, Demotivation, Alkohol und Mobbing ist sehr hoch. Die geschätzte Häufigkeit von Mobbingopfern in Deutschland beläuft sich zwischen 300.000 und 1 Million. Die Kosten, die der Gesellschaft durch die Folgen entstehen, sind enorm. Die Techniker Krankenkasse in Hamburg (TK) hat hochgerechnet, dass sich dadurch auf die Gesamtbevölkerung der Bundesrepublik Deutschland bezogen 18 Millionen Fehltage am Arbeitsplatz ergäben. Mehr als jede 10. Frau und jeder 20. Mann erhielten seit dem Jahr 2000 mindestens einmal ein Medikament gegen Depressionen.

Diejenigen, die unter ständigem Termindruck arbeiten müssen und zusätzlich die Arbeit derer schultern müssen, die nach der letzten Kündigungswelle gerade entlassen wurden, haben neben dem erhöhten Stresspegel durch das vermehrte Arbeitspensum auch die Unsicherheit und Angst zu bewältigen, dass sie vielleicht die Nächsten sein könnten, die sich in das Heer der Arbeitslosen einreihen dürfen. Die Faktoren Angst, Unsicherheit und Stress potenzieren sich noch in ihrer Wirkung. Die monetären Auswirkungen sind enorm.

Was genau ist Stress?

Aus Sicht der Wissenschaft wird Stress als ein Muster spezifischer und unspezifischer Reaktionen eines Organismus auf Reizereignisse definiert, die sein Gleichgewicht stören und seine Fähigkeiten zur Bewältigung strapazieren oder überschreiten. Diese Reizereignisse umfassen eine Bandbreite externer und interner Bedingungen, die allesamt als *Stressoren* bezeichnet werden. Stressoren sind die Reizereignisse, die die Ursache für die Auslösung von Stress sind. Stressoren können sich in Anpassungszwängen und Anspannungen wie Angst, Arbeitsplatzunsicherheit, Überforderung, Unterforderung, Lärmbelästigung, Rollenunsicherheit oder dem täglichen Ärger äußern, die uns aus dem individuellen Gleichgewicht bringen und uns so unter emotionalen und körperlichen Druck setzen.

Eine Stressreaktion ist individuell unterschiedlich – einige reagieren bereits bei wenig Stress mit hoher Alarmbereitschaft, während andere sehr stressreiche Ereignisse locker bewältigen können. Dies hat viel mit dem *Erleben* und der *Bewertung* des als unangenehm empfundenen Spannungszustands zu tun. Soweit die Theorie. Stress aktiviert ein uraltes Überlebensprogramm, welches in unseren Genen abgelegt ist. Dieses Programm umfasst eine neuro-biochemisch-hormonelle Rückkoppelung des Körpers an eine Gefahr. Die Rückkoppelung ist seit Tausenden von Jahren gleich geblieben, obwohl sich die Lebens- und Rahmenbedingungen der Umwelt massiv verändert haben.

Ausprägungen von Stress

Stress ist einerseits ein maßgeblicher Impuls für Vitalität, Antrieb und persönliche Weiterentwicklung, andererseits jedoch auch das Symptom einer Vielzahl von gesellschaftlichen Problemen, die sich im Dauerzustand als Krankheit manifestieren können. Stress kann der Aufbruch zu neuen Ufern sein – oder zum lebensgefährlichen Absturz führen. Grundsätzlich unterscheiden wir *„angenehmen"* von *„unangenehmem"* Stress. Wenn Sie nach drei fast durchgearbeiteten Nächten einen brillanten Projektabschluss feiern und auch noch befördert werden, wird eine ähnliche physiologisch-biochemisch-hormonelle Kaskade ausgelöst wie wenn Sie im Wartezimmer des Zahnarztes sitzen und mit pochendem Kiefer darauf warten, dass Ihnen innerhalb der nächsten halben Stunde eine Wurzelspitzenresektion bevorsteht. Die erste Situation werden Sie als sehr angenehm empfinden, die zweite als unangenehm. Der *angenehme* Stress spornt uns zu Höchstleistungen an und verleiht uns Flügel – er gibt uns Energie. Der *unangenehme* Stress bremst uns und zieht uns Energie ab – wie ein Vampir, der uns energetisch aussaugt.

Wir sprechen auch vom *kontrollierbaren* und vom *nicht mehr kontrollierbaren* Stress. Bei *kontrollierbarem* Stress werden wichtige Voraussetzungen geschaffen, um neue Lernerfahrungen zu machen! *Nicht mehr kontrollierbarer* Stress hingegen bedeutet: außer sich sein; dauerhafter unkontrollierter Stress macht krank.

Energetisch betrachtet, ist der Stress wie eine Geigensaite. Wenn sie zu locker ist, ist das Instrument verstimmt, bei zu viel Spannung reißt die Saite. Die Geige braucht bei allen Saiten für den harmonischen Klang eine gewisse Spannung. So ist es auch in unserem Leben. Wir brauchen Stress, um glücklich zu sein. Ohne Stress geht es nicht, zu viel Stress jedoch macht krank.

Akuter Stress

Wenn es sich um ein akutes, vorübergehendes Erregungsmuster mit einem klaren Anfang und einem klaren Ende handelt, sprechen wir von *akutem Stress.* Jeder von uns kennt eine derartige Situation: Sie gehen in Gedanken versunken spät abends durch eine menschenleere Straße, als plötzlich ein großer Mann im Dunkeln auf Ihrem Weg nach Hause auftaucht – die inneren Alarmlampen blinken auf. Ist Gefahr im Verzug? Werde ich bedroht? Muss ich fliehen? Vereinfacht ausgedrückt bedeutet dies, *dass Sie Stress haben!*

Chronischer Stress/Dauerstress

Wenn es sich um einen andauernden Zustand kontinuierlicher Erregung mit subjektivem Erleben von Stress handelt, sprechen wir von chronischem oder Dauerstress. Charakteristisch ist hierbei, dass die Anforderungen an die Situation höher eingeschätzt werden als die für die Bewältigung der Situation vorhandene Energie. Dies führt in Konsequenz zu fortwährenden Frustrationen und zu einem Raubbau der eigenen Energieressourcen im Körper. Zudem blockiert Dauerstress den körperlich-seelischen Ausgleich und gefährdet mittel- bis langfristig die Gesundheit. Die Hauptgefahr besteht darin, dass sich der Stress verselbständigt und Sie in der Hand hat – *der Stress hat Sie!*

Überarbeitung, Überanstrengung und Überschätzung der eigenen Energien sind maßgebliche Säulen von chronisch-negativem Stress. Bei negativem Stress werden Kopfschmerzen, Magenschmerzen, Nackenverspannungen oder Aggressivität nicht als Signale des Körpers ernst genommen und/oder nicht mit dem Phänomen Stress zugeordnet. So gehen viele Menschen wöchentlich zur Massage oder nehmen Medikamente gegen eine Magenschleimhautentzündung ein, ändern aber nichts an der Stress auslösenden Situation oder in der Bewältigung einer solchen Situation.[1]

Burn-out

Chronischer Stress in Hochpotenz kann zum Burn-out-Syndrom (Ausgebranntheitssyndrom) führen. Der Ausdruck wurde 1974 von dem Psychoanalytiker Freudenberger geprägt. Er zeigte, dass es eine Erschöpfung durch Mitgefühl gibt, die gerade Menschen in den helfenden Berufen auffrisst. Eine hohe Gefährdung wird heutzutage bei sozialen und helfenden Berufen, wie zum Beispiel Krankenschwestern, Ärzten, Call-Center-Mitarbeitern und Hausfrauenmüttern festgestellt.

Insbesondere bei sehr engagiert, ehrgeizig und hart arbeitenden Menschen, die ihre Höchstleistungsgrenzen dauerhaft mit einem Marathon-Workload überschreiten, kommt es zu Aussagen wie: „Ich fühle mich wie gerädert und bin absolut am Ende meiner Kräfte." Obwohl offiziell Feierabend ist, ist für viele lange noch nicht Schluss mit der Arbeit. Wer zusätzliche Arbeit oder die Tageshektik im Geiste noch mit nach Hause nimmt, ist in Gefahr, innerlich *auszubrennen*. Geht es Ihnen ebenfalls so?

Burn-out bedeutet eine Selbstausbeutung über die Grenzen der Gesundheitsschädigung hinaus, die sich schleichend vollzieht. Das *Ausbrennen* ist ein Prozess im Sinne einer Abwärtsspirale. Es ist jedoch sehr schwierig festzustellen, wann der Eintritt in diese Abwärtsspirale beginnt, weil die Betroffenen durch den schleichenden Beginn gar nicht genau merken, dass sie in einen solchen Strudel geraten.[2]

Stress in Organisationen und Unternehmen

Der Umgang mit Stress in Organisationen und Unternehmen ist ein Trendthema. Insbesondere nach Firmenfusionen oder Geschäftsprozessreorganisationen herrscht häufig Orientierungslosigkeit in der Umbruchphase. Die Sicherheit ist verloren. Im Zeitalter schneller kommender Kündigungswellen geht die Angst um. Die Ellenbogen werden ausgefahren und die Temperatur des Betriebsklimas sinkt auf den Nullpunkt. Die Stimmung in der Wirtschaft ist angespannter denn je. Viele Menschen fühlen sich vom Stress überrollt, gehetzt, ausgelaugt, frustriert

---

**Bioklimatische Faktoren in den Unternehmen,
die Stress erzeugen – für eine Abteilung und den Einzelnen**

divergierende oder mehrdeutige Ziele
unklare oder unausgesprochene Erwartungen
ungenügende Erfolgskriterien
fehlende Einfluss- oder Entscheidungsmöglichkeiten bei gestiegener
    Verantwortung
zu viele Aufgaben
Aktivitäten anstatt Aufgaben (operative Hektik)
ungenügende Autonomie der Arbeitsplatzgestaltung
Kommunikationsüberflutung (Mails, Con-Calls, mobiles Telefon,
    Meetings, Video-Konferenzen, Fremdsprachen)
Zeitprobleme (Jetlag, häufiges Reisen)
kein selbst bestimmter Umgang mit der eigenen Zeit – Faktor Fremd-
    bestimmung
fehlendes Vertrauen – gegenüber dem Chef und den Kollegen
mangelnder Respekt
ungenügende Anerkennung
kein oder kein ausreichendes Feedback zu eigenen Arbeitsergebnissen
kulturelle oder sprachliche Unterschiede
Orientierungslosigkeit in Umbruchphasen
Rollenkonflikte oder Rollenunsicherheit
Trennung von der Familie durch zweiten Wohnsitz oder häufige Reisen
Angst
Kränkung
Mobbing

---

und enttäuscht. Nicht nur Erwartungen von Vorgesetzten und Mitarbeitern erhöhen den Druck – unabhängig von der hierarchischen Position. Auch Termindruck, wechselnde Zeitzonen und häufige Besprechungen lassen Stress zu einem gefährlichen Killerelement für die Profitabilität und die Motivation einer Organisation oder Firma sowie des eigenen „inneren" Unternehmens werden.

Gesundheit – das kostbare Gut

Um Ihre Gesundheit zu schützen und die eigene Stressgefährdung zu senken, ist es wichtig, rechtzeitig die Stress-Signale zu erkennen. Grundsätzlich weiß unser Körper sehr genau, wann sein Gleichgewicht gestört ist. Um die Balance zu erhalten, müssen wir gut in uns hineinhorchen, um die feinen seismographischen Anzeichen auf der nach oben offenen Richterskala wahrzunehmen und zu verstehen. Sie teilen uns über Symptome mit, wenn es Hinweise auf Störungen des Energiegleichgewichts gibt. Der Körper sendet uns anfangs leise und dezente, später immer deutlichere Signale in Form von Symptomen. Ebenso auch die Psyche.

Hier können wir unser typologisches Radarsystem einsetzen und Muster beobachten. Jeder Typus erfährt die Eskalation auf seine Weise. Im Folgenden erfassen wir lediglich die zentralen Funktionen: ST, SF, NF und NT.

Kleine Strategien, um Stress zu steuern

Ziel ist eine Erweiterung des eingeschränkten Aktionsradius – zurück zur Ganzheit des Lebens. Von den in Symptomen übersandten Botschaften können wir eine Menge über unsere derzeitige Lebenssituation lernen. Gegebenenfalls müssen wir unsere Lebensführung verändern, um nicht mittel- bis langfristig aus der Balance zu geraten. Starke Symptome, wie zum Beispiel Schmerzen, sind Hilferufe des Körpers. In der traditionell chinesischen Medizin werden die Schmerzen als Schrei des Körpers nach Fließenergie beschrieben. Die Blockierung führt zu den Schmerzen. Der Schmerz ist das körperlich wahrnehmbare äußere Zeichen eines tiefen psychischen inneren Zustands.

Stresssymptome

Wahrnehmen über
die **fünf Sinne (S)**

**Bei kontrollier-
barem Stress**

Klammert sich an
konkrete Tatsachen,
Prinzipien, wird kan-
tig, unnahbar, beharrt
auf Logik, Wider-
stand gegen Verän-
derung, wird haar-
genau, Befürchtung,
von anderen als un-
fähig angesehen zu
werden

**Bei kontrollier-
barem Stress**

Wird pessimistisch,
sucht Hilfe bei anderen,
Angst, wichtige Bezie-
hungen zu verlieren,
sieht Welt als „kaputt"
an, fühlt sich wertlos,
wird selbstkritisch, ver-
sucht Status quo auf
jeden Fall zu wahren,
„die anderen haben
Schuld"

Entscheiden
aufgrund von
Analyse (T)
objektiv

Entscheiden
aufgrund von
Werten (F)
subjektiv

**Bei kontrollier-
barem Stress**

Wirkt sehr entschie-
den, sucht Synthesen,
versucht alles in die
Gesamtansicht hinein-
zuzwingen, delegiert
mehr und mehr Ver-
antwortung, verlangt
auf alles eine Antwort,
laut, schnell und for-
dernd, wird intolerant

**Bei kontrollier-
barem Stress**

Konzentriert sich immer
mehr auf Authentizität,
verbale Ausfälle gegen
Erwartungen von au-
ßen, Probleme werden
zur Plage, entwirft ge-
waltige Pläne, die
Menschheit zu retten,
hochsensibel, Selbst-
zweifel

Wahrnehmen über
die **Intuition (N)**

Stress und Persönlichkeitstypen

Es gibt diverse Maßnahmen, Strategien, Techniken, Präventionen und Prophylaxe gegen Stress.[3] Stress ist in hohem Maße persönlichkeitsabhängig. Daher ist es wichtig, dass Sie Ihr eigenes Persönlichkeitsmuster kennen. Wie nehmen Sie die Wirklichkeit wahr? Und wie treffen Sie Entscheidungen? Das sind die zwei Grundmuster, nach denen Carl Gustav Jung versucht hat, Persönlichkeitsmuster zu erkennen.

Schritt 1: Finden Sie Ihr eigenes Persönlichkeitsmuster heraus.

Schritt 2: Finden Sie heraus, wie sich bei Ihnen Stress entwickelt. Stress entwickelt sich dynamisch. Wenn wir unsere Komfortzone verlassen, zeigen sich unsere individuellen Muster. Was Sie selbst als „kontrollierten Stress" erfahren und noch zu einem gewissen Grad selbst steuern können, entwickelt sich – wenn keine Intervention erfolgt – allmählich zu unkontrollierten Verhaltensweisen, wie sie in diesem Kapitel beschrieben sind.

Schritt 3: Stärken stärken. Erinnern Sie sich an Ihre dominante Funktion. In Stress-Situationen fühlen Sie sich „neben oder außer sich" und haben ausgeblendet, was Sie gut können und über Jahre trainiert haben, die dominante Funktion scheint nicht mehr im Visier zu sein. Solange Sie in den Verwirbelungen noch eine gewisse Übersicht haben, gehen Sie auf das zurück, was Sie kennen.

Im Folgenden geben wir für jeden Typus einen Impuls, wie unter kontrollierbarem Stress die Erinnerung an die Stärken gefördert werden kann.

TYPUS	Einige Vorschläge für den Umgang bei noch kontrollierbarem Stress
ISTJ	• Suchen Sie sportliche Betätigung (Joggen usw.). • Verändern Sie etwas in Ihrer Umgebung (Kurzurlaub machen, Möbel umstellen o.Ä.). • Erinnern Sie sich an Ihre eigene Erfahrung: Es hilft, wenn Sie Ihre Aufmerksamkeit auf Fakten und Details lenken. • Machen Sie sich eine Liste, notieren Sie, was Sie gut können (Fähigkeiten, Talente, Stärken, usw.)

ISFJ	• Sorgen Sie für Ihren körperlichen Ausgleich (Yoga, Joggen usw.).
	• Setzen Sie sich für eine gute Sache ein (spenden Sie etwas für karitative Zwecke, stellen Sie sich für eine ehrenamtliche Aufgabe zur Verfügung usw.).
	• Verändern Sie etwas in Ihrer Umgebung (eventuell nur vorübergehend).
	• Bitten Sie jemanden um Hilfe, der Ihnen den unübersehbaren Kleinkram erledigt.
INTJ	• Entspannen Sie sich und gönnen Sie sich erst einmal eine ruhige Nacht.
	• Konzentrieren Sie sich auf Ihre analytischen Fähigkeiten, um das Problem zu strukturieren und eine Lösung zu planen.
	• Sagen Sie alle Aktivitäten ab, die nichts mit der Problemlösung zu tun haben, und ziehen Sie sich zurück. Eine Denkpause ist angesagt.
	• Treiben Sie Sport, lesen Sie, machen Sie einen langen Spaziergang.
INFP	• Warten Sie ab: Die Ereignisse entwickeln sich wie von selbst und die Probleme werden sich wie von selbst lösen.
	• Meditieren Sie. Finden Sie Raum und Zeit für sich selbst. Werden Sie sich Ihrer Grundwerte neu bewusst und stehen Sie zu Ihren Werten.
	• Schaffen Sie sich neue Zugänge zu einem Projekt, bleiben Sie an der Sache dran. Bringen Sie Ihre faszinierenden Einsichten ein.
	• Machen Sie etwas ganz für sich alleine; machen Sie einen Spaziergang, kochen Sie etwas für sich selbst usw.
ESTP	• Entwickeln Sie vernünftige und durchdachte Sofortmaßnahmen.
	• Treffen Sie sich in einer Gruppe (von Freunden) und sprechen Sie mit diesen Ihre persönliche Situation durch und bitten Sie um objektives Feedback.
	• Treiben Sie aktiv Sport (bis zur Erschöpfung) mit anderen (am besten Teamsport).
	• Achten Sie auf Ihre Ess- und Trinkgewohnheiten.

ENFP	• Tauschen Sie sich mit anderen aus, teilen Sie sich mit – und zwar in einem Kontext, in dem nicht bewertet wird.
	• Machen Sie Gymnastik, schlafen Sie länger, essen Sie gesund, gehen Sie zu einer Massage.
	• Nehmen Sie Kontakt auf mit anderen, von denen Sie persönliche Wärme, Freundlichkeit und Zuwendung bekommen.
	• Lassen Sie Ihren Blick schweifen, erkunden Sie die Möglichkeiten, ohne sofort Prioritäten zu setzen oder eine Entscheidung zu treffen.
ENTP	• Diskutieren Sie mit anderen die objektiven Rahmenbedingungen, ohne schnelle Schlussfolgerungen oder Entscheidungen zu treffen.
	• Analysieren Sie die Ereignisse und legen Sie Prioritäten fest.
	• Versuchen Sie im Gespräch mit anderen eine neutrale Perspektive zu gewinnen.
	• Loten Sie Möglichkeiten und Wahrscheinlichkeiten aus, ohne von vorneherein eine Priorität festzulegen oder Entscheidungen zu treffen.
ESTJ	• Machen Sie Urlaub mit Freunden!
	• Gehen Sie noch einmal alle Argumente und die wichtigsten Positionen durch.
	• Akzeptieren Sie die schweigende Unterstützung und das objektive Feedback von anderen.
	• Schlafen Sie sich aus, essen Sie etwas Gutes, treiben Sie Sport mit Freunden.
ENTJ	• Denken Sie über Hypothesen und Möglichkeiten nach, wie Sie die Auslöser für Ihren Stress überwinden können – „spielen" Sie mit ihnen.
	• Bringen Sie interessante und klare Argumente ins Gespräch. Klären Sie wichtige Grundpositionen.
	• Sprechen Sie mit Freunden, die Ihnen klare Analysen bieten und objektives Feedback geben können.
	• Klären Sie das, was Sie kontrollieren können.

ESFJ	• Treiben Sie Sport, gehen Sie raus, joggen Sie. • Sprechen Sie mit guten Freunden über Ihre tiefsten Gefühle und Ängste. • Sorgen Sie dafür, dass Sie in Ihrer Umgebung Menschen haben, die Sie unterstützen und Ihnen kollegiales Feedback geben. • Engagieren Sie sich in einem Projekt oder leisten Sie sich ein Hobby (Tagebuchschreiben oder Kochen), das Ihre Aufmerksamkeit verlangt und bei dem Sie methodisch vorgehen und auf Details achten müssen.
ISFP	• Warten Sie ab, bis die Energien raus sind und sich die Dinge wie von selbst klären. • Finden Sie Raum und Zeit für sich, um über das nachzudenken, was Ihnen wichtig ist. • Beginnen Sie ein Projekt, eine handwerkliche Tätigkeit, in der Sie sich gut auskennen und in der Sie Ihre geübten Fähigkeiten einsetzen können. • Finden Sie einen guten Freund, der Verständnis für Ihre Eindrücke und Gefühle hat.
ESFP	• Treffen Sie sich mit Freunden und reden Sie mit ihnen über Ihre Situation und Ihre Lage und finden Sie heraus, was Ihre Freunde dazu sagen. • Entwickeln Sie für den Ernstfall einen Plan, der Ihren persönlichen Wertvorstellungen entspricht. • Verbringen Sie Zeit mit Freunden im Teamsport, beim Tanzen oder anderen Aktivitäten, bei denen Sie sich körperlich betätigen können. • Konzentrieren Sie sich auf solche Aktivitäten, bei denen Sie einen konkreten positiven Beitrag für andere leisten können.
INFJ	• Konzentrieren Sie sich auf die Beziehung zu einem guten Freund/einer guten Freundin. • Suchen Sie jemanden auf, der Ihnen zuhört, ohne Ihnen sofort Ratschläge, Einsichten oder seine Bewertung anzubieten. • Entspannen Sie sich. Machen Sie einen Spaziergang in der freien Natur. Gehen Sie ins Kino. Lesen Sie Gedichte. • Nehmen Sie Ihren Kalender und planen Sie eine Auszeit ein.

ISTP	• Treiben Sie Sport – am besten eine herausfordernde Sportart wie Bergwandern oder Klettern. • Nehmen Sie sich Zeit zum Lesen, spielen Sie Solitaire, tun Sie etwas, bei dem man auf Routinen achten muss. • Delegieren Sie alles das, was mit der Außenwelt zu tun hat, an jemand anderen. • Suchen Sie sich eine kompetente Person (Experten). Machen Sie einen „Realitäts-Check".
INTP	• Nehmen Sie sich Zeit für sich. Leben Sie, lösen Sie Kreuzworträtsel, machen Sie einen Spaziergang. • Konzentrieren Sie sich auf eine neue Idee, neue Einsichten oder Perspektiven, die ein neues Licht auf Ihre derzeitige Situation werfen. • Reden Sie in aller Ruhe mit einer vertrauten Person, die nicht sofort beurteilt oder das bewertet, was Sie beschäftigt. • Versuchen Sie, den Lärmpegel oder die Ablenkungen zu reduzieren.
ENFJ	• Finden Sie eine Gesprächsgruppe, in der Sie über Ihre Frustrationen sprechen können. • Sprechen Sie mit guten Freunden, denen Sie volles Vertrauen schenken, über Ihre innersten Gefühle und Ängste. • Bekommen Sie Ihre Grundwerte wieder in den Blick und setzen Sie sich auf dieser Grundlage wieder klare Prioritäten. • Schreiben Sie Ihre Empfindungen in Ihr Tagebuch und finden Sie jemanden, dem Sie dies zu lesen geben können.

Zusammenfassung

Die Stressreaktion ist die Antwort unseres Körpers auf ein Stressereignis und setzt sich aus vielfältigen Kombinationen von Reaktionen auf physiologisch-hormoneller, muskulärer, emotionaler und kognitiver Ebene zusammen. Stress fordert unseren Körper heraus. Entweder werden die Situationen bewältigt oder gemeistert oder der Körper wird vom Stress besiegt. Wir können den Stress als Lebenselixier oder Sargnagel wahrnehmen – auf den Blickwinkel kommt es an. In einer akuten Stress-Situation *haben Sie Stress!* Sie können den Stress leicht bewältigen. Bei chronischem Stress *hat der Stress Sie!* Dauert der Stress zu lange an, so werden die immer wieder anflutenden Stresshormone zu einer enormen Gefahr für unsere geistige, körperliche und emotionale Integrität. Stress kann jeden treffen, in jedem Alter. Die traurigen Fakten: Die Folgeerkrankungen von Stress können von Nervosität, Aggressionen, Schlafstörungen bis zu schweren Folgeerkrankungen wie Depressionen, Magen- und Rückenschmerzen sowie dem Burn-out-Syndrom variieren und in der Intensität sehr unterschiedlich sein. Die gute Nachricht: Stressfolgen können vermieden werden. Das bedeutet, dass ein frühzeitiges Erkennen der Symptome, ein adäquater Umgang mit Stress, das Anwenden von Stressbewältigungsstrategien und präventive Maßnahmen von großer Bedeutung sind. Denn rechtzeitig erkannt, sind Folgeerkrankungen vermeidbar.

Nur wenn Sie gesund sind, können Sie als Mitarbeiter zur Wertschöpfung und Profitabilität des eigenen „inneren Unternehmens" und des Unternehmens, in dem Sie arbeiten, beitragen. Die Persönlichkeitstypologie spielt eine große Rolle dabei, sich selbst und andere besser verstehen zu können, um zukünftig besser mit Stress und sich selbst umzugehen. Stress und Burn-out haben große Auswirkungen auf die Produktivität und Motivation in Organisationen und Unternehmen. Stress ist daher nicht nur ein Problem einzelner Mitarbeiter, sondern auch des Unternehmens.

Achtes Kapitel

Bilden und sich bilden lassen

*Ein Mann begegnete einst einem Fuchs, der keine Gliedmaßen hatte,
und wunderte sich, wie dieser so wohlgenährt sein konnte. Er beschloss,
den Fuchs eine Zeitlang zu beobachten. Schließlich fand er heraus,
dass der Fuchs sich an eine Stelle begeben hatte, wo ein Löwe seine Beute
hinzubringen pflegte. Wenn der Löwe nach seinem Mahle den Ort verließ,
konnte der Fuchs sich an den Resten gütlich tun.
Der Mann beschloss daraufhin, sich gleichermaßen vom Schicksal dienen
zu lassen. Er setzte sich an den Straßenrand und harrte der Dinge,
die da kommen sollten. Doch alles was geschah, war, dass er immer schwächer
und hungriger wurde, denn nichts und niemand kümmerte sich um ihn.
Da hörte er plötzlich eine Stimme, die sprach zu ihm: „Warum benimmst
du dich wie ein gelähmter Fuchs? Warum solltest du nicht auch ein Löwe sein,
auf dass das, was du übrig lässt, anderen zu gute kommen kann?"*

Indries Schah

Lehrer und Schüler sind eine Gemeinschaft, sie stehen in einer dynamischen Beziehung miteinander. Catherine Briggs, die Autorin des
Myers-Briggs Typenindikators, war Lehrerin in Florida. Sie spürte sehr
früh, dass sie als Lehrerin eine bestimmte und eine ihr eigene Art
des Lehrens hatte, ihre Schülerinnen und Schüler jedoch unterschiedliche „Wellenlängen" des Empfangs hatten. Sie wollte verstehen und
die Fähigkeit haben, die unterschiedlichen Jugendlichen zu erreichen.
Die Typentheorie von C. G. Jung war für sie ein Schlüssel zum Verständnis dieser Unterschiede und wurde ein Instrument für sie, unterschiedliche Menschen auf ihrer je eigenen Wellenlänge anzusprechen.

In den USA setzt man die Typentheorie in Schule und Bildung häufig
ein. Man sieht in ihr ein wertvolles Hilfsmittel, um das Lernverhalten
von Schülern bzw. Studenten und die Lehrtechniken von Lehrern, kurz:
das Erziehungssystem insgesamt besser zu verstehen. Wir sind überzeugt, dass man mit der Typentheorie etwas gegen „die Katastrophe der
schulischen Praxis"[1] tun kann.

Wenn Schüler Informationen aufnehmen und sich ihrer Umwelt bewusst werden, machen sie von ihrer bevorzugten Wahrnehmungsfunktion Gebrauch, d. h. sie lassen sich dabei von ihren fünf Sinnen oder von

ihrer Intuition leiten. Aus diesen Informationen ziehen sie Schlüsse bzw. treffen Entscheidungen, die entweder von persönlichen Wertvorstellungen oder von rationaler Analyse bestimmt sind.

Darüber hinaus haben die Schüler unterschiedliche Neigungen, wie sie am besten oder am liebsten lernen: Manche bevorzugen anschauliche Beispiele, konkrete Dinge und Personen, während andere besser mit Ideen, Verallgemeinerungen und Abstraktionen zurechtkommen. Schüler lernen auf deutlich unterschiedliche Weise; wer als Lehrer die Verschiedenheit der Lernstile kennt, ist besser für den Unterricht gerüstet.

Bei unserer Untersuchung des Lehrens und Lernens sollten wir uns in Erinnerung rufen, dass die Typenentwicklung ein natürlicher Prozess ist. Häufig möchten Lehrer – und natürlich Eltern – die Entwicklung der Kinder beschleunigen. Besonders die Amerikaner sind berühmt für ihre zahlreichen Lernstrategien und -verfahren, die das Vorankommen fördern sollen. Im Erziehungswesen wurde das besonders deutlich, als Jean Piagets Theorie der intellektuellen Entwicklung[2] in den Schulen Einzug hielt. Die Lehrer mussten, sehr zu ihrem Leidwesen, erkennen, dass sie nicht fähig waren, die intellektuelle Entwicklung der Schüler nennenswert zu beschleunigen. Piaget reagierte auf diese Art zu denken, indem er sie als „den amerikanischen Trugschluss" bezeichnete. Entwicklung geschieht auf natürlichem Wege; unsere Verantwortung als Lehrer und Eltern besteht darin, sie zu begreifen und eine Umgebung zu schaffen, die die individuelle Entwicklung jedes Kindes fördert.

Die Versuchung liegt auf der Hand, die Typentheorie zu benutzen, um in die Entwicklung von Kindern lenkend einzugreifen. Dieser Versuchung müssen wir auf jeden Fall widerstehen; stattdessen soll uns die Typologie dazu dienen, die ganze Bandbreite zu bestimmen und aufzuzeigen, die es bei Lernenden wie Lehrenden gibt.

Wir halten den Versuch, ein Kind auf einen Typ „festzunageln", für äußerst unangemessen. Zudem wäre der Erfolg solcher Versuche fraglich, da selbst im besten Falle nur die dominante Funktion ausdifferenziert werden würde. Es ist besser, wenn Kinder ihre Persönlichkeitsfunktionen selbst entdecken und erforschen können und die Gelegenheit haben, sich so zu entwickeln, wie ihre Präferenzen sie leiten. Im Kindesalter stehen die Funktionen erst am Anfang des Differenzierungsprozesses; die Kinder probieren hier ihre vielen Fähigkeiten und Möglichkeiten aus. Etwas anderes ist in diesem Alter auch nicht empfehlenswert.

Die Lehrer freilich können sich der psychologischen Typentheorie bedienen, um vielfältigere und abwechslungsreichere Lernstrategien zu

174

entwickeln. Es ist offensichtlich, dass Lehrer umso gezielter auf die Bedürfnisse der Lernenden eingehen können, je besser sie das Potenzial der individuellen Unterschiede verstehen.

Wenn wir uns das übliche Bild einer akademischen Laufbahn vor Augen halten, stellen wir fest, dass das Schwergewicht auf Konzepten und Ideen liegt – ein Bereich, für den introvertierte Menschen prädestiniert sind. Weiter wird hier die Fähigkeit gefordert, mit Abstraktionen, Symbolismen und Theorien umgehen zu können, was intuitive Typen begünstigt.

Aus diesen einleitenden Erwägungen heraus ließe sich folgern, dass im universitären Bereich introvertierte und intuitive Menschen relativ gesehen im Vorteil sind. Theoretisch werden dann T-Typen akademische Aufgaben bevorzugen, die die Fähigkeit zur logischen Analyse erfordern, während F-Typen sich eher Aufgaben zuwenden, die das Verständnis menschlicher Motive und Werte verlangen.

Natürlich muss man vorsichtig sein, irgendwelche generellen Vorteile bestimmter Typen zu postulieren; dazu sind die erzieherischen Rahmenbedingungen und die persönlichen Entwicklungsfaktoren einfach zu vielfältig. Man kann jedoch sagen, dass es Präferenzen für gewisse Lernstile und Lehrtechniken gibt. In der Tat zeigt sich, dass Schüler sich je nach Typenpräferenz in verschiedenen Bereichen engagieren.

Daher möchten wir hier einige Empfehlungen geben, wie sich die richtige Lernumgebung und das entsprechende Lernverhalten erkennen und entwickeln lassen, um dann sowohl den unterschiedlichen Bedürfnissen der Kinder als auch den verschiedenen Unterrichtsstilen besser gerecht zu werden.

Auch wenn die anderen Aspekte der Persönlichkeitstheorie den Lernprozess beeinflussen, ist es sinnvoll, auch hier zunächst von den bereits differenzierten Funktionen auszugehen. Silver und Hanson haben in der Anwendung der Typentheorie auf Lehr- und Lernsituationen Pionierarbeit geleistet. Wir stützen uns daher stark auf ihre Ausführungen in ihrem Werk „Die Selbsteinschätzung des Lehrers"[3] und möchten interessierten Leserinnen und Lesern dieses Buch nachdrücklich für weitere Studien empfehlen.

Wenn im Folgenden von „Schülern" die Rede ist, bezieht sich das natürlich nicht nur auf Kinder und Jugendliche, sondern auf alle Situationen im Leben eines Menschen, in denen das Aneignen neuer Sachverhalte oder Fertigkeiten gefordert ist. Der Terminus hat nicht notwendigerweise etwas Kindliches an sich; schließlich bezeichnen sich auch gestandene Wissenschaftler und Musiker als „Schüler" derjenigen, denen sie einen bedeutenden Teil ihrer Ausbildung verdanken.

Wie lernt man effektiv?

ST-Schüler

Ein freundlicher und rücksichtsvoller Lehrer war stets bemüht, seine Schüler zu loben, zu ermuntern und zu motivieren, wenn er ihnen einen neuen Lehrstoff schmackhaft machen wollte. Ein kleiner Junge rief jedoch einmal aus: „Erzählen Sie mir nicht immer, wie toll ich mich fühlen werde. Erklären Sie mir einfach die Spielregeln!"

ST-Schüler sind realistisch, praktisch und tatsachenorientiert. Sie sind meist effizient, objektiv und an konkreten Ergebnissen interessiert. Taten sind ihnen lieber als Worte, Beschäftigung lieber als Theorie; für Dinge, die pragmatisch, logisch und nützlich sind, können sie sehr viel Energie freisetzen.

ST-Schüler nehmen die Welt lieber über ihre fünf Sinne wahr als durch Abstraktionen, symbolische Vorstellungen, Theorien oder Modelle. Da sie die Neigung haben, Information über die Kanäle der Sinne aufzunehmen, leben sie im Hier und Jetzt. Außerdem verlassen sie sich bei Entscheidungen auf ihren Verstand und sind eher an logischer Folgerichtigkeit interessiert als an persönlichen Gefühlen.

ST-Schüler erledigen ihre Aufgaben gern auf organisierte und effiziente Weise. Bei ihrer Arbeit gehen sie ordentlich, strukturiert und exakt vor. Sie sind gern aktiv, freuen sich, wenn sie „etwas zu tun haben", brauchen greifbare Resultate vor Augen und haben ihre Aufgaben gern genau unter Kontrolle. Ihr „Arbeitshunger" und ihr Bedürfnis nach unmittelbarer Rückmeldung sind oft eine Herausforderung für den Lehrer, weil er immer dafür sorgen muss, dass sie beschäftigt sind. Besonders die extravertierten ST-Schüler würden fast alles tun, damit sie bloß nicht ruhig auf ihrem Platz sitzen und zuhören müssen, wenn jemand anderer etwas sagt.

ST-Schüler bevorzugen Arbeitsanweisungen, die knapp und Schritt für Schritt gegeben werden; wenn die Instruktionen zu lang und verwickelt werden, werden sie schnell ungeduldig. Sie haben wenig Toleranz gegenüber unklaren und mehrdeutigen Situationen; mehr als alle anderen Lerntypen möchten sie stets genau wissen, was man von ihnen erwartet. Sie müssen wissen, was sie zu tun haben, wie sie es zu machen haben und wann sie damit fertig sein müssen. Wenn etwas zu langsam vorangeht oder kein unmittelbar praktischer Nutzen erkennbar ist, verlieren sie häufig das Interesse an einer Sache.

Für ST-Schüler ist es wichtig, eine klar strukturierte Arbeitsumgebung zu haben, in der es auf die sachliche Beherrschung von Fähigkeiten und

Fertigkeiten ankommt. Man muss ihnen die Gelegenheit bieten, diese Fähigkeiten auf praktische Dinge anzuwenden und ihre Tüchtigkeit zeigen zu können. Sie bevorzugen Aufgaben, die als Lösung nur „richtig" oder „falsch" zulassen; Ergebnisse, die Fragen offen lassen oder mehrere Interpretationen zulassen, schätzen sie gar nicht.

Konkrete Belohnungen wie Lernspiele, Zeugnisse oder Preise motivieren sie in hohem Maße. Zu ihren besten Leistungen sind sie fähig, wenn sie klare Ziele vor Augen gestellt bekommen und ihre Ergebnisse möglichst schnell gewürdigt und belohnt werden.

Wenn ein ST-Schüler ein Problem lösen will, stürzt er sich auf die Fakten und geht nach der mathematischen regula falsi vor (durch „trial and error" versucht man herauszufinden, ob die Lösung stimmt oder nicht). So sucht er nach pragmatischen Lösungen. Ein Problem ist für ihn wie ein Puzzle: Die Einzelteile müssen solange hin- und herbewegt werden, bis sich schließlich ein vollständiges Bild ergibt. Am besten arbeiten ST-Schüler an Problemen, die eher die konkrete Untersuchung und den konkreten Umgang mit Dingen erfordern als die Analyse abstrakter Vorstellungen. Wenn sie mit einem Problem konfrontiert werden, verlassen sie sich bei der Suche nach Lösungswegen lieber auf ihre Erfahrungen und schon erprobte Vorgehensweisen, als dass sie nach neuen Wegen suchen würden. Wenn ein eingeschlagener Lösungsweg nicht sofort Erfolg verspricht, wenden sie sich eben einem anderen zu – solange sie Zeit und Mittel dazu haben. Sie lernen nicht nur aus ihren Erfolgen, sondern auch aus ihren Fehlern.

Wenn die Konsequenzen alternativer Lösungswege abzuwägen sind, haben ST-Schüler nicht die Geduld, darüber zu reden, warum die eine oder andere Lösung möglicherweise nicht funktioniert. Sie möchten am liebsten sofort mit dem nächsten vernünftigen Schritt weitermachen. ST-Schüler sind Tatmenschen, die praktische Lösungen für die unmittelbar anstehenden Probleme suchen. Sie sind in der Lage, in Schrift und Sprache direkt zum Kern des Problems vorzudringen, und vermeiden am liebsten jede Verzögerung.

Die Stärken der ST-Schüler sind zum einen ihre Fähigkeit, sich der tatsächlich gerade zu erledigenden Aufgabe zu widmen, und zum anderen ihre Konzentration auf greifbare Ergebnisse. Sie sind hochgradig aufgabenorientiert und daher besonders gut geeignet für Gruppen, die bestimmte Arbeiten in einer bestimmten Zeit erledigt haben wollen. Sie sind gut organisiert, meisterhaft im Zusammenstellen von Fakten und haben einen hervorragenden Blick für Details. Sie sind pragmatisch, stets auf der Suche nach einfachen, aber brauchbaren Lösungen, und besitzen die Fähigkeit, Schwierigkeiten mit einem gesunden Realismus zu begegnen.

Auf der anderen Seite können ST-Schüler unflexibel, dogmatisch und stur sein und unfähig, sich veränderten Gegebenheiten anzupassen. Uneindeutige und unklare Situationen ertragen sie nur in beschränktem Maße, was dazu führt, dass sie möglicherweise schon „loslegen", bevor sie alle Konsequenzen bedacht haben. Bei komplizierten Sachverhalten neigen sie gelegentlich dazu, zu stark zu vereinfachen; Möglichkeiten, die sich über die bekannten Tatsachen hinaus abzeichnen, nehmen sie oft überhaupt nicht wahr. Ihnen ist es so wichtig, immer genau zu wissen, was „richtig" und „falsch" ist, dass sie die Grauzonen überhaupt nicht sehen können, in denen man die Wahrheit meistens finden kann.

Vorstellungen und Dingen, die von ihnen nicht sofort mit ihren Sinnesorganen überprüft werden können, begegnen sie mit großem Misstrauen. Aufgrund ihrer hohen Aufgabenorientierung übersehen sie außerdem möglicherweise die Gefühle derjenigen, mit denen sie zusammenarbeiten.

Die richtige Lernatmosphäre für einen ST besteht in einer organisierten, systematisierten und handlungsorientierten Umgebung, in der jemand klare Anweisungen erteilt. Auch tätiges Engagement in einer sinnvollen Arbeit ist hilfreich. Das Unterrichtsklima ist für einen ST-Schüler dann produktiv, wenn es wohldefinierte Inhalte und Methoden sowie geordnete und strukturierte Materialien gibt. Der Schwerpunkt liegt beim Unterrichten auf einer aktiven und unabhängigen Vorgehensweise.

ST-Schüler „gedeihen" am besten, wenn sie konkrete Erfahrungen über ihre fünf Sinne vermittelt bekommen. Sie sind sofort motiviert, wenn sie die praktische Anwendbarkeit des Gelernten entdecken und die neu gewonnenen Erkenntnisse sofort umsetzen können. So lernen STs dann auch am besten, wenn sie die Nützlichkeit des Stoffes unmittelbar einsehen.

Spiele mit klaren Regeln und viel „Action" sind für ST-Schüler faszinierend. Im Unterricht sollte die Betonung stets darauf liegen, grundlegende Fertigkeiten zu beherrschen bzw. das Gelernte unmittelbar anzuwenden. Wiederholung, Drill, Auswendiglernen, „programmiertes Lernen", Arbeitsbücher, Computerprogramme, Demonstrationen, Exkursionen und die Möglichkeit direkter Erfahrung sind die Methoden, die am besten funktionieren. Kurz gesagt, ein ST-Schüler braucht wohldefinierte Handlungsanweisungen mit unmittelbar greifbaren Ergebnissen.

SF-Schüler

„Was werden wohl die Leute sagen – in diesen Worten steckt die Tyrannei der Welt, die ganze Zerstörung unserer natürlichen Veranlagung, die verbogene Vision unseres Denkens. Diese sechs Wörter herrschen überall."[4] Ja, in diesen sechs Wörtern steckt – in vollem Bewusstsein auch der gegenteiligen Konsequenzen – ein hohes Bewusstsein für soziale Verantwortung, moralisches Feingefühl und ethisches Handeln. SF-Schüler spüren diese Spannung schon von klein auf. Sie suchen nach Mentoren, denen sie nacheifern können, bemühen sich um angemessene und akkurate Handlungsweise und arbeiten gewissenhaft an der Erfüllung ihrer Aufgaben. SF-Schüler sind umgänglich, freundlich und beziehungsorientiert. Sie haben ein hoch entwickeltes Gespür für ihre eigenen Gefühle und die anderer Menschen. Lieber lernen sie alles, was direkt mit Menschen und ihrem Leben zu tun hat, als irgendwelche unpersönlichen Fakten und Theorien.

SF-Schüler gebrauchen ihre Sinne zur Wahrnehmung und nehmen Daten aus ihrer Umgebung auf, die sie für nützlich halten. Ihre Entscheidungen treffen sie eher auf der Grundlage persönlicher Zu- oder Abneigung als durch „objektive", aber unpersönliche Logik. Tatsachen interessieren sie nur, insofern diese etwas mit Menschen zu tun haben. Diese Funktionenkombination bringt Schüler hervor, die menschliches Verhalten scharf beobachten und großes Interesse und Einfühlungsvermögen für andere an den Tag legen.

SF-Schüler lernen auf sehr persönliche Weise. Wenn sie sich in den Lernprozess emotional hinein geben können, lernen sie am besten. Sie sind oft spontan und reagieren direkt auf Impulse oder gehorchen ihren momentanen Gefühlen. Sie haben großes Interesse an Menschen und hören und reden gern über andere Leute und deren Empfindungen. SF-Schüler sind bereit zu helfen, aber sie brauchen es, dass man ihre Bemühungen anerkennt. Daher reagieren sie, mehr als jeder andere Typ, am besten auf persönliche Aufmerksamkeit.

Besonders die Extravertierten unter ihnen haben es gern, wenn sie laut denken, mit anderen Schülern zusammenarbeiten und Reaktionen von Freunden erwarten können. Sie schätzen die Kooperation mit anderen. Oft finden sie es schwer zu arbeiten, wenn sie nicht wenigstens etwas Unterstützung, Anerkennung oder Lob erfahren. SF-Schüler lassen sich in hohem Maße durch ihre Zu- oder Abneigung gegenüber anderen beeinflussen. Es kommt vor, dass sie eine Aufgabe eher deswegen erfüllen, weil sie dem Lehrer gefallen wollen, als dass sie irgendein persönliches Interesse daran hätten.

Bei der Lösung von Problemen wird das Vorgehen eines SF-Schülers sehr stark von persönlichen Werten und Lebenserfahrungen beeinflusst. SF-Schüler sind in der Lage, Informationen unberücksichtigt zu lassen oder abzulehnen, die mit ihren Lebenserfahrungen nicht übereinstimmen. Sie lassen sich von ihrem Harmoniebedürfnis und Gruppensituationen leiten, um sachdienliche Informationen zur Problemlösung zu bekommen. Wegen ihres großen Einfühlungsvermögens für die Gefühle anderer kommen SF-Schüler am besten mit der Arbeit an Problemen im zwischenmenschlichen Bereich zurecht.

Die Stärke von SF-Schülern ist eindeutig ihr Interesse an anderen Menschen. Sie haben nicht nur ein Gespür für ihre eigenen Gefühle, sondern auch für die Sorgen ihrer Gegenüber; sie besitzen die Fähigkeit, viele verschiedene Standpunkte anzuhören und in ihre Erwägungen einzubeziehen. SF-Schüler arbeiten am besten im Team; sie wissen, was nötig ist, um die Beweglichkeit und das Wachstum einer Gruppe zu erleichtern. Man vertraut ihnen, denn sie zeigen Gefühl, sind spontan und geben ihre Empfindungen ehrlich wieder.

Doch es gibt auch gewisse Anfälligkeiten. Gerade weil für sie das Gefühlsleben eine so große Rolle spielt, sind sie sehr leicht verletzt und können übermäßig emotional reagieren. Sie sind kaum in der Lage, ihre Arbeit von ihrer Person zu trennen, und verstehen daher auch konstruktive Kritik oft als Angriff auf ihren Wert als Person. Weil sie auf das, was andere denken und empfinden könnten, so viel Wert legen, sind sie manchmal unfähig, sich durchzusetzen, ihre eigene Meinung auszudrücken, ihre Ansichten zu vertreten und Verantwortung oder Leitungsaufgaben zu übernehmen. Häufig fällt es ihnen schwer, vorauszuplanen und objektiv zu bleiben oder die Fakten abzuwägen, bevor sie nach ihrem Gefühl handeln. Das führt gelegentlich dazu, dass sie ihre Arbeit zerstreut, unstrukturiert oder sogar schlampig erledigen. Manchmal fällt es SF-Schülern sogar schwer, ihr Handeln zu rechtfertigen oder ihre Beweggründe zu erklären.

SF-Schüler lernen am besten in einer freundlichen, warmen, von gegenseitiger Unterstützung und Interaktion geprägten Atmosphäre, die dazu ermutigt, einander persönliche Gedanken, Gefühle und Erfahrungen mitzuteilen. SF-Schüler müssen sich entspannt, bequem und einfach wohl fühlen, um lernen zu können. Sie profitieren am meisten von Unterrichtsmethoden, die die Betonung auf kooperatives Vorgehen in kleinen Gruppen legen, in denen die Lernenden untereinander ihre Vorstellungen und Materialien austauschen können.

SF-Schüler kommen auf die besten Gedanken, wenn sie sich mit anderen unterhalten und/oder ihnen zuhören können. Es fällt ihnen oft schwer, mit einem Projekt anzufangen, besonders wenn es nichts mit ihnen persönlich zu tun hat oder wenn sie es ganz allein durchführen müssen.

Aktivitäten in der Gruppe machen ihnen ebenso viel Freude wie Spiele, in denen viel „passiert", bei denen jeder mitwirken kann und niemand verliert. Weitere Aktivitäten, zu denen sich SF-Schüler hingezogen fühlen, sind die Teilnahme an Gesprächsrunden, die Lektüre von Erzählungen, in denen es um Menschen und ihre Gefühle geht, das Reden und Schreiben über Dinge, die sie gerne tun, oder die Arbeit an Gruppenprozessen. Gern studieren sie auch Kunst und Musik, weil dies ihnen erlaubt, Empfindungen auszudrücken.

Auch wenn SF-Schüler Gruppenaktivitäten brauchen, um ihr Einfühlungsvermögen weiterzuentwickeln, benötigen sie genauso dringend Zeiten und Möglichkeiten, sich selbst besser kennen zu lernen. Das verschafft ihnen die notwendigen Gelegenheiten, ihre Einstellungen und Werte im Hinblick auf andere zu erforschen, zu ändern und zu entwickeln.

Gerade weil SF-Schüler die Zusammenarbeit mit anderen mögen, reagieren sie besonders empfindlich auf alle Signale der Zustimmung, Ablehnung oder gar Gleichgültigkeit. Die Meinung von Freunden beeinflusst sie weit mehr als die von Autoritäten. In ihrem Bestreben, mit der Gruppe zu kooperieren, kann es passieren, dass sie ihre eigenen Ideen und Ziele aus den Augen verlieren.

Die Beherrschung von Lerninhalten ist für sie zweitrangig gegenüber dem Ziel, harmonische Beziehungen mit anderen aufzubauen. SF-Schüler lernen am liebsten in Gruppenprozessen, persönlichen Freundschaften und Beziehungen, die von Sensitivität (wenn nicht gar Liebe) geprägt sind.

NF-Schüler

Richards Tochter, ihres Zeichens ENFP, hatte für die Schule eine wissenschaftliche Arbeit zu schreiben. Als Eltern wollten er und seine Frau nur das Beste für sie und taten darum alles, um ihr zu helfen, ein Konzept zu entwickeln. Doch sie widersetzte sich standhaft jedem elterlichen Versuch, die Sache logisch anzugehen. Schließlich sagten wir resigniert: „In Ordnung, schreib einfach hin, was dir gerade in den Sinn kommt!" Die Ideen sprudelten nur so hervor, der Strom der Worte und Gedanken floss endlich ungehindert. Natürlich musste das Material einige Male neu strukturiert werden, bevor das Ergebnis zufriedenstellend war; unsere Versuche, ihr Denken schon am Anfang in bestimmte Bahnen zu lenken, waren allerdings erfolglos geblieben. Sie musste die Möglichkeit zu uneingeschränkter Denkfreiheit haben, bevor sie etwas Schriftliches verfassen konnte. Heute schreibt sie einen sehr guten Stil, auch wenn sie niemals eine Gliederung macht oder ein Konzept benutzt. Aus ihren fertigen Werken ließen sich nachträglich Konzepte konstruieren – aber wozu sollte das sinnvoll sein?

Die typischen Merkmale von NF-Schülern sind ihre Neugier, ihre intuitive Einsicht, ihre Vorstellungskraft und ihre Kreativität. Sie wagen zu träumen, sind ihren Werten verpflichtet, offen für Alternativen und ständig auf der Suche nach neuen und ungewöhnlichen Wegen, sich selbst auszudrücken. Sie haben ein Gespür für Schönheit und Symmetrie und schätzen die Ästhetik, die die Welt um sie her für sie bereithält.

NF-Schüler nehmen die Dinge um sie her am liebsten über ihre Intuition wahr und sind hauptsächlich daran interessiert, jenseits des Gegenwärtigen, Offensichtlichen und Bekannten neue Möglichkeiten zu entdecken. Ihre Intuition erweitert ihren Verstehenshorizont, ihre Fähigkeit zu langfristigen Visionen, ihre Einsicht und Wissbegier, ihr Interesse an Zukünftigem, ihre Toleranz gegenüber mehrdeutigen oder unklaren Situationen und ihre Liebe zu Büchern. Da NF-Schüler ihre Entscheidungen bevorzugt nach ihren Gefühlen treffen, lenken sie ihre Intuition auf Menschen, Werte und künstlerischen Ausdruck.

Wenn NF-Schüler lernen, dann erforschen sie begierig jede Vorstellung und Idee, so weit sie kommen. Sie besitzen die Fähigkeit, neue Lösungen für Probleme zu entwickeln und moralische Dilemmas unvoreingenommen zu diskutieren. Ihre Interessen sind vielfältig und manchmal unvorhersehbar; sie haben an einer Unzahl von Dingen Vergnügen. NF-Schüler bevorzugen Tätigkeiten, bei denen sie ihre Vorstellungskraft gebrauchen und Dinge auf neue, unterschiedliche Weise erledigen können. Routine, rein mechanische Aufgaben und Fragen, bei denen sowieso schon alles klar ist, schrecken sie ab.

Wenn Aufgaben sie in irgendeiner Hinsicht interessieren, sind NF-Schüler schnell motiviert und fasziniert; diese Dinge werden dann erfinderisch und normalerweise auch gut erledigt. Arbeiten, die NF-Schüler nicht leiden können, werden möglicherweise ziemlich miserabel getan, wenn nicht sogar einfach vergessen. Wenn NF-Schüler sich erst einmal von einem Projekt faszinieren lassen, hat die Zeit keine Bedeutung mehr. Sie arbeiten nach einer „inneren Uhr" und fühlen sich daher häufig eingeengt oder frustriert, wenn sie äußere Regeln oder Stundenpläne einzuhalten haben.

Auch wenn NF-Schüler ein gutes Gespür für die Gefühle anderer haben, sind sie dennoch ziemlich unabhängig und nonkonformistisch.

Sie haben keine Angst davor, „anders" zu sein, solange sie ihre eigenen Impulse und die anderer Menschen noch beurteilen können. Sie sind offen für das Irrationale und lassen sich nicht durch Konventionen einengen. Wo die Intuition die Führung übernimmt, folgen NF-Schüler gerne; schrittweises Vorgehen dagegen engt sie ein und stößt sie ab. Sie finden lieber eigene Lösungen für die anstehenden Probleme oder Herausforderungen, als dass sie sich hineinreden lassen, was und wie etwas zu tun ist. Wenn NFs Probleme lösen, genießen sie die Sprunghaftigkeit ihrer Intuition; sie verlassen sich auf ihre unmittelbaren Einsichten und sind häufig nicht zufrieden, bis sie nicht einen neuen oder abweichenden Lösungsweg entdeckt haben. Manchmal schlagen NF-Schüler ziemliche Umwege ein, um zu ihrem Ziel zu gelangen. Es kann passieren, dass sie ein Problem gelöst haben, aber nicht erklären können, wie sie zu der Lösung gekommen sind.

NF-Schüler haben die Begabung, sich flink und gewandt veränderten Situationen anpassen zu können. Sie sind flexibel im Denken und im Handeln. Sie sind kreativ und meisterhaft darin, die Zeichen kommender Veränderung zu deuten; weniger als alle anderen Typen lassen sie sich von Änderungen der gewohnten Routine stören. Je weniger man lenkend in ihre Arbeit eingreift, desto angenehmer ist es für sie.

NF-Schüler sind oft mit einer großen Zahl von Aktivitäten gleichzeitig beschäftigt; sie wenden sich je nach Interessenlage oder Intuition mal der einen, mal der anderen zu. Daher wirkt ihre Arbeit auf andere nicht selten zerstreut oder gar chaotisch. Oft fangen sie mehr Projekte an, als sie zu Ende führen können.

NF-Schüler genießen es, neue Probleme zu lösen, besonders wenn es um das Wohl von Menschen geht. Sie sind wahre Meister im Vollziehen verzweigter und verzwickter Denkvorgänge und im Auffinden alternativer Lösungen. Häufig haben sie ungewöhnliche, einzigartige, erfinderische oder zumindest unerwartete Antworten parat. Manchmal sind sie jedoch mehr daran interessiert, die möglichen Lösungen zu einem Problem zu entwickeln, als daran, eine der Lösungen auszuwählen und wirklich anzuwenden. Ihr Interesse an der Zukunft – an dem, was sein und passieren könnte – macht sie fähig, hinter den Fakten und Details das größere Bild zu sehen. So können sie eine bestimmte Angelegenheit von vielen verschiedenen Blickwinkeln aus betrachten und unverwechselbare, kreative Lösungen entdecken.

NF-Schüler lassen sich nicht durch Konventionen einengen und sind offen für neue Ideen oder Vorgehensweisen. Sie sind idealistisch und stürzen sich mit wahrer Lust auf schwierige Probleme. Sie können andere mit ihrem Enthusiasmus und ihrer Hingabe mitreißen, wenn es ein Ziel zu erreichen gilt.

Die NF-Methode, Probleme anzugehen, ist zwar kreativ, aber andererseits auch manchmal unrealistisch und lässt das pragmatische Urteil vermissen. Im widrigsten Falle sind NF-Schüler unfähig, Probleme realistisch anzugehen. Selten sind sie damit zufrieden, was vorhanden ist; am liebsten würden sie immer irgendetwas verändern. Sie können eine gute Idee nach der anderen haben, aber unfähig sein, eine davon in die Tat umzusetzen. NF-Schüler sind leicht zu begeistern und meist in mehr Projekte verwickelt, als sie jemals zu Ende führen können. Zeit zu planen und zu strukturieren, bereitet ihnen große Schwierigkeiten. Oft werden die wichtigsten Dinge übersehen oder verschoben, obwohl sie heute erledigt werden müssten.

NF-Schüler lernen am besten in einer flexiblen und innovativen Atmosphäre, in der es möglichst wenige Restriktionen und viele verschiedene Dinge zu tun gibt. Auch Prämien für individuelle Lernerfolge oder neue Problemlösungen sind wirkungsvoll. Für NF-Schüler liegt die Betonung im Unterricht darauf, Neugierde und Kreativität zu fördern und die persönlichen Werte abzuklären.

NF-Schüler brauchen stets eine ganze Reihe von Optionen, die sie verfolgen können. Alles, was ihnen erlaubt, ihre Intuition zu gebrauchen und ihre Gefühle auszudrücken, macht ihnen Spaß: sich selbst in Kunst, Musik u. Ä. ausdrücken, neue Dinge schaffen, Projekte nach den eigenen Interessen gestalten, lesen, gammeln, meditieren, tagträumen, der Fantasie freien Lauf lassen ...

NF-Schüler müssen ihre kreativen Fähigkeiten erforschen, um Wege zu finden, sich selbst auszudrücken und ihre Begeisterung und Inspiration mit anderen zu teilen. Zusätzlich müssen sie alles daran setzen, ihre eigene, unverwechselbare Seinsweise zu entwickeln. NF-Schüler zeigen großes Interesse an alternativen Glaubens- und Wertsystemen, an neuen Möglichkeiten und neuen Projekten.

NT-Schüler

Vor einiger Zeit hielten wir eines unserer Einführungsseminare zur Typologie. Wir taten unser Bestes, um durch all die konkreten Beispiele, die uns einfielen, jeden Punkt möglichst klar zu machen. Wir erzählten persönliche Geschichten, um die individuellen Unterschiede zu verdeutlichen. Zu jedem Buchstaben präsentierten wir anschauliche Karikaturen. Verschiedene Tätigkeiten sollten die wechselseitige Verwendung der Funktionen illustrieren. Doch schon bald wurden wir von einem NT unterbrochen, der uns frage: „Warum haben Sie nicht einfach gesagt, dass die Menschen die Welt verschieden wahrnehmen und ihre Urteile mittels unterschiedlicher Funktionen fällen? Und weiter: In welcher Beziehung steht dieser Ansatz zu den Theorien von Jung und Freud? Und müssen wir wirklich warten, bis Sie all diese anscheinend redundanten Beispiele durchgekaut haben?"

Für NT-Schüler ist besonders charakteristisch, dass sie an Theorien und an Wissenserwerb interessiert sind. Sie möchten intellektuell herausgefordert werden und die Dinge am liebsten für sich selbst durchdenken. Sie ziehen gern ihre eigenen Schlüsse und schätzen es gar nicht, wenn sie alles erklärt oder ausführlich demonstriert bekommen. Sie sind neugierig auf neue Ideen, ertragen mehrdeutige Situationen ohne Probleme, finden Gefallen an Theorien, hungern nach komplexen Problemen und zeigen Interesse an den langfristigen Konsequenzen einer Sache. Einzelheiten berücksichtigen sie nicht groß, Beispiele halten sie eigentlich für unnötig.

Durch ihre Neigung, die Welt durch die Brille ihrer Intuition zu sehen, haben NT-Schüler ein Interesse an abstrakten Ideen, an Möglichkeiten und an der Bedeutung der Dinge, die sich jenseits des Konkreten und Greifbaren verbirgt. Weil sie sich in ihren Entscheidungen auf ihren Verstand verlassen, sind die Denkprozesse der NTs eher logisch, analytisch, oft kritisch und meist unpersönlich. NT-Schüler lassen sich kaum durch etwas anderes überzeugen als durch vernünftige Argumente.

Schulaufgaben erledigen NT-Schüler logisch, strukturiert und systematisch. Menschen und Dinge werden gleichermaßen organisiert und systematisch behandelt. Sie nehmen sich die Zeit, jede Aufgabe zu planen und zu durchdenken, bevor sie sich an die Arbeit machen. Sie ordnen ihre Ideen und bestimmen, welche Mittel sie zur Erfüllung der gestellten Aufgabe benötigen.

NT-Schüler arbeiten gern unabhängig und benötigen kaum Rückmeldung, bis sie ihre Arbeit erledigt haben. Zeitdruck schätzen sie gar nicht. Wenn sie an einer interessanten Aufgabe arbeiten, ist Zeit für sie bedeutungslos. Auch komplizierte Aufträge werden sie mit großer Geduld und Ausdauer erfüllen – vorausgesetzt, es ist gelungen, ihr Interesse zu wecken.

NT-Typen sind an theoretischen Modellen, Entwürfen und Ideen interessiert. Tatsachen sind nur dann von Belang, wenn sie eine Theorie beweisen oder widerlegen können. NTs versuchen, Dinge und Vorstellungen zu verstehen, indem sie sie analysieren. Sie denken Dinge gern bis zum Ende durch und suchen nach logischen Beziehungen. Ihre Standardfrage ist „Warum?"; wenn sie darüber hinaus Fragen stellen, sind diese eher provokativ und weniger an Informationen oder Fakten interessiert.

NTs sind begeisterte Leser. Lernen steht für etwas anderes: In erster Linie geht es um abstrakte Symbole, Formeln, Schriften und technische Illustrationen – das sind die bevorzugten Quellen, um Daten zu sammeln. NT-Schüler haben gewöhnlich eine hohe sprachliche Begabung und erläutern ihre Vorstellungen ausführlich. Alles, was sie berühren, verwandelt sich in Worte, ob gesprochen oder geschrieben. Sie genießen es, Streitgespräche auf der Grundlage logischer Analyse zu führen. In Diskussionen fühlen sie sich oft in der Rolle des advocatus diaboli wohl oder sie vertreten mit Absicht einen gegenteiligen Standpunkt.

Korrekt zu sein, ist für NT-Schüler von großer Bedeutung. Sie bemühen sich um Perfektion, sind selbstkritisch und regen sich über Fehler auf – besonders über ihre eigenen.

Probleme, die gelöst werden müssen, gehen NTs geradezu mit Genuss an. Dieser Typ betrachtet ein Problem am liebsten von so vielen Seiten wie möglich, um dann mit größtmöglicher Genauigkeit seine Beobachtungen darzulegen. NT-Schüler suchen nach möglichst vielen alternativen Lösungen und lassen sich dabei auch durch komplizierte Sachverhalte nicht durcheinander bringen; in die konkreten Einzelheiten lassen sie sich gewöhnlich nicht sehr weit hineinziehen. Ihr Hauptinteresse ist, eine möglichst genaue Vorstellung aller einschlägigen Punkte und Probleme zu entwickeln, sodass sie die wahrscheinlichen Auswirkungen jeder vorgeschlagenen Lösung abschätzen können.

NT-Schüler stellen hohe Ansprüche an sich selbst und an diejenigen, mit denen sie zusammenarbeiten. Zu ihren besten Zeiten zeigen sie eine große Begabung darin, komplizierte Gedanken und Theorien zu analysieren und Gesetzmäßigkeiten und Beziehungen zwischen den verschiedenen Vorstellungen zu entdecken. Sie sind objektiv, können Informationen strukturieren, ihre Relevanz abwägen, Konsequenzen voraussehen und bereits Gelerntes in neuen Situationen anwenden. Ihre Ideen sind wohldurchdacht; Opposition ertragen sie standhaft. NT-Schüler sind geduldig und ausdauernd, forschen gern und fühlen sich wohl, wenn sie intellektuell herausfordernde Probleme angehen können.

Auf der anderen Seite können NT-Schüler im Umgang mit sich selbst und anderen auch übermäßig kritisch sein. Wenn sie ein Argument durchsetzen wollen, kümmern sie sich manchmal nicht um die Gefühle anderer. Wenn sie ihr Wissen anbringen, kann es passieren, dass sie das Gespräch völlig an sich reißen, weil sie sich in Abstraktionen ergehen, denen niemand sonst folgen kann. Gespräche können auf diese Weise zu reinen Vorträgen werden.

NT-Schüler neigen dazu, über die Köpfe der Leute hinweg zu reden anstatt mit ihnen. Außerdem zeigen sie gelegentlich wenig Toleranz gegenüber den Ideen anderer, vor allem, wenn sie nicht mit den eigenen Vorstellungen übereinstimmen. NT-Schüler können so sehr in ihrem eigenen Denken gefangen sein, dass sie die Argumente der anderen nicht mehr wahrnehmen und daher von der Zusammenarbeit mit ihnen auch nicht profitieren.

NT-Schüler blühen in einer intellektuell anregenden Atmosphäre auf, in der sie zu kritischem und analytischem Denken und zur ständigen Verbesserung ihrer Argumentationsfähigkeit herausgefordert sind. Beim Unterrichten sollte die Betonung für NT-Schüler auf den unabhängigen und kreativen Aspekten des Lernens liegen; dieser Typ lernt am liebsten durch Forschung und Experimente.

NT-Schüler brauchen die Freiheit, ihre eigenen Interessen zu bestimmen und an der Auswahl der Lernmethoden mitzuwirken. Außerdem möchten sie genügend Zeit und Mittel zur Verfügung haben, um ihre eigenen Ideen zu entwickeln. NTs haben Freude an allen Dingen und Projekten, die ihre Intuition und ihren Verstand beanspruchen: sich mit aktuellen Themen beschäftigen, an unabhängigen Forschungsprojekten teilnehmen, theoretisieren, Vorlesungen besuchen, bei Planspielen mitwirken, neue Ideen aussprechen und diskutieren – und an Projekten arbeiten, die Intuition und Denken erfordern.

Wie unterrichtet man effektiv?

Genauso wie ihre Schülerinnen und Schüler unterscheiden sich auch die Lehrerinnen und Lehrer voneinander. Sie zeigen verschiedene Präferenzen für bestimmte Unterrichtsstile. Von Lehrern, die am Anfang ihres Berufes stehen, ist zu erwarten, dass sie sich selbst kennen und einen Stil wählen, der ihrem eigenen Typ entspricht. Wenn sie beruflich erfahrener und persönlicher reifer werden, fühlen sie sich herausgefordert, möglichst viele Stile im Repertoire zu haben, um sich auf die unterschiedlichen Bedürfnisse ihrer Schülerinnen und Schüler einstellen zu können.

Gute Lehrer sind es gewohnt, die durch Alter, Geschlecht und Fähigkeiten bedingten Unterschiede zu berücksichtigen. Wir empfehlen zusätzlich, dass sie eine größere Bandbreite von Unterrichtsstilen verwenden, damit die Schüler in ihrer Entwicklung eine Reihe möglicher Vorgehensweisen erfahren können. Die Typentheorie bietet einen Rahmen, anhand dessen Lehrer ihre Unterrichtsstile entwickeln und die Effektivität ihres Unterrichts auf neue Weise beurteilen können.[5]

ST-Lehrer

So kann zum Beispiel, grundsätzlich gesprochen, ein ST-Lehrer gut mit Fakten umgehen und sie im Gedächtnis behalten. Dieser Typ wird in Wort und Schrift direkt auf den Kern einer Sache kommen; seine Unterrichtsmethoden und Aufgaben wird er strukturiert und schrittweise vollziehen. ST-Lehrer sind zielorientiert und konzentrieren sich auf sofortige und greifbare Ereignisse. Sie wissen, was zu tun ist, und führen dies auch mit hoher Akkuratesse durch. In ihrem Unterrichtsstil geht es um das sichere Beherrschen von Inhalten und Spielregeln. Solche Lehrer sind praktisch, ordentlich, kümmern sich um Details und sind gewissenhaft auf die Einhaltung von Methoden und Regeln bedacht.

SF-Lehrer

SF-Lehrer sind eher spontan und reagieren auf Impulse; sie bauen in ihren Unterricht ein, was „ein gutes Gefühl gibt". Sie sind sich der Gefühle anderer bewusst, können ihren eigenen Empfindungen Ausdruck verleihen und treffen ihre Urteile je nach persönlicher Zu- und Abneigung. Im Unterricht vermitteln sie den Stoff über zwischenmenschliche Interaktion und persönliche Erfahrungen. Sie fühlen sich bei Tätigkeiten wohl, bei denen sie Gefühle ausdrücken können, und können andere Menschen durch ihre persönliche Ausstrahlung im Gespräch überzeugen. Sie sind scharfe Beobachter der menschlichen Natur und an anderen Menschen stark interessiert, wenn sie nicht sogar in ihrem Namen handeln. SF-Lehrer verwenden einen interaktiven Unterrichtsstil; sie besitzen Einfühlungsvermögen und Takt, tragen Sorge für andere und setzen alles daran, Harmonie und Zusammenarbeit zu fördern.

NF-Lehrer

Der NF-Lehrer ist prozessorientiert; ihn interessieren die Zukunft und die Lösung von Problemen, die das menschliche Wohl betreffen. Ein NF kann gut Fakten und Details interpretieren, um dahinter das größere Bild, den größeren Zusammenhang zu entdecken. NF-Lehrer können Ideen auf neue und ungewöhnliche Weise ausdrücken und Aufgaben auf eine suchende, forschende Art und Weise angehen. Sie können sich schnell neuen Situationen anpassen und ihr Vorgehen entsprechend leicht ändern. Kreativität, Schönheit, Symmetrie und Form spielt für sie eine große Rolle. NF-Lehrer verwenden einen forschenden Unterrichtsstil; solche Lehrer sind kreativ, begeisterungsfähig, zukunftsorientiert und legen viel Wert auf Originalität, Flexibilität und Harmonie mit anderen.

NT-Lehrer

Der NT-Lehrer ist an Ideen, Theorien und Konzepten interessiert. Dieser Typ kann selbst große Informationsmengen strukturieren und in eine Ordnung bringen. NT-Lehrer nehmen sich die Zeit, ihre Handlungen sorgfältig zu planen und mögliche Konsequenzen zu überdenken. Sie wägen Für und Wider ab und treffen ihr Urteil auf der Grundlage rationaler Überlegungen. NT-Lehrer vermitteln ihren Stoff weniger durch unmittelbare Anschauung oder Beispiele, sondern eher „stellvertretend" durch Bücher und andere abstrakte Formen; sie fühlen sich wohl,

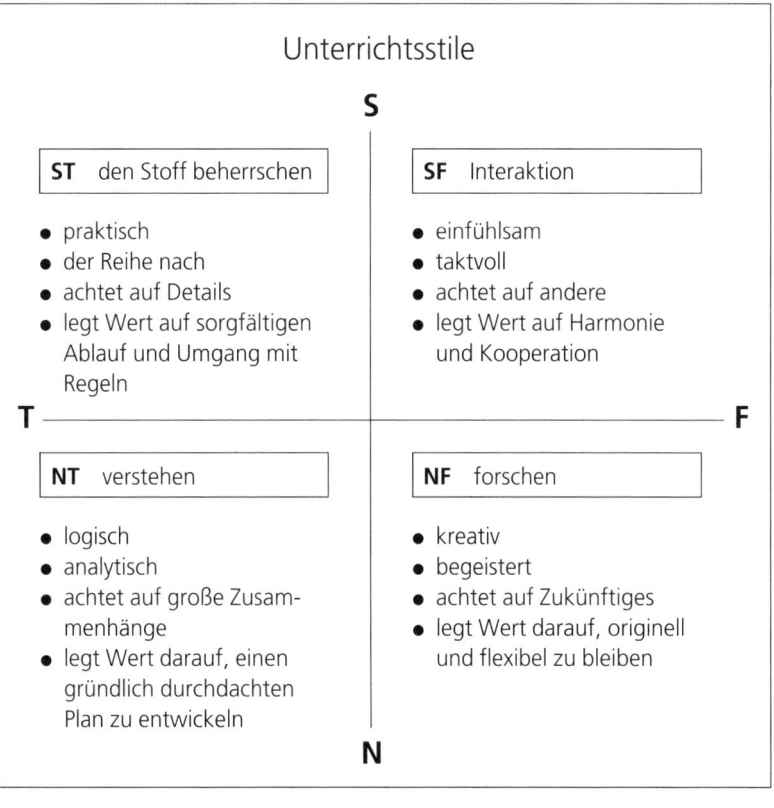

Unterrichtsstile

S

ST den Stoff beherrschen	**SF** Interaktion
• praktisch	• einfühlsam
• der Reihe nach	• taktvoll
• achtet auf Details	• achtet auf andere
• legt Wert auf sorgfältigen Ablauf und Umgang mit Regeln	• legt Wert auf Harmonie und Kooperation

T ——————————————————————— F

NT verstehen	**NF** forschen
• logisch	• kreativ
• analytisch	• begeistert
• achtet auf große Zusammenhänge	• achtet auf Zukünftiges
• legt Wert darauf, einen gründlich durchdachten Plan zu entwickeln	• legt Wert darauf, originell und flexibel zu bleiben

N

wenn das, was sie tun, analytisches Denken erfordert. Der Unterrichtsstil der NT-Lehrer zielt auf das Verstehen ab; solche Lehrer sind analytisch, nachdenklich und haben ihren Blick immer auf den größeren Zusammenhang gerichtet; ihre Sorge gilt der Entwicklung durchdachter und wohlüberlegter Pläne.

Diese unterschiedlichen Stile führen zu ziemlich unterschiedlichen Lehrmethoden. Je nach Bedarf lassen sich unterrichtsbegleitende Fort- und Weiterbildungsmaßnahmen entwickeln, um schließlich zu einer möglichst großen Bandbreite von Unterrichtsstilen zu gelangen.

Wir erkennen außerdem, dass die Kenntnis der persönlichen Typen-Präferenzen eine Folie bietet, auf deren Hintergrund wir Schüler und Studenten besser beurteilen können; dies betrifft sowohl ihre Motivation zu akademischer Arbeit als auch potenzielle Einschränkungen oder Blockaden.

In Übereinstimmung mit den Erwartungen der Typentheorie weisen die Typeneinordnungen Beziehungen zu drei Aspekten auf, die bei der Erziehung eine Rolle spielen: Begabung, Anwendung und Interesse. So wird zum Beispiel eine Präferenz zur Introversion (Interesse an Konzepten und Ideen), verknüpft mit einer Neigung zur Intuition (Interesse an Symbolen, Vorstellungen und Theorien), die akademischen Erfolge eines Menschen unterstützen. Kommt dann unter gleichen Voraussetzungen noch eine J-Präferenz (Beurteilung) hinzu, werden sie sich wahrscheinlich noch bereitwilliger an die Erledigung gestellter Aufgaben machen, selbst wenn diese Aufgaben als solche weniger interessant sind.

Die Typentheorie ist ein Weg, die Stärken der verschiedenen Unterrichtsstrategien nutzbar zu machen, die Verwaltung zu verbessern und das Bewusstsein von Lehrern und Mitarbeitern zu schärfen. All diese Faktoren tragen zusammen dazu bei, für das Lernen eine Umgebung zu schaffen, die die Kreativität und Produktivität des gesamten Bildungssystems verbessert.

„... Eltern sein dagegen sehr" – Erziehung als Herausforderung

Was machen unternehmungslustige, extravertierte Eltern mit ESFP-Präferenzen, wenn sich ihr eigensinniger INTJ-Sprössling gern stundenlang in seinem Zimmer vergräbt? Im besten Fall tolerieren oder akzeptieren sie das Bedürfnis ihres Kindes, ohne von ihm zu verlangen, dass es seinen eigenen „Stil" aufgeben muss. In vielen Familien müssen Eltern erst lernen, dass ihre Kinder eigene Präferenzen und einzigartige Gaben besitzen, die nicht immer mit ihren eigenen harmonieren.

Wir kennen das aus unseren eigenen Familien. Als Richards Tochter erfuhr, dass sie die einzige „S" in einem Haushalt voller „N"s war, erklärte sie: „Jetzt weiß ich, warum ihr mir niemals klare Antworten gebt. Ihr könnt das nicht!" Unsere Gespräche sind seitdem viel ergiebiger. Wir versuchen absichtlich, uns genauer auszudrücken, und sie kämpft darum, unsere Verallgemeinerung besser zu verstehen.

Was sollen Eltern tun, wenn sie entdecken, dass ihre Kinder einzigartig sind – und womöglich ziemlich anders als sie selbst? Als Erstes können sie sich freuen und feiern, dass ihre Sprösslinge einzigartige, unverwechselbare Geschöpfe sind und werden. Reiners Tochter Natalia plante die anstehende Geburtstagsparty für ihren introvertierten Vater. „Wie viele Leute hast du eingeladen? Hast du schon alle Einladungen verschickt? Was soll ich für einen Kuchen backen?" Ihre Fragen strömten, ihre Ideen wucherten wie wild. Ihr introvertierter Vater lächelte nur, nickte zustimmend und blieb ruhig. Natalias introvertierte Mutter rief dazwischen: „Für meinen Geburtstag plane bitte ein ruhiges Fest. Nur Familie. Bitte, bitte keine Gäste."

Jeder Vater, jede Mutter kann aus der Beobachtung der eigenen Sprösslinge großen Gewinn ziehen und jedes Kind kann gerade aus der Verschiedenheit, die die anderen Familienmitglieder an den Tag legen, eine ganze Menge lernen. Das Selbst-Verständnis aller wird gefördert, ebenso die Möglichkeit, eine Umgebung – im physischen wie im psychologischen Sinn – aufzubauen, in der das Kind seine Präferenzen erforschen und erproben kann und Eltern wie Kinder voneinander lernen können.

Erfolgreiche Elternschaft schließt unbedingt die Akzeptanz der Einzigartigkeit und Verschiedenheit der eigenen Kinder mit ein. Jeder Versuch, Kinder zu etwas zu machen, was sie nicht sind, oder sie zu zwingen, Funktionen zu nutzen, für die sie keine Präferenz zeigen, ist nur frustrierend für alle Beteiligten – Kinder wie Eltern. Piagets Warnung vor dem „amerikanischen Trugschluss", man könne in die Entwicklung eines Kindes eingreifen (s. o.), gilt hier genauso. Erlauben Sie der Natur, sich zu entfalten. Die grundsätzliche Selbstannahme dieser ersten Jahre wird Ihr Kind dann wahrscheinlich ein Leben lang begleiten.

Kleine Kinder sind in ihrem Typ noch undifferenziert und sollten von ihren Eltern daher ermutigt werden, ihre Präferenzen herauszufinden. Jugendliche werden versuchen, ihre dominante Funktion stärker auszubauen, sodass sie jedem Angriff auf diese sich entwickelnde Präferenz mit sehr viel Widerstand begegnen werden. Eltern sollten dafür Sorge tragen, dass sie die Suche ihrer Kinder nach Identität durch ihre Erziehung fördern und unterstützen, statt ihre Kinder in vorbestimmte Schubladen zu stecken.

Darüber hinaus müssen sich Eltern fragen: „Mit welcher Art von Kind habe ich es gerade zu tun?" Die Kenntnis der Persönlichkeitstypen kann bei der Antwort helfen. Da jedes Kind bestimmte Präferenzen zeigt, seien sie schon ausdifferenziert oder nicht, werden verantwortungsbewusste Eltern in einer Weise reagieren, die die Entwicklung des Kindes und die gegenseitige Beziehung fördert und erleichtert. Das ist keine leichte Aufgabe, besonders wenn wir als Eltern ziemlich gefestigte Präferenzen haben und gelegentlich völlig hilflos der Frage gegenüberstehen, „wo das Kind das nur her hat".

Ein klares Verständnis unserer eigenen Persönlichkeit hilft uns dabei, gute Eltern zu sein. Wir können unsere eigenen blinden Flecken leicht entdecken und mit unseren Präferenzen in Einklang kommen. Das ist notwendig. Von diesem Punkt aus können wir angemessen auf das Verhalten unserer Kinder reagieren.

Modelle spielen in unser aller Leben eine große Rolle. Wir brauchen modellhafte Personen, Geschichten und Bilder, um unser Leben entwerfen und gestalten zu können. Dies trifft besonders für die Zeit der Entwicklung, für das Kindesalter zu. Wenn Kinder das Universum der verschiedenen Möglichkeiten erforschen und sich von anderen zu unterscheiden versuchen, brauchen sie Modelle und Bilder, an denen sie sich orientieren können.

Wir erzählen den Kindern Geschichten – nicht nur, um sie zu unterhalten, sondern auch, um sie zu lehren, zu leiten und ihren Horizont zu erweitern. Die Bestimmung von Typendifferenzen in anderen Bereichen erlaubt uns und unseren Kindern, Eigenschaften, Merkmale und Verhaltensweisen zu differenzieren. Dafür steht eine große Vielfalt von Geschichten zur Verfügung, vor allem aber die Märchen.

Wir möchten nun einige bekannte Märchen Revue passieren lassen, in denen bestimmte Typenmerkmale besonders deutlich zum Tragen kommen. Auch Kinder können die Unterschiede zwischen den verschiedenen Charakteren erkennen. Wir werden diese Verhaltensunterschiede einfach nach der Psychologischen Typentheorie bestimmen und einordnen.

Märchen erzählen vom Reifwerden

Märchen enthüllen viele Aspekte der verschiedenen Typen. Wir möchten Ihnen an dieser Stelle einige vorstellen, die Typenmerkmale besonders gut veranschaulichen können. Märchen sind dabei oft nicht zimperlich und stoßen uns immer wieder auch auf weniger positive Aspekte unseres Typs, um uns unterhaltend zu einem besseren Selbst-

Verständnis zu führen. Vielleicht ist sogar Ihr Lieblingsmärchen dabei und Sie erkennen sich wieder?

ST oder ich sehe was, was du nicht siehst

Wir beginnen mit der Betrachtung der klaren und realistischen Denkweise eines ST. Ein gutes Beispiel dafür ist das Kind in Hans Christian Andersens Märchen „Des Kaisers neue Kleider". Dieses Märchen verweist auf die Notwendigkeit klarer Wahrnehmungen und Beurteilungen. Außerdem veranschaulicht es die üblichen Fallstricke und Abhängigkeiten von NFs, NTs und SFs. Menschen mit einer starken NF-Präferenz werden leicht zur Beute von Illusionen und Fantastereien; schnell entschweben sie in eine Fantasiewelt. NTs verstricken sich häufig in Gedankenspielereien und mischen sich in das Denken anderer Leute ein. Solche Menschen sind natürlich nicht notwendigerweise bösartig oder übel gesinnt, sie genießen es nur, ihre Fähigkeiten gebrauchen zu können. SFs lassen sich in ihrer Handlungsweise viel zu oft von anderen leiten; Gruppendruck kann genauso dafür verantwortlich sein wie ihr eigener Wunsch, anderen zu gefallen. In Andersens beliebtem Märchen ergeben sich daraus allerhand Verwicklungen:

Vor vielen Jahren lebte ein Kaiser, der hübsche Kleider so über alle Maßen liebte, dass er all sein Geld dafür ausgab, um recht geputzt zu sein. Der Kaiser war wohl ein NF, der ein ideales Opfer für die beiden NT-Betrüger abgab. Diese NT-Betrüger *gaben sich als Weber aus und sagten, sie verständen den schönsten Stoff zu weben, den man sich denken können. Nicht allein die Farben und das Muster wären außerordentlich schön, sondern die Kleider, die aus diesem Stoff genäht würden, hätten die erstaunliche Eigenschaft, dass sie für jeden Menschen unsichtbar blieben, der nicht für sein Amt tauge oder der unverzeihlich dumm sei.* Unnötig zu erwähnen, dass der Kaiser begeistert anbiss.

Nachdem die „Weber" einige Zeit an ihren Webstühlen „gearbeitet" hatten, wollte der Kaiser gern wissen, wie weit sie gediehen seien. Als er daran dachte, dass die Gewebe nur für diejenigen sichtbar waren, die für ihr Amt taugten, wurde ihm *schon ein bisschen wunderlich ums Herz.* Typisch für einen NF: Die Wirklichkeit zu prüfen, überlassen wir lieber anderen und wer könnte das besser als der bewährte Minister? Und so sandte der Kaiser seinen „alten, ehrlichen Minister" zu den Webern, um zu beurteilen, ob sie Fortschritte machten.

So ging denn der alte, brave Minister – seines Zeichens SF, vielleicht ISFJ – *in den Saal, wo die beiden Betrüger saßen und an den leeren Webstühlen arbeiteten. „Gott im Himmel!", dachte der alte Minister und sperrte die Augen auf, „ich kann ja nichts sehen!"* Seine S-Wahrnehmung funktionierte sehr gut, jedoch sagte er nicht, was er wahrgenommen hatte. Seine Entscheidung war eher davon abhängig, was andere von ihm denken könnten – sein F hat voll die Kontrolle übernommen. Die Betrüger mussten dem SF-Minister noch ein paar Anstöße und Erläuterungen geben, damit dieser dem Kaiser schließlich von all den wundervollen Farben und Mustern berichten konnte, die er ja gar nicht gesehen haben konnte.

Das Märchen berichtet dann, wie sich der ganze Rest des Reichen täuschen lässt – bis auf den kleinen Helden, das ST-Kind, das seine deutliche Wahrnehmung auch klar wiedergibt: *Aber er hat ja gar nichts an!* Beachten wir, dass ein ST sich nicht mit langen Erklärungen oder zusätzlichen Kommentaren aufhält. Allein die Fakten zählen – und wir haben eine wunderschöne Geschichte mit einer treffsicheren Pointe.

ST oder einer von uns muss nüchtern bleiben

Ein ST versteht etwas von Kalkulation. In dem Märchen „Die Prinzessin auf der Erbse" erfindet die scharfsinnige ST-Königin einen schnellen (und für STs typischen) Test, um herauszufinden, ob es sich bei der fremden Prinzessin wirklich um eine wahre Prinzessin handelt: *Sie ging in die Schlafkammer hinein, nahm alle Betten ab und legte eine Erbse auf den Boden der Bettstelle; darauf nahm sie zwanzig Matratzen und legte sie auf die Erbse und dann noch zwanzig Eiderdaunendecken über die Matratzen. Darauf musste nun die Prinzessin eine ganze Nacht liegen.*

Trotz eines von seiner Prinzessinnensuche enttäuscht zurückgekehrten melancholischen Sohns, trotz nächtlicher Unwetter und einer durchweichten wildfremden Person im Haus behält die alte ST-Königin einen kühlen Kopf. Sie organisiert umgehend ein Zimmer für ihren Gast, 20 Matratzen, ebenso viele Daunenbetten und eine Erbse; sie packt selbst zu und verfolgt dabei im Stillen noch eine Strategie zur Wahrheitsfindung. Sie ist loyal, nüchtern und klärt die Lage zum Wohl ihrer Familie und des ganzen Königreiches. Kein Wunder, dass die von ihr eingesetzte Erbse schließlich ins Museum kommt, wo sie bestaunt werden kann.

ST oder vom Wünschen versteh' ich nichts

Ein ST kann durchaus mit der gegenwärtigen Situation zufrieden sein und glücklich in den Tag hinein leben. Beobachten wir den Fischer im plattdeutschen Märchen „Vom Fischer und seiner Frau":
Dar wöör maal eens en Fischer un sine Fru, de woonden tosamen in'n Pißputt, dicht an de See un de Fischer güng alle Dage hin un angelt: un he angelt

un angelt. So seet he ook eens by de Angel und sieht jümmer in das blanke Wasser henin: un he seet un seet. Do güng de angel to Grund, deep runner, un as he se heruphoold, so hoold he enen grooten Butt herutt.

Do sächd de Butt to em: Hör mal, Fischer, ick bidd dich, laat my lewen, ik bün keen rechten Butt, ik bün 'n verwünschten Prins. Wat helpt dich dat, dat du mich doot maakst? Ik würr dir doch nicht recht shmecken; sett mich wedder in dat Water un laat mich swimmen." – „Nu", sächd de Mann, „du brukkst nich so veel Wöörd to maken, eenen Butt, de spreken kann, dor will ik nix met to doon hebben, ik wil dich woll swimmen laten." Mit des sett't he em wedder in dat blanke Water.

Der Fischer, der nichts mit so einem mystisch sprechenden Fisch zu tun haben will, ist offensichtlich ein ST (vielleicht ein ISTP). Er geht nach Hause und erzählt seiner Frau, was sich zugetragen hat. Seine Frau ist empört über die vertane Chance und schickt ihn an die See zurück, damit ihm der Butt doch noch einen Wunsch erfüllt. *Wat schull ik mir wünschen?*, fragt der zufriedene ST, der nicht weiß, was er will. Und so geht die Geschichte weiter und weiter, mit ständig Bitten und erfüllten Wünschen – und dem Fischer, der immer zufrieden ist, mit dem was er hat. Schließlich werden die Wünsche der Frau doch zu groß und der Butt versetzt die beiden wieder in ihre ärmliche Ausgangslage. Ist denn unser ST-Fischer wenigstens jetzt wütend vor Enttäuschung oder Ärger? Nichts dergleichen. Der Fischer kehrt zu seiner Hütte zurück *un door sitten se noch bis up heut un düsen Dag.*

SF oder wie findet man eine wirkliche Prinzessin?

Das Märchen von der Prinzessin auf der Erbse gibt uns auch eine lebhafte Beschreibung einer SF-Traumfrau. Auf der Suche nach einer *wirklichen* Prinzessin reist der Prinz um die ganze Welt, konnte jedoch keine finden. *Immer war etwas, was nicht so ganz in Ordnung war.* So kehrte er *sehr traurig* und enttäuscht wieder nach Hause zurück. Da klopft in einer regnerischen Nacht eine leibhaftige SF-Prinzessin ans Schlosstor, charmant und tropfnass vom Scheitel bis zur Sohle: *Das Wasser lief ihr von den Haaren und Kleidern herunter.* Vielleicht kein königlicher, aber buchstäblich ein „sinnlicher" Anblick für den jungen Prinzen (und *den alten König,* der ihr *das Tor aufmacht,* sie also in die königliche Sphäre aufnimmt). Sie sieht alles andere als königlich aus und ist dennoch eine Prinzessin.

In der Nacht auf der Erbse erlebt sie ihre extrem entwickelte Funktion der Sinneswahrnehmung; dass sie mitten in der Nacht aufkreuzen und die komplette königliche Familie für ihre Person interessieren kann, zeigt ihr außergewöhnliches Gespür (F) für andere Menschen.

Die Prinzessin, getreu ihrem SF-Typ, kann in der Nacht kaum ein Auge zumachen und ist am nächsten Morgen *braun und blau am ganzen Körper* (S) und klagt der königlichen Familie sofort ihr Leid (F). Wahre Prinzessinnen sind SFs, denn so empfindlich kann niemand sein wie nur eine wirkliche Prinzessin.

SF oder was machst du da?

Dornröschen war *so schön, sittsam, freundlich und verständig, dass es jedermann, der es ansah, lieb haben musste.* Auch diese Prinzessin beweist die typische SF-Neugier für alles, was das Leben zu bieten hat, besonders als sie einmal allein im Schloss unterwegs ist.

Da lief es überhall herum, besah sich Stuben und Kammern, wie es Lust hatte, und kam endlich auch an einen alten Turm. Es stieg eine enge Treppe hinauf und gelangte zu einer kleinen Türe. In dem Schloss steckte ein verrosteter Schlüssel und als es ihn umdrehte, sprang die Türe auf. Da saß in einem kleinen Stübchen eine alte Frau und spann emsig ihren Faden. *„Guten Tag, du altes Mütterchen", sprach die Königstochter, „was machst du da?"*

Dornröschens großes Interesse an sinnlichen Wahrnehmungen sorgt dafür, dass es sich in den Finger sticht und in einen hundertjährigen Schlaf fällt. Am Ende wird, wie Sie wissen, unsere schlafende Schönheit ihrer SF-Funktion entsprechend mit einem Kuss aufgeweckt.

NT oder wie viel Tropfen sind im Meer?

Das logisch denkende und erfinderische „Hirtenbüblein" ist ein gutes Beispiel für einen NT-Helden, immer auf der Suche nach neuen Möglichkeiten, theoretischen Beziehungen und abstrakten Mustern.

Es war einmal ein Hirtenbübchen, das war wegen seiner weisen Antworten, die es auf alle Fragen gab, weit und breit berühmt. Der König des Landes hörte auch davon, glaubte es nicht und ließ das Bübchen kommen. Der König stellt drei Fragen, doch mit jeder Antwort gibt der NT-Hirtenjunge die Frage geschickt an den Fragesteller zurück. Die erste Frage des Königs ist: *„Wie viel Tropfen Wasser sind in dem Weltmeer?"* Der Junge gibt eine typische NT-Antwort: *„Herr König, lasst alle Flüsse auf der Erde verstopfen, damit kein Tröplein mehr daraus ins Meer lauft, das ich nicht erst gezählt habe, so will ich Euch sagen, wie viel Tropfen im Meere sind."* Einen solchen Damm kann der König natürlich nicht errichten lassen, also akzeptiert er die Antwort.

Dann fragt er: *„Wie viel Sterne stehen am Himmel?"* Das Hirtenbübchen sagt: *„Gebt mir einen großen Bogen weiß Papier"* und dann machte es mit der Feder so viel feine Punkte darauf, dass sie kaum zu sehen und fast gar nicht zu *zählen waren und einem die Augen vergingen, wenn man darauf blickte. Darauf sprach es: „So viel Sterne stehen am Himmel als hier Punkte auf dem Papier, zählt sie nur!"* Wiederum eine sehr gute NT-Antwort. Auch diese Antwort des Jungen muss der König akzeptieren.

Dann stellt der König die letzte Frage: *„Wie viel Sekunden hat die Ewigkeit?"* Da sagte das Hirtenbüblein: *„In Hinterpommern liegt der Diamantberg, der hat eine Stunde in die Höhe, eine Stunde in die Breite und eine Stunde in die Tiefe; dahin kommt alle hundert Jahr ein Vögelein und wetzt sein Schnäbelchen daran und wenn der ganze Berg abgewetzt ist, dann ist die erste Sekunde der Ewigkeit vorbei."* Der König ist tief beeindruckt: *„Mein Junge, du hast die drei Fragen aufgelöst wie ein Weiser und sollst fortan bei mir in meinem königlichen Schlosse wohnen und ich will dich ansehen wie mein eigenes Kind."*

Diese charakteristische NT-„Weisheit" wird sicher nicht von allen Mitgliedern der Gesellschaft gleichermaßen geschätzt. Dennoch ist diese Geschichte ein Musterbeispiel für die Art und Weise, in der NTs gern mit Wörtern und Vorstellungen jonglieren.

NT oder drei Steine braucht der Mann

Auch die Geschichte „Die Steinsuppe" bietet ein exzellentes Beispiel für den erfolgreichen Gebrauch von NT-Funktionen.

Es war einmal ein Wandersmann, der kam müde und hungrig in ein kleines Dorf. Als die Bauern, die selbst wenig zu essen hatten, den Fremden kommen sahen, beeilten sie sich, alle ihre Lebensmittel zu verstecken. Der Wanderer ging von Haus zu Haus und bat um etwas zu essen, aber keiner wollte ihm etwas geben. Der Wanderer überlegte einen Moment, dann rief er den Leuten zu: *„Ihr guten Leute, ich bin schon in vielen seltsamen Ländern gewesen. Ich habe euch um etwas Speise gebeten, doch ihr habt keine. Gut, dann müssen wir eben Steinsuppe kochen."* Die Bauern starrten verständnislos drein. Eine Steinsuppe? Was ist das? *„Als Erstes brauchen wir einen sehr großen ehernen Topf"*, sprach der Wandersmann. Die Bauern brachten den größten Topf, den sie finden konnten, setzten ihn aufs Feuer und füllten ihn mit Wasser. Dann zog der Wanderer drei runde, glatte Steine aus der Tasche. Er ließ sie vorsichtig in den Topf gleiten und begann zu rühren.

Nach einiger Zeit probierte der Wanderer die Suppe: *„Sie könnte eine Spur Pfeffer und Salz vertragen."* Im Handumdrehen tauchten Pfeffer und Salz auf. Der Wanderer nickte zufrieden. Nach einer Weile probierte er erneut die Suppe: *„Gut! Nur schade, dass wir nicht ein paar kleine Möhrchen haben ..."* Eine Bauersfrau lief eilig nach Hause und steckte ihm bald darauf einen dicken Bund Karotten zu. Und so ging es munter weiter.

Kohl, Zwiebelchen, Kartoffeln, Rindfleisch, Gerste, Milch und allerlei Gewürze wanderten in die Suppe. Schließlich war die Suppe fertig. *„Jeder von euch soll einmal probieren dürfen", sprach der Wandersmann. Große Tische wurden auf dem Dorfplatz aufgestellt und Fackeln angezündet – so konnte das Mahl beginnen. Sie alle aßen, sangen und tanzten bis tief in die Nacht.* Als am nächsten Morgen der Wanderer aufbrechen wollte, versammelte sich das ganze Dorf. Der Wanderer schenkte den Bauern die drei Suppensteine und die Bauern bedankten sich überglücklich bei ihm dafür: *„Oh, man muss nur wissen, wie es geht"*, sagte der NT-Wandersmann und zog davon.

NF oder vom Nutzen des Unnützen

„Die drei Sprachen" ist ein Märchen der Gebrüder Grimm, das Licht auf die aufnahmebereite und empfängliche Natur des NF wirft. *In der Schweiz lebte einmal ein alter Graf, der hatte nur einen einzigen Sohn.* Der Junge unterschied sich deutlich von anderen Kindern und war scheinbar *dumm und konnte nichts lernen.* Daher sandte ihn der Vater für ein Jahr zu einem berühmten Meister, der es mit ihm versuchen sollte. Als der Junge nach einem Jahr zurückkehrte, fragte ihn der alte Graf: *„Nun, mein Sohn, was hast du gelernt?" – „Vater, ich habe gelernt, was die Hunde bellen"*, antwortete er. *„Dass Gott erbarm"*, rief der Vater aus und sandte ihn auf der Stelle zu einem anderen Meister. Ein weiteres Jahr verging. Als der Knabe zurückkehrte, fragte ihn der Vater wiederum. *„Mein Sohn, was hast du gelernt?"* Er antwortet: *„Vater, ich habe gelernt, was die Vögli sprechen."* Nun geriet der Vater in Wut und züchtigte den Jungen. Dann sandte er ihn zu einem dritten Meister und drohte ihm an, ihn zu verstoßen, wenn er dort nicht lernen würde. Auf die Frage, was er diesmal gelernt habe, antwortet der Sohn nach seiner Rückkehr: *„Lieber Vater, ich habe dieses Jahr gelernt, was die Frösche quaken."* Es ist unfassbar! Der Vater ist außer sich vor Wut und befiehlt seinen Leuten, den Jungen in den Wald zu bringen und dort zu töten. Die Männer bringen es jedoch nicht übers Herz, den schönen Jungen zu töten, und lassen ihn laufen, damit er in der Welt sein Glück versuchen kann.

Und natürlich kommt es so, dass seine Funktionen Intuition (N) und Gefühl (F) dem Jungen gute Dienste leisten und Glück bringen. Er unterhält sich mit Hunden, Fröschen und Tauben, erwirbt Ruhm und Reichtum und wird schließlich Papst. Eine ungewöhnliche Karriere – eben typisch NF.

NF oder der Sinn für höhere Werte

„Liebes Kind, bleib fromm und gut, so wird dir der liebe Gott immer beistehen und ich will vom Himmel auf dich herabblicken und will um dich sein." Darauf tat sie die Augen zu und verschied. Diese letzten Worte von Aschenputtels sterbender Mutter hinterließen gewiss einen nachhaltigen Eindruck auf das mitten in der Entwicklung stehende junge NF-Mädchen. *Das Mädchen ging jeden Tag hinaus zu dem Grabe der Mutter und weinte und blieb fromm und gut.* Nachdem einige Zeit vergangen war, nahm der Vater sich eine andere Frau. Weder die Stiefmutter noch ihre beiden Töchter tolerierten, geschweige denn schätzten Aschenputtels NF-Funktionen.

Es trug sich zu, dass der Vater einmal zu einer Messe ziehen musste, da fragte er die beiden Stieftöchter, was er ihnen mitbringen sollte? „Schöne Kleider", sagte die eine; *„Perlen und Edelsteine", die zweite. – „Aber du, Aschenputtel",* sprach er, *„was willst du haben?" – „Vater, das erste Reis, das Euch auf Eurem Heimweg an den Hut stößt, das brecht für mich ab."* Welcher andere Typ würde solch einen Wunsch äußern?

Der Vater erfüllte alle Bitten und Aschenputtel *ging zu seiner Mutter Grab und pflanzte das Reis darauf und weinte so sehr, dass die Tränen darauf niederfielen und es begossen. Es wuchs aber und ward ein schöner Baum. Aschenputtel ging alle Tage dreimal darunter, weinte und betete und allemal kam ein weißes Vöglein auf den Baum und wenn es einen Wunsch aussprach, so warf ihm das Vöglein herab, was es sich gewünscht hatte.* Sie kennen den Rest der Geschichte. Aber denken Sie daran, wie die sensible, kreative, mystisch und spirituell begabte junge Frau mit der Natur und allem, was einen göttlichen Funken trägt, kommuniziert! Am Ende des Märchens erkennt der Prinz Aschenputtel als die rechtmäßige Braut und sie leben glücklich bis an ihr Lebensende.

NF oder nach wessen Pfeife tanzen wir?

NF-Typen können faszinierende Führungsqualitäten zeigen und die Begeisterung, die sie wecken, für alle möglichen Zwecke ausnutzen. „Der Rattenfänger von Hameln" ist eine brillante NF-Führergestalt, die demonstriert, wie sich solche Qualitäten zum Wohle des Gemeinwesens einsetzen lassen, allerdings eben auch für andere Zwecke.

Schließen Sie die Augen und stellen Sie sich vor, wie der geheimnisvolle fremde Flötenspieler die Ratten aus der geplagten Stadt lockt – welches Charisma, welche Macht ... Malen Sie sich die ehrfürchtige Erleichterung aller Bürger aus, als die Ratten die Stadt verlassen. Wie sie gemeinsam beschließen, ihr Wort nicht zu halten. Und nun stellen Sie sich vor, wie der genarrte Rattenfänger zurückkommt und die Kinder aus Hameln herausführt. Wieder dieses Charisma, diese Macht ... Spüren Sie nicht selbst den Drang, sich diesen glücklichen Kindern anzuschließen und ihnen zu folgen? Seine NF-Funktionen geben auch dem enttäuschten Flötenspieler diese Fähigkeit, andere mitzureißen und die Kinder in eine den braven Bürgern fremde und verschlossene Welt zu entführen.

Wir haben verschiedene Gestalten aus bekannten Märchen benutzt, um psychologische Typen zu veranschaulichen. Wenn Sie wollen, können Sie das natürlich auch selbst versuchen. Nehmen Sie zum Beispiel den armen Holzhacker, den Vater von Hänsel und Gretel.

Als ihn seine Frau mit ihrem Plan konfrontiert, die Kinder auszusetzen, antwortet er: *„Nein, Frau, das tue ich nicht; wie sollt' ich's übers Herz bringen, meine Kinder im Walde allein zu lassen; die wilden Tiere würden bald kommen und sie zerreißen."* Oder das Tapfere Schneiderlein, das „Siebene auf einen Streich" erschlägt – für welchen Typ steht diese Märchengestalt?

Die Verschiedenheit der Typen kann verblüffend sein, wie wir soeben gezeigt haben. Manchmal sind die Unterschiede allerdings subtiler und darum schwieriger herauszufinden. In einigen Fällen ist es einfach unmöglich, eine präzise Typenbestimmung zu geben. Wie im richtigen Leben, so gibt es auch in Märchen Gründe dafür, wenn ein Typ sich nicht genau einordnen lässt.

Zunächst gibt es Fälle, in denen wir einfach nicht genügend Informationen haben. Für diesen Informationsmangel gibt es viele mögliche Ursachen: Wir können keine typischen Verhaltensweisen ausmachen, wir kennen die Person nicht gut genug oder wir sind mit der psychologischen Typentheorie noch nicht ausreichend vertraut.

Zweitens kann die beobachtete Person sich noch in einem kindlichen oder kindähnlichen Stadium befinden. In der unbewussten Vollkommenheit, die das Kindsein charakterisiert, sind die Funktionen noch nicht klar genug differenziert und daher nur schwer auszumachen. Es wäre schwierig, wenn nicht unangemessen, eine Person, die sich in diesem Entwicklungsstadium befindet, auf einen Typ festlegen zu wollen.

Zum Dritten ist es möglich, dass sich der- oder diejenige bereits im Stadium der bewussten Vollständigkeit befindet, in der alle Funktionen klar differenziert und integriert sind. In diesem Stadium hat der Mensch zwar erkennbare und ausgeprägte Präferenzen; wir können uns jedoch vom Umfang der Funktionen täuschen lassen, die diese Person darüber hinaus beherrscht.

Wenn Sie sich mit dem Typisieren von Menschen beschäftigen wollen, ob im Märchen, bei Filmfiguren, in der Literatur oder in der Wirklichkeit, gehen Sie locker damit um. Es soll Ihnen Spaß machen und so viele Erkenntnisse bringen wie möglich. Aber seien Sie nicht enttäuscht, wenn keine klaren Definitionen möglich sind, und fixieren Sie sich nicht zu stark auf Ihre Einschätzung scheinbar offensichtlicher Typen.

Wo immer wir menschliche Interaktion in gesellschaftlichen Bezügen finden, entdecken wir auch, dass die Typenzugehörigkeit die Beziehung der Menschen untereinander und ihre Rollen beeinflusst – ob wir nun Märchengestalten betrachten oder unsere Eltern, Freunde, Partner, Töchter, Söhne, Kollegen, Nachbarn oder Politiker. Das Verständnis der Typentheorie kann all diese Beziehungen fördern und verbessern.

Im nächsten Kapitel wagen wir uns nun in den Dschungel von Beziehung und Partnerschaft und versuchen, bei dieser abenteuerlichen Route etwas Licht ins Dunkel interpersonaler Beziehungen zu bringen.

Neuntes Kapitel

In Beziehung und Partnerschaft leben

Über die eigene Persönlichkeit tappt man immer im Dunkeln.
Man braucht andere, um sich selbst kennen zu lernen.
C. G. Jung

Frau und Mann

„Die menschliche Natur war ja einst ganz anders. Ursprünglich gab es drei Geschlechter, drei und nicht wie heute zwei: neben dem männlichen und weiblichen lebte ein drittes Geschlecht, welches an den beiden ersten gleichen Teil hatte; sein Name ist uns geblieben, das Geschlecht selbst ist ausgestorben. Ich sage, dieses ,androgyne' Geschlecht hatte einst Gestalt und Namen des männlichen und weiblichen Geschlechtes in einem einzigen vereinigt, und heute ist uns davon nur der Name erhalten, und der Name ist ein Schimpfwort."[1]

In „Symposion" von Platon erzählt Aristophanes den alten griechischen Mythos von der ursprünglichen menschlichen Natur. Die ersten Menschen waren vollkommen rund, hatten vier Arme, vier Beine und einen Kopf mit zwei Gesichtern, die in entgegen gesetzte Richtungen blickten. Diese Kugelmenschen besaßen so wunderbare Eigenschaften und so große Intelligenz, dass sie sich sogar mit den Göttern messen wollten. Diese beschlossen voll Neid und Angst, die Kugel in zwei Hälften zu spalten, „wie man Birnen, um sie einzukochen, entzweischneidet", damit sie so ihre Macht verlören.

Als dies geschehen war, „kam in jeden Menschen die große Sehnsucht nach seiner eigenen anderen Hälfte und die beiden Hälften schlugen die Arme umeinander und verflochten ihre Leiber und wollten wieder zusammenwachsen und starben vor Hunger, wild und wirr, denn keine wollte ohne die andere etwas tun ... Und so ging alles zugrunde." Seit jener Zeit streben nach diesem Mythos die getrennten Hälften des ursprünglichen menschlichen Wesens danach, sich wieder zu vereinen. Aristophanes erzählt weiter: „Wenn nun eine von diesen ... der anderen Hälfte zum ersten Mal begegnet, da werden die eine und die andere wundersam von Freundschaft, Heimlichkeit und Liebe bewegt und beide wollen nicht mehr voneinander lassen. Aber sie, die von nun an ihr ganzes Leben beieinander weilen, sie wissen dennoch niemals und niemand zu sagen, was sie wollten, dass mit ihnen geschähe."

Der Mythos zeigt, wie zerbrochen und zerbrechlich die Menschen anscheinend in ihrer derzeitigen Verfassung eigentlich sind. Doch trägt jedes Individuum in sich das Potenzial der Ganzheit. Wir brauchen die Hilfe der anderen, die uns einen Spiegel vorhalten und die Seite von uns erhellen sollen, die wir selbst nur schwer wahrnehmen. Dann können wir auch besser akzeptieren, dass wir, um ganz zu werden, die Polarität männlich – weiblich und alle anderen Polaritäten erkennen müssen, die in unserem Wesen verankert sind.

Auch Hyemeyohsts Storm berichtet uns vom Glauben der Indianer, dass „in jedem Mann die Spiegelung einer Frau und in jeder Frau die Spiegelung eines Mannes wohnt."[2] Die Alchimisten des Mittelalters pflichten ihm bei: „Unser hermaphroditischer Adam erscheint zwar in männlicher Gestalt, dennoch trägt er Eva – oder seinen weiblichen Anteil – in seinem Körper verborgen immer mit sich."[3]

Auch andere alte mythologische Traditionen verweisen auf die Dualität der menschlichen Psyche. Im ersten Buch der Bibel (Genesis oder 1. Mose) finden wir Gott als ein androgynes Wesen beschrieben, das die ersten Menschen nach seinem („seinem" darf hier nach dem zuvor Gesagten nicht als exklusiv maskulin missverstanden werden) Bild erschuf, demzufolge die Menschen männlich und weiblich waren. Das fünfte Kapitel der Genesis beginnt mit den Worten: „Als Gott den Menschen schuf, machte er ihn nach dem Bilde Gottes und schuf sie als Mann und Weib und segnete sie und gab ihnen den Namen ‚Mensch' zur Zeit, da sie geschaffen wurden." (Genesis 5,1–2)

Philosophen und Dichter, die ja die Dinge oft anders sehen als die Wissenschaftler, haben intuitiv erfasst, dass der Mensch ein androgynes Wesen ist. Die Vorstellung der androgynen Natur des Menschen ist schon sehr alt und kommt in den verschiedensten Traditionen vor.

C. G. Jung war der erste Wissenschaftler, der sich mit dieser psychologischen Tatsache beschäftigt und sie bei seiner Beschreibung des Menschen in seiner Ganzheit berücksichtigt hat. Den weiblichen Gegenpol in der männlichen Persönlichkeit nannte er *anima,* den entsprechenden männlichen Anteil der weiblichen Persönlichkeit *animus.* Jung leitete diese beiden Begriffe vom lateinischen animare ab, was soviel wie „beleben", „beseelen" bedeutet, da er der Auffassung war, dass *anima* und *animus* für jedes Geschlecht belebende Wirkung haben.

Jung schrieb ausführlich über diese Archetypen (die Inhalte des kollektiven Unbewussten, einer der Grundbestandteile der menschlichen Psyche). Die interessierten Leserinnen und Leser möchten wir auf C. G. Jungs Gesammelte Werke[4] hinweisen und auf Emma Jungs „Anima und Animus"[5]. Hier genügt es, wenn wir festhalten, dass die Archetypen bedeutende *Inhalte* unserer Persönlichkeit sind. *Anima* und *animus* sind Faktoren, die unsere Beziehungen auf gravierende Weise bestimmen.

Bei den Persönlichkeitsfunktionen, die uns hier interessieren, stehen jedoch nicht, wie schon eingangs erwähnt, *Inhalte* zur Debatte, sondern *Prozesse*. Nicht zufällig sind diese Prozesse wie polare Kraftfelder. Wir spüren sie in unseren Partnerschaften tagtäglich, wir fühlen uns angezogen und abgestoßen von anderen. Wir denken, wir verstehen den anderen. Wir wundern uns, dass der andere so komisch reagiert. Die Prozesse wirken sich auf die Gestaltung unserer Partnerschaft aus. Aus diesem Grund skizzieren wir im Folgenden, wie Ihre Persönlichkeits*funktionen* Ihre persönlichen Beziehungen beeinflussen.

Wer findet wen attraktiv?

Wenn Sie als extravertierte Persönlichkeit einen introvertierten Partner haben, werden Sie wissen, dass Sie beide völlig unterschiedliche Energiequellen haben. Wenn Sie abends von der Arbeit nach Hause kommen, werden Sie oft das Bedürfnis haben, über den vergangenen Tag zu sprechen, Freunde anzurufen und vielleicht auch Essen zu gehen. Ihr introvertierter Partner jedoch möchte wahrscheinlich lieber allein zu Hause bleiben, um zu lesen, fernzusehen oder einfach nachzudenken.

Wenn Sie beide erkennen, dass Ihre Antriebe und Energiequellen verschieden sind, lassen sich Spannungen abbauen und Kompromisse schließen. Sie können z. B. ihrem Partner eine Stunde für sich allein gönnen, bevor Sie gemeinsame Aktivitäten angehen. Aber warum sind Sie überhaupt eine Beziehung mit einem so von Ihnen unterschiedenen Menschen eingegangen?

Gegensätze ziehen sich an – und sorgen auch für Verwirrung. Oder es ist zumindest am Anfang einer „Beziehungskiste" so, dass wir uns von Menschen anziehen lassen, die sich irgendwie von uns unterscheiden. Das liegt an dem geheimnisvollen Flair, das alles Unbekannte ausstrahlt und das Blut in Wallung bringt, wenn zwei sehr unterschiedliche Menschen einander begegnen. Hier haben wir die Basis für energiegeladene Beziehungen – und für viele potenzielle Probleme.

Offensichtlich ist Attraktivität ein sehr komplexes Phänomen, das von vielen Faktoren abhängt. Vielleicht sollten wir es besser den Beteiligten selbst überlassen. Dennoch werden wir es riskieren, einige besondere Merkmale näher zu bezeichnen, die Ihr Denken anregen sollen. Verstehen Sie uns richtig: Was wir Ihnen hier anbieten, soll nur als Katalysator für Ihre eigenen Gedanken dienen. Auch wenn diese verschiedenen Spielarten gegenseitiger Anziehung häufig zu beobachten sind, haben sie nicht immer die produktivsten Beziehungen zur Folge. Dieser Aspekt wird im nächsten Abschnitt über das „Zusammenwachsen" zu besprechen sein. Die hier angebotenen Beschreibungen sind bewusst kurz, vereinfacht und vielleicht extrem; sie sollen Ihnen einen ersten Einblick vermitteln in unausgesprochene Bereiche Ihrer Beziehungen zu Menschen, die ganz anders sind als Sie.

ISTJ

Der ISTJ ist ein Muster an Verantwortlichkeit. In Beziehungen ist das Wort eines ISTJ Gold wert; wenn er einmal seine Gefühle ausgesprochen hat, kann man sich jahrelang darauf verlassen. Für einen ISTJ sprechen Taten lauter als Worte, sodass seine weiteren Gefühlsbezeugungen sich nicht verbal äußern, sondern in dem, was er tut – tagein, tagaus und so sicher wie das Amen in der Kirche. Attraktiv für einen ISTJ sind die Lebendigkeit und der Esprit eines ENFP oder ESFP. Der ISTJ, der unschlagbare „Sparer" ist fasziniert vom ESFP, der im „Ausgeben" ebenso unschlagbar ist. Auch im ENFP findet der ISTJ sein Gegenüber. Die Verzauberung durch den freidenkerischen und uneingeschränkten Lebensstil des ENFP übt auf den stoischen und gewissenhaften ISTJ eine große Verlockung aus.

ENFP

Der dynamische, begeisterungsfähige, lebensbejahende und gesellige ENFP hat gewöhnlich eine große Begabung im Umgang mit Menschen. Man könnte ihn als „Herold" bezeichnen, als geisterfüllten Überbringer von Neuigkeiten. Unter der überschäumenden Begeisterung verbirgt sich jedoch eine ungestüme Suche nach dem Sinn des Lebens. Ein ENFP ist immer auf dem Sprung, immer auf der Suche, welche neuen Empfindungen und schöpferischen Ideen sich abzeichnen könnten. In Beziehungen neigen ENFPs kaum zur Selbstzufriedenheit. Auch wenn sie zu großer Hingabe fähig sind, hören sie nie auf, entweder zu denken: „Diese Beziehung könnte besser sein, wenn ich mich nur mehr anstrengen würde", oder: „Es gibt sicher noch eine bessere Beziehung für mich – ich muss sie nur entdecken."

Der ENFP findet den ISTJ faszinierend, diesen Fels in der Brandung. Der ISTJ genießt es, dem unsteten und bezaubernden Wirbelwind ENFP eine solide Basis und einen sichtbaren Heimathafen zu bieten.

ISFJ

Die bewahrende Natur des ISFJ sucht und findet den Sinn des Lebens darin, anderen Menschen zu dienen und sie glücklich zu machen. ISFJs haben sich den hohen Idealen der Pflicht und des Gehorsams verschrieben. Sie sind organisiert und ordentlich. In Beziehungen dominieren Pflichtgewühl und Hingabe. Sie sind gewissenhaft und exakt in der Wahl ihrer Worte, denn diese Worte stehen für Verpflichtungen und Verträge, die ernst genommen und eingehalten werden müssen. Ihre Loyalität und ihr dauerhaftes Pflichtgefühl können dazu führen, dass sie sich noch immer in Beziehungen wiederfinden, die eigentlich schon lange „den Bach hinunter" sind. ISFJs finden die kühnen, frechen und eleganten Flausen und Streiche eines ESTJ ebenso attraktiv wie den Erfindungsreichtum und die Originalität eines ENTP.

ENTP

Der ENTP ist der Garant für eine aufregende Herausforderung nach der anderen. Er ist sehr erfinderisch und schätzt den ISFJ als passende Ergänzung für seine Unternehmungen. ENTPs sind geradezu versessen darauf, alle Werkzeuge, Aktivitäten und Unternehmungen, die sich in ihrer Reichweite befinden, durch bessere zu ersetzen. Sie sind darauf aus, ihre Erfindungsgabe zu trainieren, wo es nur geht. Eine Beziehung mit einem ENTP ist eine Herausforderung. Schon allein mit der ruhelosen Bewegung von einer Sache zu anderen zurechtzukommen, ist ein ständiges Stimulans. Ein ENTP würde selber zugeben: „Ich bin wohl äußerst interessant, aber auch ziemlich anstrengend." Angezogen wird der ENTP vom ruhigen, freundlichen, gefälligen und verantwortlichen ISFJ, der auch den Takt besitzt, die Wogen zu glätten, die der manchmal sehr direkte ENTP hinterlassen hat.

INFJ

Der INFJ ist derjenige, der andere inspirieren kann. INFJs sind zärtlich, einfühlsam und vermitteln anderen das Gefühl, angenommen zu sein.

Sie sind Träumer, deren Genius, Sorge und Fürsorge für andere diejenigen motivieren kann, die mit ihnen zusammen sind. Sie sind ruhig und still, wodurch sie immer eher im Hintergrund stehen, und ihr Interesse an anderen hinterlässt einen Eindruck großer Intensität. Ein INFJ wird sowohl von ESTPs wie von ENTPs angezogen. Diese charmanten, höflichen, manchmal zu sorglosen Typen mit ihrem liebenswürdigen Humor fesseln die Aufmerksamkeit der INFJs. Die Fähigkeit des ESTP, eine Idee voranzubringen, und der Erfindungsgeist des ENTP geben der Inspiration des INFJ Inhalt und Richtung.

ESTP

Der ESTP ist der Realist, wie er im Buche steht. „Keine Panik!" und „Nur keine Hektik!" sind die typischen Sätze eines solchen Tatsachenmenschen, der stets in der Gegenwart lebt. Ein ESTP wird immer lieber irgendetwas als überhaupt nichts tun; bei jeder Investition erwartet er, dass dabei etwas herauskommt. In Beziehungen genießt es der ESTP, wie in allen anderen Bereichen auch, mitten im Rampenlicht zu stehen. Auch wenn er in einer ernsthaften Beziehung zu tiefer Hingabe fähig ist, wird sich der Ausdruck dieser Hingabe täglich verändern – je nach den realen Gegebenheiten der sich verändernden Situation. Glücklicherweise haben ESTPs sehr realistische Erwartungen an ihre Partner. Sie möchten, dass ihre Partner etwas Produktives tun, das sie glücklich macht. Attraktiv findet der ESTJ den ruhigen, aber bestimmten und tatkräftigen INFJ, der überzeugt dem Gemeinwohl dienen will.

INTJ

INTJs gehören mit zu den unabhängigsten Typen. Sie leben in einer Welt der endlosen Möglichkeiten und sind stets auf der Suche nach Verbesserungen für alles, was sich in ihrer Reichweite befindet. Was anderen wie unfürsorgliches oder herzloses Verhalten vorkommen kann, ist in Wahrheit die größte Sorge für andere, die sich INTJs vorstellen können: andere zu lehren, auf ihren eigenen Füßen zu stehen. In einer Beziehung gilt für sie: Auch wenn das Gefühl heute „stimmt", kann es morgen noch besser sein; beide Parteien müssen dazu gebracht werden, immer neu an Verbesserungen zu arbeiten. INTJs finden die unabhängigen, spontanen und für jeden Spaß zu habenden ESFPs attraktiv.

Jedoch führen INTJs nicht sehr oft zu Ende, was auf diese natürliche Weise angefangen hat. Sie betrachten Beziehungen auf rationale und methodische Weise und vermuten daher, dass es besser wäre, sich jemand Ähnlicheren zu suchen. Auf der Suche nach anderen Typen könnte der INTJ zunächst den ENFP und dessen begeisterte, überschäumende und anscheinend spontane Fähigkeit zu staunen anziehend finden. Nach weiterer Überlegung könnte der INTJ zu dem Schluss kommen, dass entweder der ESFP oder der ENFP seinem eigenen, schonungslosen Streben nach Selbstverbesserung ein zur Ganzheit führendes Gegenüber sein könnte.

ESFP

Der ESFP ist mehr als randvoll mit Energie geladen und liebt den leuchtenden Glanz, die Gruppe, die Erregung des Zusammenseins mit anderen; er ist bereit, alles auszuprobieren. Ein ESFP ist der angenehme Entertainer schlechthin und stets auf die Gegenwart bezogen. Sein Motto könnte sein: „Heute kaufen, morgen zahlen". ESFPs haben eine unheimliche Begabung dafür, das Leben zu einem Zirkus mit mindestens drei simultanen Bühnen zu machen und mit möglichst vielen Aktivitäten und Leuten zu jonglieren, wobei sie stets das Rampenlicht genießen, das auf sie fällt. Sie beginnen oft mehr Projekte, als sie jemals beenden können, was genauso für ihre Beziehungen zutrifft. ESFPs lassen sich von der Interaktion mit eigentlich allen anderen Typen faszinieren; in besonderem Maße übt jedoch die Originalität der INTJs und anderer NT-Typen große Anziehungskraft auf sie aus.

ISTP

ISTPs lassen sich am besten als reservierte, distanzierte und im zwischenmenschlichen Bereich vorsichtige Typen beschreiben; sie sind jedoch zu unerwarteten Ausbrüchen von Originalität fähig. Aufgrund ihrer Unvorhersagbarkeit und scheinbarer Indifferenz in sozialen Bezügen wirken sie auf andere oft rätselhaft. In Beziehungen legen sie Wert darauf, dass jeder auch privaten Freiraum zur Verfügung hat und diesen auch nach persönlichem Wunsch und Geschmack nutzen und genießen darf. Viel wichtiger als eine nette, ordentliche oder routinierte Beziehung ist ihnen die Betonung der individuellen Rechte und Freiheiten. Angezogen werden ISTPs durch die Aufgeschlossenheit und das Verantwortungsbewusstsein der ENFJs sowie durch die warmherzige und Gespräche Kooperationsbereitschaft der ESFJs.

ENFJ

Der ENFJ besitzt eine natürliche Motivationsgabe und eine gewandte Überzeugungskraft. ENFJs richten und konzentrieren ihre Interessen auf Menschen, besitzen großes Einfühlungsvermögen für die Bedürfnisse anderer und haben die Gabe der Inspiration und Imagination. Ihre Bereitschaft, Entscheidungen zu treffen und zu verwirklichen, macht sie zu äußerst glaubwürdigen Führungspersonen. Die Beziehung zu einem ENFJ ist gewöhnlich ziemlich problemlos. Beziehungen wünscht sich der ENFJ in der Regel glücklich und bejahend, denn „unter diesen Bedingungen funktioniert jeder am besten." Wenn Harmonie vorherrscht, ist so eine Beziehung lebendig und vergnüglich. ENFJs sind sehr angetan von den stillen, reservierten und irgendwo unvorhersagbaren ISTPs.

ISFP

ISFPs zeigen sehr viel Interesse an und Sorge für andere und wissen das Leben und alles Lebendige sehr zu würdigen. Ihr Wunsch nach Nähe zur Natur, ihr Hunger nach sinnlichen Erfahrungen und ihre introspektive Lebensanschauung sorgen dafür, dass viele ISFP-Talente der Welt verloren gehen. Dieser Typ hat sehr wenig Bedürfnis danach, andere zu führen oder zu kontrollieren, wird aber dennoch von dem starken Drang eines ENTJ, alles zu kontrollieren und zu managen, angezogen. Gleichermaßen fühlt sich ein ISFP zum ESTJ hingezogen, der sich am besten für Verwaltungs- und Leitungsaufgaben großer Institutionen eignet. Es ist interessant zu beobachten, dass der Typ, der am wenigsten Interesse an oder Respekt vor dem „Establishment" hat, sich von den Häuptern großer Institutionen faszinieren lässt.

ENTJ

ENTJs sind munter geradeheraus und angriffslustig. Dieser Typ richtet seinen Blick nach außen, in eine Welt der endlosen Möglichkeiten und Bedeutungen, die er auf objektive und äußerst angebrachte Weise in Systeme und Produkte „übersetzen" kann. Die Welt ist für den ENTJ wie ein Schachbrett, dessen Figuren er um eines höheren Gutes willen über das Brett ziehen muss. Beziehungen sind meist offen, ehrlich und anregend. Auch wenn diejenigen außerhalb der Beziehung manchmal den Eindruck haben, dass ein ENTJ eine scharfe Zunge führen kann, wissen diejenigen, die ihn näher kennen, dass Hunde, die bellen, in der Regel nicht beißen.

Für das Wachstum und die Entwicklung seiner Beziehungen wird der ENTJ bereitwillig viel Zeit investieren. Seine Vorliebe gilt dem loyalen und liebevollen ISFP.

INFP

Die INFPs sind idealistische Kreuzritter. Wie alle NF-Persönlichkeiten streben sie nach Identität, Selbstfindung und Selbsterkenntnis. „Wer bin ich?" ist ihre allerwichtigste Frage. Es kann sein, dass sie weit mehr Liebe und Wärme in einer Beziehung empfinden, als sie jemals auszudrücken in der Lage sind. Ihre Herausforderung ist dann, einen angemessenen Weg zu finden, ihre wahren Gefühle zum Ausdruck zu bringen. Beide Partner werden in der Beziehung persönliches Wachstum, Bestätigung und Erfüllung finden; aus Furcht vor Meinungsverschiedenheiten neigen INFPs jedoch dazu, die Diskussion von Themen zu vermeiden, die sich als von nur flüchtiger Bedeutung erweisen könnten.

Die keine Einschränkungen duldende, reflexive Art der INFPs, das Leben anzugehen, produziert weit mehr Fragen als Antworten. Darum sind INFPs auch fasziniert von ESTJs, die mit beiden Beinen in der Wirklichkeit stehen und stets Antworten parat haben. ESTJs sind so fest in der Wirklichkeit verwurzelt, dass kein Sturm sie umhauen kann, und bieten so einen soliden, zuverlässigen und traditionellen Weg an, auf dem der INFP seinen Kreuzzug unternehmen kann.

ESTJ

ESTJs sind kompetent, organisiert und anspruchsvoll, geschickt im Umgang mit anderen, zeigen Begabung für akademische Aufgaben und sind eigentlich für jede Situation gerüstet. Sie gelten als zuverlässig und praktisch und stehen in dem Ruf, jede Aufgabe erledigen zu können, egal worum es sich handelt. Auf allen Schauplätzen des Lebens setzen sie ihre administrativen Fähigkeiten ein. In Beziehungen fühlen sie sich wohl, wenn sie die Verantwortung übernehmen können. Sie sind entschlussfreudig und gern bereit, ihre Ansichten zu äußern; daher ist leicht mit ihnen zurechtzukommen – vorausgesetzt, sie verlieren nicht die Kontrolle. Anziehend findet der ESTJ den loyalen und fürsorglichen INFP, obwohl dieser Typ sehr oft viel zu sehr mit seinen eigenen Angelegenheiten beschäftigt ist, um übermäßig gesellig zu sein.

INTP

INTPs lassen sich am besten als ruhig, reserviert und unpersönlich beschreiben. Ihre reflexive Innenschau befähigt sie, all die Möglichkeiten ihrer Vorstellungskraft auszuforschen, die ihre Intuition ihnen bietet. Ihre Objektivität verlangt die Analyse aller verfügbaren Daten, während ihre flexible Grundeinstellung sie nötigt, auf jede neue Information zu reagieren, die ihnen präsentiert wird. INTPs findet man immer in den Versuch vertieft, aus einem wuchernden Datenstrom ein zusammengehöriges Ganzes zu machen. Eine Beziehung mit einem INTP ist eine intellektuelle Herausforderung. Jedes Wort, jeder Gedanke, den man äußert, wird als Einladung verstanden, die Äußerung zu diskutieren, zu erweitern, zu klären oder Schlussfolgerungen zu ziehen. Der abstrakte INTP ist fasziniert vom ESFJ, der alles, was er anpackt, „an den Mann bringen kann". In vieler Hinsicht wird der INTP auch von Verbindungen des ESTJ angezogen, die dieser zur wirklichen Welt aufbaut, von dessen Fähigkeit, frei zu reden und Diskussionen schnell zu einem sinnvollen Abschluss zu bringen. INTPs müssen „für die Realität begeistert werden".

ESFJ

ESFJs sind warmherzige und gütige Menschen, die gut mit anderen umgehen können. Sie sind sanftmütig und willig, „zu hegen und zu pflegen". Beziehungen spielen für sie eine wichtige Rolle. Sie sind sehr – fast zu sehr – loyal und opfern häufig ihre eigenen Bedürfnisse zugunsten der Wünsche des Partners. Zusammen mit ihrem starken Wunsch nach Harmonie führt dies oft dazu, dass ihr eigenes Wohlergehen ganz unten auf der Prioritätenliste rangiert. Das kann dazu führen, dass sie das Gefühl bekommen, eher eine Hilfskraft als ein Liebhaber oder Partner zu sein. Das Paradoxe ist, dass ESFJs zwar Schwierigkeiten haben, ihre eigenen persönlichen Bedürfnisse zu akzeptieren, sie es aber gleichzeitig übel nehmen, wenn andere sie wie selbstverständlich äußern.

Der ESFJ findet den geistesabwesenden INTP attraktiv, der auf andere frustrierend wirken kann, jedoch das soziale Geschick des ESFJ gut brauchen kann.

Natürlich sind diese kurzen Schlaglichter viel zu stark vereinfacht, um die Wechselwirkungen und immanenten Wirkkräfte in menschlichen Beziehungen erschöpfend zu behandeln. Wir hoffen jedoch, dass sie ein wenig dazu beitragen können, die Anziehung oder Verlockung, die gegensätzliche Typen aufeinander ausüben, schätzen zu lernen.

Intuitive Menschen brauchen S-Typen	Sinnes- menschen brauchen N-Typen	Analytische Menschen brauchen F-Typen	Wertorientierte Menschen brauchen T-Typen
um einschlägige Fakten zur Sprache zu bringen	um Möglichkeiten zu entdecken	um zu überzeugen	um zu analysieren
um sich an Dinge zu erinnern, die zum Zeitpunkt des Geschehens noch nicht von Bedeutung waren	um Probleme erfinderisch bewältigen zu können	um zu versöhnen	um zu organisieren
um Verträge zu prüfen	um komplexe Sachverhalte mit zu vielen Veränderlichen bewältigen zu können	um vorherzusagen, wie andere sich fühlen werden	um vorherzusagen, wo Schwachstellen liegen könnten
um Aufzeichnungen zu prüfen und Testergebnisse auszuwerten	um zu erklären, worüber eine andere intuitive Person gerade spricht	um Begeisterung zu wecken	um zu reformieren, was reformiert werden muss
um Kontrollen durchzuführen	um langfristig vorauszuschauen	um zu lehren	um Beweise abzuwägen
um Einzelheiten nachzuvollziehen	um neue Ideen zu liefern	um Werbung zu machen	um konsequent eine eingeschlagene Politik einzuhalten
um Geduld zu bewahren	um scheinbar Unmögliches „anzufeuern"	um die Rolle des Denkers zu würdigen	um sich auch gegen Widerstand durchzusetzen

Lassen sie uns nun einen kurzen Blick darauf werfen, wie gegensätzliche Typen einander nicht nur anziehen, sondern füreinander auch sehr hilfreich sein können. (In den vorangegangenen Kapiteln zur individuellen Entwicklung haben wir uns ja schon mit der Notwendigkeit der Integration gegensätzlicher Kräfte in das eigene Selbst beschäftigt.) Wenn wir nun die Funktionen der Wahrnehmung und der Beurteilung genauer betrachten, wird uns sofort einleuchten, wie die einander diametral entgegen gesetzten Kräfte füreinander von Vorteil sind.

Wenn wir die Anziehungskraft und den wechselseitigen Nutzen der gegensätzlichen Typen besser verstehen, bekommen wir unweigerlich einen klareren Blick für uns selbst und unsere Beziehungen. Ein Blick auf die Prozesse der Persönlichkeitsentwicklung genügt, um zu sehen, wie vielschichtig und komplex unsere zwischenmenschliche Interaktion ist, sobald wir besondere Ereignisse, unverwechselbare Charaktereigenschaften und anderes bei dieser Gleichung berücksichtigen. Dennoch lassen sich in den scheinbar zufälligen und chaotischen Verhaltensweisen Muster aufzeigen. Auf unserem Weg zu gesunden ausgeglichenen Beziehungen werden wir zusätzliche Methoden kennen lernen, wie wir unsere neu gewonnenen Einsichten in die Praxis umsetzen können.

Gemeinsam wachsen

Unterschiede bringen Abwechslung und Farbe in unsere Beziehungen. Sie verlocken uns. Sie erinnern uns an das Geheimnis, das in jedem Fremden, Anderen auf Entdeckung wartet. Eines unserer Ziele ist es darum, die Kräfte in unseren Beziehungen zu erkennen und zu unterstützen, die für höhere Ebenen der Differenzierung und der Vielfalt sorgen. Wenn wir Unterschiede zulassen und positiv gestalten können, erfahren wir Anregung und Wachstum. Entstehen jedoch durch die Unterschiede zu große Spannungen, während wir nach Harmonie und Ganzheit suchen, kann sie in Trennung enden. Wenn Teile eines Systems – oder, wie hier, einer Beziehung – zu sehr auseinanderdriften, leidet das Ganze. Es löst sich in seine Bestandteile auf und stirbt, wenn wir uns nicht darum kümmern. Das Gleiche gilt auch für den Fall, dass die Teile des Ganzen einander zu ähnlich sind. Homogenität und Integration sorgen zwar für die Stabilität und Kontinuität, die alle Beziehungen nötig haben; im Extremfall führt eine zu große Übereinstimmung jedoch zu Langeweile, Konformität und Einförmigkeit. Die Beziehung leidet, verkümmert und erstickt schließlich, wenn wir uns nicht um sie kümmern.

Ganzheit finden wir, wenn wir diese gegensätzlichen Kräfte in ein dynamisches Gleichgewicht bringen. Wir müssen die Unterschiede bewahren, um uns gegenseitig anzuregen, um das Interesse aneinander wach zu halten und um Wachstum auf beiden Seiten zu ermöglichen. Auf der anderen Seite brauchen wir Gemeinsamkeiten, um die Beziehung stabil zu halten. Es liegt in der Verantwortung beider Partner, in einer Beziehung das angemessene Spannungsgleichgewicht zwischen Verschiedenheit und Ähnlichkeit zu finden. Dieses Spannungsniveau wird in jeder Beziehung individuell verschieden sein. Einige Beziehungen brauchen große Stabilität, andere benötigen mehr Abwechslung. In all Ihren Beziehungen, die Sie als positiv und gewinnbringend erleben, haben Sie wahrscheinlich das angemessene Spannungsgleichgewicht zwischen anregender Verschiedenheit und stabilisierender Ähnlichkeit gefunden.

In der Regel empfehlen wir Partnern, Auswertung mit einem der wissenschaftlich abgesicherten Instrument zu machen und anschließend ihre Präferenzen nach einigen gleichen Buchstaben zu überprüfen und auch die gegenläufigen Präferenzen zu bestimmen. Dann sollte man Wege suchen, die Verschiedenheit zu feiern (auf das zu schauen, was Sie und Ihr Partner anfangs so attraktiv aneinander gefunden haben) und die Ähnlichkeit zu umarmen (das, was in Ihrer Beziehung dafür sorgt, dass Sie sich wohl fühlen). Bisweilen haben beide Partner die gleichen Präferenzen, alle vier Buchstaben sind also identisch. Hier können die starken Ähnlichkeiten auch belasten und die Beziehung ersticken. Beide Partner müssen dann Wege suchen, auch gegenseitig ihre Einzigartigkeit zu fördern; denken Sie daran, keine zwei Menschen sind genau gleich – alle haben einzigartige Merkmale, auch wenn ihre typologischen Präferenzen identisch sein sollten. Wenn die Typen-Codes sich in allen vier Punkten unterscheiden, können die Partner versuchen, Stabilität und gemeinsamen Boden zu finden. Das ist normalerweise die schwierigere Aufgabe. Es kann aber auch äußerst lohnend und bereichernd sein, vor allem, wenn beide Partner bereit sind, sich wirklich anzustrengen und ihre Persönlichkeit im Spiegel ihres Gegenübers wahrzunehmen.

Die Ironie des Ganzen besteht nun darin, dass wir uns bei anderen in Wirklichkeit anfangs immer zu einer Eigenschaft hingezogen fühlen, die wir selber nicht haben. Frisch verliebt, genießen wir gerade das Anderssein und die Einzigartigkeit des neuen Partners in vollen Zügen. Im Laufe der Zeit fangen wir dann an zu glauben, unseren Partner verbessern zu können. „Wenn er/sie mir nur ein bisschen ähnlicher wäre", denken wir, „dann ginge alles besser."

Damit fangen die Probleme aber erst an. Wir verlangen von unserem Partner, sich zu ändern – und gewöhnlich betrifft das genau die Eigenschaften, die wir anfangs so attraktiv fanden. David Keirsey beschreibt dieses für viele Beziehungen typische Muster als Pygmalion-Projekt: „Das Pygmalion-Projekt besteht darin, dass man zunächst alles daran setzt, den Menschen zu finden, der ganz anders ist als man selbst, dem man verspricht, für ihn zu sorgen, ihn zu umsorgen. In vielen Fällen handelt es sich dabei um einen Menschen, der in jeder Hinsicht das Gegenteil von einem selbst darstellt. Sobald man diesen Menschen gefunden hat, werden alle Register gezogen, ihn nach eigenen Vorstellungen umzuformen, so als wäre die Heiratsurkunde als Bildhauerurkunde aufzufassen, die den Ehepartner befugt, an dem anderen herumzumeißeln und zu feilen, bis er dem Bildnis des Bildhauers entspricht."[6]

In solchen Situationen gibt es nur Verlierer. Wenn unser Partner sich ändert, wird er wahrscheinlich durch die Notwendigkeit, mit einer unterentwickelten Funktion operieren zu müssen, frustriert – und die Eigenschaft, in die wir zu Anfang so verliebt waren, verschwindet. Außerdem schaffen wir möglicherweise eine so homogene Beziehung, dass wir Gefahr laufen, in zerstörerische Langeweile abzugleiten.

Wenn unser Partner sich allerdings weigert, sich zu ändern, sind wahrscheinlich wir selbst enttäuscht, weil wir unsere „gut gemeinten" Anstrengungen, das geliebte Wesen zu verbessern, áls fehlgeschlagen betrachten müssen. Unsere offensichtliche Unzufriedenheit mit unserem „real-existierenden" Partner trägt auch nicht gerade zu dessen Selbstsicherheit bei. Das Selbstbild und die Selbstachtung (vgl. Kapitel 4) beider Partner werden unter der Situation leiden.

Die Typentheorie ermöglicht ein besseres Verständnis für die Ähnlichkeiten und die Verschiedenheiten in unseren Beziehungen. Wir können das typologische Persönlichkeitsinventar benutzen, um die Unterschiede zu begreifen und die stabilisierenden Elemente unserer Partnerschaft zu bestimmen. Dann können wir auch die stimulierenden Eigenschaften, die für die ursprüngliche Anziehungskraft gesorgt haben, entdecken und immer wieder neu prüfen, ob sie noch da sind bzw. welche Rolle sie spielen. So lassen sich auch die dynamischen Kräfte bestimmen und freisetzen, die für das gesunde Wachstum und die positive Entwicklung einer Beziehung erforderlich sind.

Lassen Sie sich abschließend noch einmal ins Stammbuch schreiben, dass jeder Mensch ein Individuum ist, ungeachtet des zwischen zwei Partnern möglichen Maßes in Integration. Auch in einer Beziehung, die noch so stabil und harmonisch ist, muss jeder Partner damit leben, dass er bis zu einem gewissen Grade dennoch immer einsam sein wird. Keine zwei Menschen passen vollkommen zusammen; es gibt Anteile in uns, die unser Partner oder unsere Partnerin womöglich niemals ganz verstehen kann, obwohl wir doch hofften, in ihm oder ihr unseren Seelengefährten gefunden zuhaben. Es wird in jeder Beziehung immer wieder Augenblicke geben, in denen der eine dem anderen verzweifelt zu versichern versucht: „Ich weiß, was du meinst" – und dennoch Hilflosigkeit und Verständnislosigkeit in seinen Augen zu lesen sind. Menschen können sich niemals ganz miteinander verbinden – selbst nicht mit den Nächsten und Liebsten, die sie haben.

Zusammenfassung

Trotz genauer Analyse bleiben zwischenmenschliche Beziehungen letztlich immer ein großes Geheimnis. Wir können uns über Weiblichkeit, Männlichkeit und Androgynität unterhalten. Wir können die Gründe für Attraktivität besser verstehen. Wir können zusammenwachsen. Aber selbst wenn wir alles zusammenzählen, müssen wir erkennen, dass es noch viel, viel mehr zu entdecken gibt. Die Reise zur Individuation schließt all das, was oben gesagt wurde, ein – besonders das Geheimnis ...

Beziehungen sind ein notwendiger Bestandteil des eigenen Individuationsprozesses. Dabei sollten wir den Blick aber nicht nur auf das andere Geschlecht richten: „Weder Heirat noch tiefe Freundschaft zum anderen Geschlecht ist für die Individuation in jedem Falle notwendig – vielleicht jedoch wahre Freundschaft in irgendeiner Form."[7]

Es ist unbedingt notwendig, dass wir auf die eine oder andere Weise mit wenigstens einem Menschen tief verbunden sind. Eine tiefe und vertrauensvolle Freundschaft zu haben, ist nicht nur Wunsch vieler Menschen, sondern unumgängliche Bedingung für einen ganzheitlichen Individuationsprozess. Es ist sehr schwer, uns selbst mit allen unseren Defekten und Schwächen zu akzeptieren, wenn wir nicht die Erfahrung machen können, dass wir von anderen – zumindest einem anderen – wirklich angenommen sind.

Wir brauchen den Freund als Spiegel, der unser Bild zurückwirft, und als Bestätigung, damit wir uns selbst so annehmen können, wie wir wirklich sind, und damit wir die Tiefen unseres Selbst besser kennen lernen und verstehen können.

Zehntes Kapitel

Spiritualität – oder:
Was hält unsere Welt im Innersten zusammen?

Die bewusste Persönlichkeit kann mehr oder weniger klar bestimmt
und abgegrenzt werden; wenn es sich aber um die Gesamtheit
der menschlichen Persönlichkeit handelt, muss die Unmöglichkeit
einer vollständigen Beschreibung zugegeben werden.
Mit anderen Worten, es gibt unvermeidlicherweise ein unbegrenztes
und undefinierbares, zusätzliches Etwas zu jeder Persönlichkeit.
C. G. Jung

Im zweiten Teil dieses Buches haben wir uns mit praktischen Anwendungen der typologischen Profile beschäftigt. Nun möchten wir versuchen zu zeigen, wie diese auch Verständnis bringen kann im bewussten Umgang mit tieferen Schichten unseres Lebens, der so genannten spirituellen Dimension. Wir hoffen, dass wir gerade bei diesem Thema aus dem Alltag zu Ihnen sprechen, aus der Erfahrung. Und wir hoffen, dass Sie von Ihren Erfahrungen Gebrauch machen, um Ihre eigene Spiritualität immer mehr zu entdecken.

Vielleicht passt es ganz gut, dass wir uns gerade im letzten Kapitel direkt mit Spiritualität beschäftigen. Die Reise zur Individuation schließt das Verständnis des eigenen Selbst und der anderen Menschen ein, auf personaler wie zwischenmenschlicher Ebene. Doch das reicht nicht aus. Die aufrüttelnde Suche nach einer verbindenden Kraft, die all das „im Innersten zusammenhält", ist von überragender Bedeutung. Wir erkennen im Menschen eine mächtige sehnsuchtsvolle Bewegung, die in scheinbar blindem Tasten versucht, den Kontakt mit dem Göttlichen wieder zu erlangen; wir spüren als Folge eine tiefe Unzufriedenheit mit dem Bestehenden.[1] Wir wissen nicht, woher diese sehnsuchtsvolle Grundstimmung kommt. Wir wissen nur, irgendetwas fehlt uns. Und das ist gut so!

Spiritualität – Die vergessene Suche nach Ganzheit

Wenn wir das Wort Spiritualität hören, denken wir vielleicht zuerst an Kirche und Glauben. Spiritualität hat jedoch einen breiteren und umfassenderen Grund. In ihr formuliert sich die Sehnsucht nach Kohärenz, nach dem ungebrochenen Zusammenhang der wirklichen Welt. Es bedeutet, eine Beziehung zur Wirklichkeit aufzunehmen.

Spiritualität ist eine prägende geistige Orientierung, die die ganze Person, die Beziehung zu sich selbst, den Dingen und Lebensumständen mit einbezieht. Sie weist auf die „Innenseite der Dinge" hin. In alten Weltbildern wurde diese Innenseite in den Himmel projiziert oder als etwas ganz anderes aufgefasst. Dadurch wollte man das kostbare Unsichtbare vor dem sichtbaren Materiellen schützen. Wir verstehen unter Spiritualität die geistige Innenseite, die jedes äußere Sichtbare *hat*.

Nach C. G. Jung ist unser bewusstes Leben eingebettet in ein weites unerforschliches Meer des Unbewussten. In der Sprache der modernen Gehirnforschung: Die Trillionen-Bytes-Kapazität unseres Gehirns steht in keinem Verhältnis zu den paar tausend Bytes, die wir ständig im Wachzustand aufnehmen können.

In der Spiritualität geht es darum, die tiefere Bedeutung und den Sinn des Lebens zu verstehen und unser Selbst in seinem größeren Zusammenhang zu erfassen. Die Art und Weise, wie wir geistige Orientierung finden, wird durch das geistige Klima unserer Umwelt bestimmt.

Die westliche Welt zeigt eine eindeutige Präferenz für das analytische Denken (T). Dieser Rationalismus wurde auf Angelegenheiten des Glaubens ebenso angewandt wie auf fast alle anderen Lebensbereiche. Daher räumt die westliche Christenheit dem kritischen Denken einen hohen Stellenwert ein, was häufig zu Lasten der Subjektivität, der persönlichen Werte und der sozialen Harmonie geht.

Diese Entwicklung ist historisch verständlich. Im 17. Jahrhundert trieb der Rationalismus eines René Descartes einen Keil zwischen zwei Sichtweisen der Welt – die der rationalen Vernunft und die einer wertorientierten Erfahrung. (Die Ironie des Schicksals ist, dass Descartes seine Vision von der Vernunft in einem Traum erlebte – als Soldat in der Nähe von Ulm, nachts im Schlaf, in einem Ofen!) Die Entwicklung der Naturwissenschaften verbreiterte den Graben und brachte die Wissenschaft in einen scharfen Kontrast zu den mit Wertvorstellungen beladenen spirituellen Weltanschauungen.

Die so entstandene Kultur des mathematischen und logischen Denkens versuchte nun, die Inhalte des Glaubens zu unterdrücken, um ihrem eigenen Anspruch zu genügen. Die subjektiven und ethischen Aspekte wurden ausgeklammert, weil sie nicht ins analytische Paradigma passen wollten. Noch heute existiert ein garstiger Graben zwischen der linearen Denkweise der Vernunft und der nicht-linearen Logik der Wertvorstellungen.

Die Kultur des analytischen Denkens brachte bald ihr natürliches Kind zur Welt – die moderne Technologie. Wir haben viele der positiven Ergebnisse dieser Entwicklung schätzen gelernt. Gleichzeitig haben wir aber den Mangel an erfülltem Leben, an Mitgefühl und an subjektiver Menschlichkeit vor Augen. Der Philosoph Karl Jaspers bemerkte einmal in einem Interview: „Es kommt mir vor, dass diese ganze helle Welt des wissenschaftlichen Wissens, des theoretischen Könnens, die ja wunderbar ist und mit der ich mitgehe und auf die ich stolz bin – dass diese ganze Welt des klaren Denkens im Ganzen eine ungeheure Verschleierung ist, weil sie das verdeckt, was die Voraussetzung des eigentlichen Menschen ist."[2]

Müssen wir um unserer Spiritualität willen noch mehr wissenschaftliche Kenntnisse erwerben? Wo können wir die Weisheit finden, die uns zu ethischen, lebensfördernden Entscheidungen befähigt? Wie kommt es, dass wir unsere Situation ziemlich korrekt analysieren können, aber unsere Verbundenheit mit allem nicht spüren? Unser Verstand sagt uns jenseits aller Logik, dass wir menschliche Werte und das Wirken des Transzendenten brauchen, um unser Leben zu gestalten. Wo sind die Quellen, aus denen wir unsere Wertmaßstäbe ziehen können?

Vier Quellen können wir empfehlen:

die tieferen Schichten unseres Seins
die modernen Erkenntnisse der Physik und Neurobiologie
die traditionellen Überlieferungen der Menschheit
die Religion

Je mehr wir das Getrennte und Zerbrochene in der *conditio humana* erleben, desto lauter und klarer wird der Schrei nach Orientierung. Wir müssen sehen lernen, was das „Eine" ist, das Not tut, und die „zentrale Ordnung" entdecken, wie es Werner Heisenberg formuliert hat.[3]

Max Planck, einer der Begründer der modernen Physik, forderte die Integration zweier Sichtweisen:[4] eines subjektiven Weges, der quasi vom inneren Selbst ausgeht und auf dem wir eng mit den Erfahrungen des Lebens verwoben sind; und eines objektiven Weges, auf dem wir zu analysierenden Beobachtern werden. Die psychologische Typentheorie unterstützt dieselbe Art der Integration von Funktionen. Wenn man an sich dem einen oder anderen Ende der Skala festbeißen will, entsteht ein ungesundes Ungleichgewicht.

Gefärbt von der Geschichte und in Folge intensiver Anpassung an die Kulturen, hat sich in der westlichen Hemisphäre eine rational geprägte Kirchenkultur entwickelt. Was zum Kindbett einer befruchtenden Spiritualität werden sollte, ist selbst eine angepasste Kultur geworden. Und so haben sich im Verlauf der letzten Jahrzehnte viele Subkulturen und Bewegungen gebildet, die sich von der Mehrheit abgrenzen oder abspalten. In den unterschiedlichen Gruppierungen finden sich verschiedene „Typen". Wer nach klaren Anweisungen verlangt und die wörtliche Auslegung der Bibel bevorzugt (ST), sucht Gruppen, die eine klare Hierarchie und eindeutige Lehre pflegen. Die deutlichste Ausprägung haben fundamentalistische Gruppen. Wer dagegen nach subjektiver Erfahrung und klaren Regeln verlangt (SF), wird sich in konservativ charismatischen Kreisen wohl fühlen. Wer Zugang zur Spiritualität über das Bibliodrama (o. Ä.) sucht, gleichberechtigter Gesprächspartner sein möchte und nicht vorgeschrieben bekommen will, was ein Bibeltext bedeutet (NF), findet heutzutage Gleichgesinnte in kirchlichen Einrichtungen der Erwachsenenbildung. Die kirchliche Institution versucht, die unterschiedlichen Prägungen organisatorisch zusammenzuhalten. Es gibt jedoch kein Leitbild, das die Einheit der so verschiedenen Strömungen beschreibt.

Dieses mittelalterliche Mandala aus der Kirchenväterausgabe von Migne zeigt die mikro- und makrokosmischen Entsprechungen zwischen Welt, Jahr und Mensch.

Auf der Suche nach Ganzheit

Was wir in unserer immer komplexer werdenden Welt brauchen, ist eine Quelle der Weisheit, die wir anfassen und spüren können. Unser Streben gilt den spirituellen Erfahrungen, der Weisheit als „Lebensstil", der Weisheit, die uns an die ungeheuren Möglichkeiten erinnert, die das sich ausdehnende Universum zu bieten hat.

In Ropschitz, der Stadt des Rabbis Naftali, hatten die Reichen Wachmänner angeheuert, um ihre Häuser zu schützen, die außerhalb der Stadt lagen. Als Rabbi Naftali eines Nachts im nahegelegenen Wald spazieren ging, traf er auf einen dieser Wächter. „In wessen Auftrag gehst du?", fragte der Rabbi. Der Mann gab ihm die gewünschte Auskunft und fragte seinerseits: „In wessen Auftrag geht Ihr?" Die Frage schlug bei dem Rabbi wie der Blitz ein. „In niemandes Auftrag, bisher", antwortete der Rabbi und atmete schwer. Dann ging er eine Zeit in der Nähe des Wächters auf und ab. „Willst du mein Diener sein?", fragte er ihn schließlich. „Gern", gab der Mann zurück, „was muss ich tun?" – „Mich erinnern", bat Rabbi Naftali.[5]

Wie Rabbi Naftali brauchen wir solche Wächter, die uns daran erinnern, dass es noch etwas außerhalb der Bedingungen gibt, in denen wir uns vorfinden – etwas, das unserem bewussten Verstehen fremd und unzugänglich ist. Die psychologische Typentheorie ist ein nützliches Radarsystem, um das eigene Selbst zu erforschen, aber auch die Dinge, die sich außerhalb unseres unmittelbaren Bewusstseins befinden; und nicht zuletzt hilft uns die Typentheorie bei der Klärung, *wie* wir unseren spirituellen Weg gestalten können.

Nicht selten verwirren uns gewisse Aspekte der Wirklichkeit, die scheinbar im Gegensatz oder gar im Widerspruch zueinander stehen. Das betrifft etwa die Spannung zwischen Ordnung und Chaos, Licht und Finsternis, oder auch die Kräfte, die in Sympathie und Antipathie wirksam werden. Das Leben besteht aus all diesen Polen und spannungsgeladenen Aspekten – Gegensätze sind notwendig.

Wer sich den unterschiedlichen und manchmal unversöhnlich scheinenden Aspekten des Lebens stellt und schließlich mit ihnen zurechtkommt und dabei Verbindendes und Positives am Leben findet, der bezeichnet das in der Regel als spirituelle Erfahrung. Wenn es etwas gibt, das all die kreativen Spannungen in unserem Leben erklären kann, dann ist es unsere Spiritualität.

Christopher Bryant führt dazu aus: „Solange ich die göttliche Vorsehung als abstrakte Wahrheit und Bestandteil eines theistischen Glaubens verstand, hatte sie auf mich keinerlei Wirkung. Aber es war etwas völlig anderes, als ich Gottes lenkende Hand in meinem eigenen Wesen spürte, in meinen Stimmungsschwankungen und dem Auf und Ab meiner Gesundheit."[6]

In der Tat sind alle Kräfte, die unser Leben bestimmen, spirituell. Spiritualität durchdringt unser Leben und zeigt die Verbundenheit der auf uns wirkenden Kräfte. Sie veranschaulicht und fördert unsere Suche nach Ganzheit. Es ist die Sehnsucht nach dem ganz Anderen. Spirituell zu sein heißt, der verlockenden Mahnung zu folgen, dass es etwas gibt, was größer und bedeutender ist als das, was wir unmittelbar vor Augen haben.

Manch einer von uns bejaht diese Vorstellung intuitiv. Diejenigen von uns, die eine S-Präferenz für die Sinneswahrnehmung haben, möchten hier wahrscheinlich die Augenbrauen hochziehen und uns empfehlen, nicht zu sehr abzudriften und bitte ein bisschen spezifischer und konkreter zu werden. Das stimmt, wir sollten konkreter werden. Doch gestatten Sie uns, noch einen Moment bei solchen Grenzerfahrungen zu verweilen.

Wenn wir die Vorstellung zulassen, dass Gott allgegenwärtig ist, dann ist er auch in Gegensätzen erfahrbar. Wenn wir uns nur des einen Teils eines Gegensatzpaares bewusst sind, ist unsere Sicht der Dinge unvollständig. Ein Gegensatz ist dasjenige „Verhältnis, in dem jeweils zwei Momente einander ausschließen, und doch wieder verbunden sind und einander geradezu voraussetzen".[7]

Der griechische Philosoph Heraklit gebrauchte den Begriff *enantiodromia*, um die Kräfte der menschlichen Seele zu beschreiben. Das Wort bedeutet soviel wie „dem Entgegengesetzten entgegenlaufen" oder „ins Gegenteil übergehen". Hören wir ihn selbst: „Zusammen gehört Ganzes und Nichtganzes, Zusammengehendes, Auseinandergehendes, Zusammenstimmendes, Missstimmendes, und aus allem eins wie aus einem alles ... Das Weise ist eines in allem: teilbar – unteilbar, geworden – ungeworden, sterblich – unsterblich, dauernder Sinn – flüchtiges Leben, Vater – Sohn, Göttliches – Rechtliches ... Es ist immer dasselbe, Lebendes wie Totes, Waches wie Schlafendes, Junges wie Altes. Das eine schlägt um in das andere, das andere wiederum schlägt in das eine um."[8] „Die menschliche Seele wird durch gegensätzliche Bedürfnisse und Instinkte bewegt; die Spannung zwischen diesen sorgt für Kreativität und Lebenskraft", schreibt Christopher Bryant.[9] Aber wie lassen sich die verschiedenen Spannungen entdecken und erforschen? Wie können wir lernen, mit unseren tiefsten Tiefen in Berührung zu kommen und unsere eigene innerste Wahrheit zu entdecken?

Wir möchten Sie nun einladen, Ihre Reise zur Individuation noch ein wenig auszudehnen, indem Sie das innere Reich der Seele und die unendlichen Sphären der Spiritualität erforschen. Wir können hier nur einige mögliche Ausgangspunkte vorstellen, da wir uns auf einem unermesslichen und unerschöpflichen Feld befinden und wir uns nicht anmaßen wollen, Ihre allwissenden geistlichen Führer zu sein. Das Beste, was wir tun können, ist Ihnen mögliche Wege vorzuschlagen und Ihnen ein paar Anstöße zum Nachdenken zu geben.

Gott, der überall gegenwärtig ist, lässt sich am besten in unserer eigenen Seele finden. Das Leben ist kein Film, in dem spätestens am Schluss alle Dinge wunderbar zusammenpassen. Dennoch gibt es Punkte in unserem Leben, wo die Dinge sich doch zusammenzufügen scheinen; häufig geschieht dies, wenn wir uns in Krisen, Spannungen oder erhöhter Erregung befinden. Spüren Sie Gott in Ihrer Seele, dann nehmen Sie die Situation an, nicht als schicksalhafte Notwendigkeit, sondern als gestellte Aufgabe oder Gelegenheit – als Gelegenheit für Sie persönlich. Das so zu verstehen, hat uns die spirituelle Erfahrung gelehrt.

Die Typentheorie und die spirituelle Reise

Wir leben in einer Zeit, in der viele Menschen nach Erklärungen für die scheinbar unzusammenhängende Vielfalt suchen, die sie erleben. Dabei handelt es sich einerseits um „Makro-Probleme" wie die Ökologie der Erde oder die politischen und ökonomischen Gräben zwischen Ländern und Kontinenten, aber auch um das „Mikro-Problem", wie wir persönlich ein gesundes und erfülltes Leben führen können. Auf unserer spirituellen Reise haben wir alle Anteil an der berechtigten Suche nach einem ganzheitlichen und sinnvollen Leben. Die Präferenzen, mit denen ein Mensch wahrnimmt und beurteilt, beeinflussen dabei die Art und Weise, wie er seinen spirituellen Weg finden und gehen wird.

So sind beispielsweise die bestimmenden Gottesbilder von Typ zu Typ verschieden. *Extravertierte Typen* zeigen eine Präferenz für die Immanenz, das In-der-Welt-Sein Gottes. Sie sehen Gott als den Schöpfer der Gemeinschaft und suchen die Interaktion mit Menschen und Projekten.

Introvertierte Typen sehen die persönliche Gotteserfahrung, die Transzendenz und die Identifizierung mit dem innersten Selbst als Dreh- und Angelpunkte ihres Gottesbildes. Wenn Jesus in den Evangelien vom „Reich Gottes" spricht, weist er jede Interpretation zurück, die dieses Reich mit einem Stück Land oder einer Institution identifizieren will. Das Reich Gottes besteht in Gottesgegenwart und Kraft. Anschaulich vergleicht Jesus es mit einem Sauerteig. Ein kleines Stück Sauerteig durchsäuert den ganzen Teig – ein kraftvolles Bild für die Transformation. Transformation bzw. Wandel ist im Tiefsten ein spiritueller Prozess. Es ist der Weg einer Selbstentdeckung. Das Sehen mit dem inneren Auge wird geschult. Starre Vorstellungen vom Leben und statische Gottesbilder lösen sich auf. Es ist ein Weg zu sich selbst, auf dem man im tiefsten Sein Sinn entdeckt – und die Verbundenheit mit dem Leben, mit anderen Menschen und mit den konkreten Bereichen des Alltags. Der Weg ist für jeden Menschen ein individueller und eigener. Es gibt Muster, die an unsere Persönlichkeitsstruktur gebunden sind:

Wirkliche Erfahrung ist für *S-Typen* von entscheidender Wichtigkeit. Klassisches Beispiel ist „Thomas der Zweifler" im Johannesevangelium. Thomas konnte die Geschichte von der Auferstehung, die ihm seine Mitapostel erzählten, nicht glauben. Deshalb wurde ihm erlaubt, seine Hände und Finger in die Wunden Christi zu legen, damit seine Sinne zufrieden gestellt wurden. Christus holte Thomas dort ab, wo er sich befand: in der Welt der Sinne und des Verstandes, nicht in der Welt der intuitiven Zugänge eines N.

Es gibt viele Menschen, die spüren, schmecken, riechen, sehen und hören müssen, um spirituelle Erfahrungen machen zu können. Die eher introvertiert und intuitiv veranlagten brauchen eine innere Vorstellung oder einen Eindruck.

Die begründende Analyse von absoluten Prinzipien und ersten Ursachen ist von großer Bedeutung für die *T-Typen,* während die personhaften und wertebezogenen Aspekte für die *F-Typen* besonders verlockend sind. In der steten Suche nach Wahrheit sehen *T-Typen* ihre grundsätzliche und lebenslange Aufgabe; die Wahrheit macht frei und die Vernunft ist eines der wirkungsvollsten Mittel, um zur Wahrheit vorzudringen. Vernunft ist für T-Typen nichts Trockenes, Steriles und Lebloses, sondern eine wichtige Gabe, die erregt und herausfordert. Der erste Schritt auf dem spirituellen Weg heißt für T-Typen: Wissen und Vernunft. Die wesentliche Erfahrung auf dem spirituellen Weg eines F heißt dagegen Hingabe.

Ihre Grundwahrnehmungen bereiten den Boden für Ihren Zugang zur Spiritualität und der Art und Weise, wie Sie ihr Ausdruck verleihen. Es ist klar, dass sich die Menschen in ihrer Art, zu beten, spirituelle Erfahrungen zu machen und ihre Spiritualität grundsätzlich zu beurteilen, voneinander unterscheiden.

Lassen Sie uns nun einige historische Gestalten daraufhin befragen, wie sie ihre Spiritualität gestaltet haben. Wir behaupten nicht, diese komplexen Persönlichkeiten in allem korrekt typisieren zu können; wir verlassen uns auf historische Aufzeichnungen, um einige hervorstechende Typenmerkmale aufscheinen zu lassen. Unser Ziel ist es hier, eine Reihe von Persönlichkeiten auf ihre bevorzugten Funktionen hin zu untersuchen und einige ihrer Taten im Licht der Typentheorie neu zu verstehen.

ST oder dienen und sich den Tatsachen stellen

Spiritualität wird je nach Typ auf unterschiedliche Weise erfahren und ausgedrückt. *Jeanne la Pucelle,* die „Jungfrau von Orléans" (1412–1431), zeigte ihren Glauben auf eine rationale, maßvolle und sinnesorientierte Art. Sie begegnete den politischen Wirren und den religiösen Streitigkeiten des 15. Jahrhunderts mit Mut, „Einfalt", Genie und Authentizität. Sie gehorchte ihrem Gott und erklärte dazu: „Was ich weiß, habe ich mit den Augen meines eigenen Körpers gesehen." Darauf zog sie Stiefel an, schnitt ihr Haar, warf den Waffenrock über und führte die französische Armee im Kampf gegen die Briten in der Schlacht von Orléans. Ihre Versicherung, dass Gott auf ihrer Seite wäre und sie durch die Stimmen der heiligen Margaret und der heiligen Katharina geleitet würde, war überzeugend. Der französische Hof vertraute ihrem militärischen Geschick und ihrer religiösen Inbrunst. Als sie jedoch während der Belagerung von Compiégne gefangen genommen und an die Engländer ausgeliefert wurde, war das der „Beweis", dass Gott sie verlassen hatte.

Jeanne wurde vor Gericht gestellt und starb als Ketzerin auf dem Scheiterhaufen. Im Kampfeinsatz erwies sich Jeanne als außerordentlich tüchtig. In ihrem Gerichtsverfahren bewies sie außergewöhnliche Intelligenz, obwohl sie keinerlei Ausbildung genossen hatte. Sie ging mit den kniffligsten juristischen und theologischen Sachverhalten auf eine Weise um, die zeigte, dass sie zu den brillantesten Köpfen ihrer Zeit gehörte. Jeannes Bemerkung, „Nimm alles fröhlich an ... antworte tapfer", ist ein gutes Beispiel für eine gesunde ST-Spiritualität. Als sie über ihre Beziehung zu den Stimmen der Heiligen befragt wurde, gab sie zurück: „Ich konnte sie nicht in mich aufnehmen, ohne sie zu spüren und zu berühren" – in der Tat eine sinnlich orientierte Antwort. Sie hielt an ihren Überzeugungen fest und handelte in typischer ST-Manier nach ihnen. In ihrer letzten Stunde brachte sie erneut ihren Glauben und ihr Pflichtgefühl zum Ausdruck, als sie sagte: „Ich wollte niemals meine Heiligen verleugnen."

Auch der baskische Berufsoffizier *Ignatius von Loyola* (1491–1556) zeigte deutliche ST-Präferenzen. In der Tat sind gerade STs oft von militärischen Strukturen fasziniert, da dieser geregelte, hierarchische und pflichtorientierte Lebensstil ihren Neigungen sehr entgegenkommt. Eine schwere Kriegsverwundung, die er 1521 in Pamplona erlitt, war der Wendepunkt im Leben von Ignatius. Außer Gefecht gesetzt und ans Bett gefesselt, wurde er während seiner Genesung auf Schloss Loyola nicht nur körperlich wiederhergestellt, sondern erlebte auch seine geistliche Heilung. Durch rationale Analyse und eiserne Disziplin wurde Ignatius zu einem leidenschaftlichen Christen. Sein Leben widmete er fortan einer weit größeren Sache als nur dem Kriegswesen – er stritt nun für die Sache Gottes. Er nutzte seine bevorzugten Funktionen als Organisator und Stratege. Seine „Exerzitien" sprechen nach wie vor viele Menschen an, die ihre Selbstdisziplin schulen wollen. Der von ihm gegründete Jesuitenorden wurde sozusagen die Armee der Kirche und beschäftigte sich hauptsächlich mit dem Thema *Macht*.

SF oder dienen und die Freiheit des Loslassens

Franziskus von Assisi (1181/82–1226) ist Ignatius ähnlich, soweit es die Neigung zu Sinneswahrnehmung betrifft, unterscheidet sich von jenem aber in der Beurteilungsfunktion. Die Menschlichkeit des heiligen Franz ist uns viel zugänglicher; wir finden gelegentlich Selbstgerechtigkeit, Ausbrüche von Stolz und die Geringschätzung der Armut anderer Menschen; er sog Demütigungen begierig auf und war stolz darauf, sein „Fleisch" zu quälen. Genauso unbestreitbar sind allerdings seine Freude am Dienen, seine Achtung vor dem Leben in jeder Form, seine Redegewandtheit, die die Herzen aller Zuhörer im Sturm eroberte, und seine völlige Hingabe an die Spiritualität.

Franz von Assisi war ein sinnlicher und genießerischer junger Mann. Er trug farbenfrohe Kleidung, zog mit seinen Freunden herum, aß, trank und amüsierte sich mit ihnen. Franz genoss das Leben. Er mochte das geregelte Leben der Armee nicht und war nicht bereit, die Erwartungen seines Vaters zu erfüllen, der eine militärische Karriere seines Sohnes erhoffte. Sein Leben war randvoll mit Aktivitäten und seine Bekehrung ereignete sich nicht in der Studierstube oder in der Bibliothek beim Bibellesen.

Die Legende weiß zu berichten: Als Franz einem aussätzigen Bettler begegnete, wurde er von der Hässlichkeit und Scheußlichkeit des Lebens wie vom Blitz getroffen. Dies geschah nicht auf abstrakte Weise, sondern sehr konkret und sinnlich, von Angesicht zu Angesicht. Franz wagte es, die Wunden des Aussätzigen zu küssen. Er umarmte den Bettler und fing an zu weinen. Diese Begegnung löste eine radikale Veränderung in seinem Leben aus. Sie provozierte ein dramatisch erweitertes Verstehen der eigenen Persönlichkeit, das tiefer ging als bisher.

Ausgelöst wurde diese Erfahrung für Franz durch ein äußeres und sinnlich erfahrbares Ereignis. Wir gehen davon aus, dass bei Franziskus im Unbewussten schon eine Menge geschehen war, bevor sich diese Begegnung ereignete. Es bedurfte jedoch der krassen Wirklichkeit, um den Funken zu entzünden. Franz begann daraufhin, die Ruine der Kapelle von Assisi wiederaufzubauen, was wieder eine hochgradig sinnliche Handlung darstellt. So folgte er seinem spirituellen Weg, der durch Sinneswahrnehmung und Gefühl geprägt war, um an der Kirche zu bauen – und das bezieht sich nicht allein auf die Kapelle von Assisi.

Dienst und Hingabe sind die Wahrzeichen eines SF. Ein NT würde wahrscheinlich einem solchen Ruf, wie Franz ihn verspürte, ganz anders begegnen. Als intuitiver Denker hätte er wahrscheinlich eine Vision oder einen Traum von einer besseren Welt und würde sich daran machen, sie in großem Maßstab zu verändern. Franz, der SF, sah die unmittelbare und konkrete Herausforderung zur Ganzheit und antwortete darauf.

Franz brauchte einen spürbaren und wirklichen Menschen, den abstoßenden Bettler, um die Dunkelheit in seinem Leben sehen zu können, die Trennung von Licht und Finsternis in seiner eigenen Seele. Aus spiritueller Sicht handelt es sich bei jener Begegnung nicht allein um ein sentimentales Gefühl oder eine Veränderung der Lebensumstände – es war zugleich eine innerseelische Heilung, ein sehr echter und wirklicher Schritt voran auf dem Weg zur Individuation. Das war der Anfang eines lebenslangen Heilungsprozesses im Leben des heiligen Franz. Er lebte später in enger Gemeinschaft mit den Armen und ging seinen spirituellen Weg konsequent weiter.

Diese Episode aus dem Leben von Franziskus ist ein typisches Beispiel für eine Station auf der spirituellen Reise eines SF-Menschen, der sich bei der Aufnahme von Informationen auf seine Sinne verlässt und in seine Entscheidungen persönliche Werte und den Wunsch nach zwischenmenschlicher Harmonie einfließen lässt.

Die intelligente, wohlerzogene und hübsche *Florence Nightingale* (1820–1910) zeigt ebenso deutliche SF-Eigenschaften. Als junges Mädchen freute sie sich an Bällen, Gesellschaften und Empfängen, liebte den Trubel und das Tanzen. Florence wurde von vielen berühmten Gelehrten bewundert. Als sie einst betete: „Herr, lass mich deinen Willen tun", kam die Antwort mit klarer und sachlicher Stimme. „Gott dienen heißt, den Menschen dienen und dem Bösen in allen Bereichen des Alltags widerstehen." Florence wurde Krankenpflegerin und organisierte im Krimkrieg in selbstlosem Einsatz die Pflege der Verwundeten.

Die erbärmlichen Hospitäler des 19. Jahrhunderts waren primitive Höhlen, in denen mehr Menschen ums Leben kamen als gesund wurden. Das aber wurde genau der Ort, an dem man unsere SF-Aktivistin dabei antreffen konnte, ihrem Herrn zu dienen. Doch Florence beschränkte ihre Energien nicht auf die Krankenhäuser, sondern ließ jede Bürokratie, die die Rechte der Menschen nicht beachten wollte, ihre Wut und ihren Ärger heftig spüren. In ihrem Tagebuch vom 12. Mai 1849 schreibt Florence: „Religion ist nicht Meditation, sondern Arbeiten und Leiden aus Liebe zu Gott."

Eine Persönlichkeit mit ähnlichen SF-Präferenzen aus unseren Tagen wäre z. B. *Mutter Teresa* in Kalkutta, deren Lebenswerk mit dem Nobelpreis gewürdigt wurde.

NF oder Wirklichkeit erkennen und Hingabe lernen

„Das Gebet kommt nicht von Menschen, sondern ist Gottes Tat", schrieb *Theresa von Avila* (1515–1582). Als Kind ließ sie sich von Märtyrern und „Freunden des Himmels" inspirieren. Als sie sieben Jahre alt war, überredete sie ihren Bruder, mit ihr in die Stadt zu laufen und sich in die Reihen der Märtyrer aufnehmen zu lassen. Bevor die Kinder sich jedoch ihrem frommen Eifer endgültig hingeben konnten, wurden sie von ihrem Onkel aufgegriffen und nach Hause zurückgebracht. Theresa ließ sich jedoch von ihrer Romantik und den Höhenflügen ihrer Fantasie nicht abbringen. Sie war gleichermaßen extrem in ihrer Weltlichkeit wie in ihrer Heiligkeit. Die Erfahrung dieses unaufgelösten Gegensatzes zwischen der Welt und ihrer Frömmigkeit machte sie so krank, dass man schon mit ihrem Tod rechnete. Während sie im Krankenbett lag und litt, hatte sie Visionen des blutenden Erlösers und machte die Erfahrung, von Gott völlig ausgefüllt zu werden.

„Es war mir völlig unmöglich, daran zu zweifeln, dass Gott in mir lebte und ich ganz in Gott verborgen war", erzählte sie später. Sie hatte erkannt, dass man bei sich selbst anfangen und sich den Widersprüchen der eigenen Person stellen muss, bevor man darangeht, die Welt zu heilen oder zu revolutionieren.

In Würdigung der Tatsache, dass große Gedanken viel zu großen Taten beitragen, wird Theresa als Reformerin des klösterlichen Lebens geschätzt. Eine weitere Äußerung Theresas erhellt, welche Art von Gedanken man hegen sollte, und macht noch einmal ihre NF-Eigenschaften deutlich: „Es ist nicht wichtig, viel zu denken, sondern viel zu lieben." Für Theresa von Avila war der vorrangige Aspekt der Spiritualität das hingebungsvolle Gebet.

Der heilige *Augustinus* (354–430) ist unser zweites Beispiel für NF-Präferenzen im geistlichen Leben. Wenn wir seine Lebensgeschichte näher betrachten, entdecken wir eine außergewöhnlich komplexe Persönlichkeit, die ein breites Spektrum an Funktionen zu nutzen verstand.

Als vollendeter Dichter zeigt er ein hohes Maß an NF-Qualitäten, wenn er z. B. bekennt, dass „freie Neugier das Lernen wirksamer fördert als furchtbeschwerter Zwang".[10] Auch seine hingebungsvolle Beziehung zu seiner Mutter – und zu seiner Geliebten demonstriert seine intuitiven und gefühlsbestimmten Qualitäten. Vielleicht strahlte sein Leben gerade deswegen besondere Anziehungskraft aus, weil er sich selbst als großer Sünder verstand und dann ein großer Heiliger wurde. Seine große Stärke – seine charismatische Fähigkeit, Freunde um sich zu scharen und intensive Beziehungen zu pflegen – war zugleich seine große Schwäche, denn sein ganzes Leben lang waren und blieben die aufregenden Dinge, zu denen andere ihn einluden, eine große Versuchung für ihn.

Augustinus hat seine NF-Präferenzen gelebt und an ihnen gelitten. In seinem großartigen Lebensbericht, den „Confessiones" (Bekenntnissen), lässt sich aber auch sehen, dass er im Laufe seines Lebens auch seine anderen Funktionen entwickelt und integriert hat.

In jungen Jahren genoss Augustinus offensichtlich die sinnlichen Freuden des Lebens; dennoch erlag er der fantastischen und trügerischen Argumentation der Manichäer, einer synkretistischen und dualistischen Sekte des 3. Jahrhunderts. Es dauerte noch bis zu seinem 32. Lebensjahr, bis Augustinus intellektuell vom Christentum überzeugt wurde und von da an all seine Energie der innigen Beziehung zu Gott widmete. Vielleicht liegen wir mit unserer Hypothese gar nicht so falsch, dass er zu diesem Zeitpunkt seines Lebens all seine Funktionen integriert hatte und als Folge davon nicht nur eine seelische, sondern auch eine spirituelle Transformation erlebte.

Im zehnten Buch seiner Bekenntnisse finden wir die Integration und Übung all seiner Funktionen anschaulich beschrieben: „Wo hättest du, o Wahrheit, mich nicht geleitet und gelehrt, was zu meiden und was zu erstreben ist ... Ich habe nun die äußere Welt mit jedem meiner Sinne, soweit ich's konnte, durchwandert, auch das Leben meines Leibes und meine Sinne selbst betrachtet. Dann betrat ich meines Gedächtnisses innere Gemächer, vielfältig weite Räume mit ungezählten Dingen seltsam angefüllt. Ich sah's und erschrak ... und fand doch nichts darunter, was du gewesen wärst. Auch war ich nicht selbst der Finder, ich, der dies alles durchschritt und zu unterscheiden und jedes nach seinem Wert zu schätzen suchte ..., der ich auch die Boten prüfte und zählte und von den im Gedächtnis lagernden Schätzen einiges musterte, anders beiseite tat, wieder anderes hervorholte."[11] Offensichtlich hatte Augustinus seine Funktionen in ihrer Gesamtheit ergründet und ausgeschöpft. Sein spiritueller Weg begann mit der Bewusstheit und der Hingabe eines NF und folgte einem erfüllenden Kurs, auf dem er all seine Möglichkeiten erforschen, genießen und integrieren konnte.

NT oder Wirklichkeit erkennen und Denken lernen

„Als das Haupt von Thomas Morus an der London Bridge zur Schau gestellt wurde, war ganz England schockiert und eine Welle der Empörung ging durch die ganze Christenheit. ‚Ich hätte lieber die beste Stadt meines Reiches verloren‘, erklärte Kaiser Karl V., ‚als einen solchen Ratgeber wie Morus es war.‘"[12]

Sir Thomas More (1478–1535) zeigte mit seinem „köstlichen Humor und seiner überlegenen Geistesschärfe"[13] viele NT-Eigenschaften. Das „Genie von England" war Rechtsgelehrter, Abgeordneter, Lordkanzler und hatte noch zahlreiche weitere Rollen inne. Kaum jemals zeigte er Ärger oder Bestürzung. More hatte Respekt gegenüber den Institutionen und Gebräuchen seiner Zeit, ging aber gewöhnlich seinen eigenen Weg, den seine Überzeugung ihm vorschrieb. Seiner Tochter ermöglichte er dieselbe Ausbildung wie seinem Sohn – eine ziemlich unkonventionelle Einstellung zu jener Zeit. Seinem spirituellen Weg folgte er bis zum letzten Atemzug, als er für seine Überzeugung starb. Sir Thomas More, der sich in der Rhetorik und im geltenden Recht auskannte wie kaum ein anderer, hätte sein Schicksal durch einen argumentativen Trick oder einen beschwichtigenden Kompromiss abwenden können. Stattdessen folgte er seinem Gewissen und akzeptierte den Tod aus der Hand des Tyrannen.

Wegen seiner Güte, Gelehrsamkeit und Geistesschärfe geschätzt, bewahrte der Patriot und Staatsmann Thomas More Gelassenheit und Demut bis zum Ende. Er war gelassen genug, um mit seinem Henker zu scherzen, und demütig genug, die gaffende Menge zu bitten, für ihn zu beten. Und seine letzten Worte gaben noch einmal seiner spirituellen Grundeinstellung Ausdruck: „des Königs ‚guter Diener, aber zuerst der Diener Gottes."[14]

Als intuitiver Denker plante Thomas More große Reformen und war genial genug, seine Hoffnungen und Träume in verständliche Form zu übersetzen. Dies sind in der Tat Ziele, die NTs zu erreichen hoffen.

In seinem kurzen Leben zeigte auch *Dietrich Bonhoeffer* (1906–1945) auf lebhafte Weise NT-Eigenschaften. Als hochbegabter Student wollte er wirklich alles wissen, alle Dinge durchdringen und durchschauen, um die Beziehungen zwischen Ideen und Vorstellungen herstellen zu können. Dies zeigt sich besonders deutlich in seiner Habilitationsschrift „Akt und Sein", in der Bonhoeffer insbesondere die Bedeutung der dialektischen Theologie für die Philosophie- und Theologiegeschichte hervorhob.

Sein Leben hätte leicht anders verlaufen können, wenn er auf seine Freunde gehört und 1939 in den USA geblieben wäre. Er entschied sich jedoch dafür, nach Deutschland zurückzukehren und mit der Widerstandsbewegung zusammenzuarbeiten, wobei er sich des hohen Risikos vollkommen bewusst war.

„Entschuldige bitte diese anspruchsvollen Weisheiten!", schrieb Bonhoeffer aus dem Gefängnis. „Sie sind Bruchstücke aus nicht geführten Gesprächen und insofern gehören sie zu Dir. Wenn man, wie ich, genötigt ist, nur in Gedanken zu existieren, dann kommt man auf den allerdümmsten Gedanken, nämlich seine gelegentlichen Gedanken schriftlich festzuhalten!"[15] NTs leben oft völlig in der Welt ihrer eigenen Gedanken. In dieser Hinsicht ist Bonhoeffer kein Außergewöhnlicher. Der Inhalt seiner Gedanken jedoch hebt ihn über andere weit hinaus.

Sogar im Gefängnis behielt Bonhoeffer in den Augen der anderen seinen Lebensmut: „Wer bin ich? Sie sagen mir oft,/ich träte aus meiner Zelle/gelassen und heiter und fest/wie ein Gutsherr aus seinem Schloss."[16] Er setzte in der Zelle den Dienst an seiner Kirche fort und entwarf mit Weitblick über seine Epoche hinaus große Konzepte: „Die Kirche muss aus ihrer Stagnation heraus. Wir müssen wieder in die freie Luft der geistigen Auseinandersetzung mit der Welt. Wir müssen es riskieren, anfechtbare Dinge zu sagen, wenn dadurch nur lebenswichtige Fragen aufgerührt werden."[17]

Dietrich Bonhoeffer und Thomas More zeigten ihre Präferenzen für Intuition und analytisches Urteil. Sie sahen Myriaden von Möglichkeiten für sich selbst und andere, nahmen auf die Gestaltung der Zukunft Einfluss, so gut sie es vermochten, und waren entschlossen, jeden Tag nach ihren Grundprinzipien zu leben. Gerade dadurch überschritten sie die Grenzen ihrer ursprünglichen Präferenzen und dehnten ihre spirituellen Reisen auf dramatische Weise aus. Als Dietrich Bonhoeffer seinem Mitgefangenen Payne Best zum letzten Mal Lebewohl sagte, erklärte er: „Das ist das Ende – für mich der Beginn des Lebens."[18]

Unsere spirituelle Reise ist keine Angelegenheit, die mit dem Ausleben unserer Präferenzen zu tun hat. In einem sehr realen Sinn ist sie ein deutlicher Impuls, der uns zur Ganzheit ruft. In den allermeisten Fällen wird uns dieser Ruf über die Kanäle und Wege erreichen, über die wir bevorzugt und natürlicherweise unsere Umwelt wahrnehmen und Entscheidungen treffen.

Der erste praktische Schritt besteht darin, unsere Präferenzen zu bestimmen. Die Verlockung zur Ganzheit wird durch eine große und bunte Vielfalt von Erfahrungen ausgelöst. Was wir Ihnen bisher mitgeteilt haben, sollte Ihnen zeigen, wie sich die bevorzugten Funktionen äußern, wenn sie ausdifferenziert sind, und wie man sie klar erkennen kann. Aber wie steht es nun mit den Feinheiten?

Spirituelles Wachstum

Welcher Geist bestimmt den Bauplan meines Lebens?
Welche Statik gibt meinen Hoffnungen Halt und meinen Sehnsüchten Form?
Welcher Atem weitet meine Seele?
Aus welcher Tiefe ziehen meine Wurzeln ihre Kraft?
(Quelle unbekannt)

Im Alltagsgeschäft zählt Leistung. Wir sind eine von der Ökonomie getriebene Gesellschaft. Leistung entsteht, wenn Menschen selbstbewusst ihre Potenziale in die Arena der Arbeit einbringen. Wer über seine Neigungen Bescheid weiß und ein gesundes Selbstbewusstsein besitzt, wird mit Hilfe des Peilsystems „Typologie" seine Gaben und Fähigkeiten erfolgreich und zur eigenen Zufriedenheit ausleben können. Er wird sich angemessen gegen Forderungen, „die Dinge so und nicht anders zu tun", abgrenzen können und gleichzeitig eine Toleranz für Menschen entwickeln, die anders sind. Das habe ich über die Jahre erlebt – in Firmenseminaren und in zahlreichen Rückmeldungen. Die Typologie leistet in diesem Sinne einen Beitrag zur Gesundheit und fördert eine positive Einstellung zur persönlichen Leistung. S-Neigung fördert das Bewusstsein für praktische Umsetzung, N gewinnt Energie, wenn Ideen entwickelt werden, T sorgt für strategische Ausrichtung und F bei den Kolleginnen und Kollegen für Akzeptanz der beschlossenen Maßnahmen. Jede und jeder von uns hat Präferenzen und Stärken und das ist gut so. Persönliche Entwicklung, die Entdeckung der eigenen Wurzeln und das, was wir „spirituelle Erfahrung" genannt haben – all das geschieht an der Grenze und nicht auf der Sonnenseite der Stärken.

Erst wenn wir unsere Komfortzone verlassen und in den Bereich der Anspannung kommen, erst dann haben wir die Chance, neue, bisher unbekannte Landschaften unserer Seele zu entdecken. Die Angst vor dem Neuen sitzt tief. Das Bedürfnis nach Absicherung und Sicherheit ist übermächtig stark. Die kindliche Neugier, verborgene Winkel und versteckte Ecken zu entdecken – wo ist sie geblieben? In Träumen taucht sie auf. Träume senden häufig Botschaften aus dem Nichtbewussten in das Bewusstsein. Sie sind verschlüsselt und haben ihren eigenen Code. Jung berichtet in seiner Autobiographie von solch einem Tiefentraum, den er gehabt hat:

„Ich war in einem mir unbekannten Hause, das zwei Stockwerke hatte. Es war ‚mein Haus'. Ich befand mich im oberen Stock. Dort war eine Art Wohnzimmer, in welchem schöne alte Möbel im Rokokostil standen. An den Wänden hingen kostbare alte Bilder. Ich wunderte mich, dass dies mein Haus sein sollte, und dachte: nicht übel! Aber da fiel mir ein, dass ich noch gar nicht wisse, wie es im unteren Stock aussähe. Ich ging die Treppe hinunter und gelangte in das Erdgeschoss. Dort war alles viel älter und ich sah, dass dieser Teil des Hauses etwa aus dem 15. oder 16. Jahrhundert stammte. Die Einrichtung war mittelalterlich und die Fußböden bestanden aus rotem Backstein. Alles war etwas dunkel. Ich ging von einem Raum in den anderen und dachte: Jetzt muss ich das Haus doch ganz explorieren! Ich kam an eine schwere Tür, die ich öffnete. Dahinter entdeckte ich eine steinerne Treppe, die in den Keller führte. Ich stieg hinunter und befand mich in einem schön gewölbten, sehr altertümlichen Raum. Ich untersuchte die Wände und entdeckte, dass sich zwischen den gewöhnlichen Mauersteinen Lagen von Backsteinen befanden; der Mörtel enthielt Backsteinsplitter. Daran erkannte ich, dass die Mauern aus römischer Zeit stammten. Mein Interesse war nun aufs Höchste gestiegen. Ich untersuchte auch den Fußboden, der aus Steinplatten bestand. In einer von ihnen entdeckte ich einen Ring. Als ich daran zog, hob sich die Steinplatte und wiederum fand ich dort eine Treppe. Es waren schmale Steinstufen, die in die Tiefe führten. Ich stieg hinunter und kam in eine niedrige Felshöhle. Dicker Staub lag am Boden und darin lagen Knochen und zerbrochene Gefäße wie Überreste einer primitiven Kultur. Ich entdeckte zwei offenbar sehr alte und halb zerfallene Menschenschädel. – Dann erwachte ich."[19]

Jung erklärte seinen Traum auf dem Hintergrund seiner Vorstellung vom Bewussten und Unbewussten so: Das Haus war ein Bild seiner eigenen Psyche. Das vertraute obere Stockwerk des Gebäudes repräsentierte das Bewusstsein. Das Parterre und der Keller standen für die verschiedenen Ebenen des kollektiven Unbewussten.

Dieser Traum ist ungeheuer reich an Bildern. Für das, womit wir uns im Moment beschäftigen, ist jedoch wichtig, wie man in dem Haus wahrnimmt, entscheidet und umhergeht. Wir können die Persönlich-

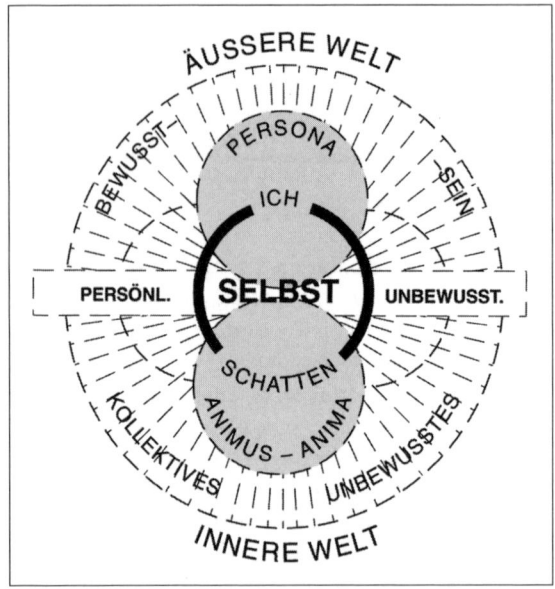

Die Struktur der Persönlichkeit. Das Ziel aller Individuation ist die möglichst umfassende Verwirklichung des Selbst.

keitsfunktionen als die Treppen und Flure dieses Hauses verstehen. Selbstverständlich funktionieren die bevorzugten Funktionen sehr gut im Bewusstsein und führen uns vielleicht sogar noch bis zur ersten Ebene des kollektiven Unbewussten. Die Steintreppen jedoch, die das ziemlich unveränderliche Wesen der Funktionen symbolisieren, sind uns nicht halb so vertraut wie die Treppen vom oberen Stockwerk ins Parterre. Dennoch müssen wir uns aller Funktionen – Treppen – bedienen, um das ganze Haus erforschen zu können. Und es stellt sich heraus, dass wir oft einen ungewohnten oder unbekannten Korridor durchschreiten müssen, um zu den tiefsten Tiefen unserer Seele zu gelangen.

Jeder von uns hat sein eigenes Haus mit besonderen Treppen und Korridoren. Unsere Häuser enthalten viele interessante – und furchterregende – Dinge. Es gibt in ihnen Möbel, Hausgeräte, Spiegel, Bilder, Lichter und Schatten. Ach ja, Besucher haben wir gelegentlich auch. Der Inhalt eines jeden Hauses ist bei jeder und jedem von uns einzigartig; es gibt aber auch viele Dinge in unseren Häusern, die uns miteinander verbinden. Welch ein herausforderndes und aufregendes Abenteuer, all die Dinge zu erforschen, die unser Haus enthält!

Die Flure und Treppen sind ziemlich starr und unveränderlich. Dennoch sind sie von Haus zu Haus verschieden. Es ist hilfreich zu wissen, wie man unversehrt die Treppenstufen bewältigt. Wir wissen nicht immer im Voraus, was wir finden werden, aber wir können beurteilen, wie wir unsere Funde wahrnehmen und wie wir eine Entscheidung treffen, mit ihnen umzugehen. Das ist ein enorm großer Schritt auf unserer Reise. Wir alle müssen lernen, unsere Funktionen zu nutzen, um unser ganzes Sein zu erforschen. Darüber hinaus müssen wir lernen, uns nicht nur unserer bevorzugten Funktion zu bedienen, sondern auch unserer Hilfsfunktion und unserer tertiären. Die Funktionen haben ihre Grundlage in menschlichen Vorgängen, die uns allen gemeinsam sind. Was Sie selbst in Ihrer Seele finden, ist und bleibt dagegen Ihre eigene und einzigartige Erfahrung.

Wir möchten Sie noch einmal an den Anfang unseres Buches erinnern, wo wir uns mit dem Mandala beschäftigt haben. Ein Mandala hat keinen Abschluss, keine Schlussfolgerung; es konzentriert Ihr Denken auf einen Punkt und erweitert es zugleich um neue Horizonte; es ist zugleich konvergent und divergent. Wir haben versucht, Ihre Aufmerksamkeit auf die Funktionen oder Prozesse Ihrer Persönlichkeit zu lenken; jetzt hoffen wir, dass wir Ihr Denken um weitere Dimensionen des Selbst erweitern können.

Lassen Sie uns den Inhalt Ihres „Hauses" etwas näher betrachten. Dieses Buch hat sich auf die „Treppen und Korridore" konzentriert. Bevor Sie nun damit beginnen, diese Funktionen zu gebrauchen, um die „Möbel, Bilder, Spiegel und Besucher" zu untersuchen, wollen wir Ihnen noch einige Orientierungshilfen geben.

Wir haben Ihnen die Archetypen *animus* und *anima* vorgestellt, die Ihre Persönlichkeit beeinflussen, besonders im Bereich Beziehungen und Partnerschaft. Der *Schatten* ist ein weiterer Archetyp, der in der Jungschen Psychologie häufig zitiert wird. Der Schatten personifiziert alles, was Sie an Ihrer Person nicht akzeptieren wollen. Dazu gehören negative Charakterzüge, unerwünschte Verhaltensmuster und andere Tendenzen, die mit Ihrem bewussten Selbst nicht vereinbar sind oder von diesem nicht akzeptiert werden. Der Schatten ist auf jeden Fall ein wichtiger Teil von Ihnen und kann erforscht werden.

Unsere *inferiore Funktion* (beim GPOP „Stressfunktion" genannt) kann sich bis ins Unbewusste erstrecken und den Inhalt unseres Schattens (und anderer Archetypen ebenso) heraufholen, gerade weil sie so häufig unterdrückt wird. Ironischerweise ist der am besten zugängliche Durchgang zu den innersten Bereichen unserer Seele die Funktion, der wir am wenigsten vertrauen, die wir am seltensten benutzen und die die Unzuverlässigste von allen ist. So haben wir also Grund genug zur Vorsicht und zur Furcht. Die Funktion bewirkt Gefühle von Spannung und Angst. Verdrängen wir sie, vermeiden wir den Blick in die tieferen

Schichten unseres Selbst. Begegnen wir ihr, entdecken wir neue, unerwartete Möglichkeiten und Dimensionen.

Der Neurobiologe Gerald Hüther beschreibt eben diesen Prozess: „Die Stressreaktion ist ... der große Modellierer, der sogar noch im Laufe unseres Lebens immer wieder dafür sorgt, dass zunächst zwar richtige, sich später aber als Sackgassen erweisende Verschaltungen aufgelöst und neue Wege eingeschlagen werden können. Und in beiden Fällen ist der Auslöser dieser Reaktion die *Angst*."[20] Die Stressfunktion, oder wie Jung sie nennt: die inferiore Funktion, führt zu neuen Horizonten in der Entwicklung der eigenen Persönlichkeit.

Gibt es eine Strategie, die Angst zu besiegen? Hören wir zu, was der Neurobiologe rät: „Wie heißt dieses Gefühl, das so stark ist, dass es die Angst besiegt, das so stark werden kann, dass es Menschen sogar ihre größte Angst, die vor dem Tod, vergessen und singend ihre letzten Schritte gehen ließ, bevor sie von ihren Peinigern auf den Scheiterhaufen geworfen oder ans Kreuz genagelt worden sind? ...Wir ahnen, wie dieses Gefühl heißen könnte, das die Angst besiegt: Es ist die *Liebe*."[21]

Das Radarsystem der Funktionen selbst vermittelt keine Inhalte; sie sind eher Prozesse – Prozesse des Wahrnehmens und Entscheidens; Prozesse, die ständig im Gange sind. Unsere inferiore Funktion öffnet uns den Zugang zu den unbewussten und chaotischen Anteilen unserer Psyche, die im Alltag Gefühle und Beschwerden auslösen. So bekommt der Satz „Liebet eure Feinde" tiefere Bedeutung und Weisheit, wenn wir unser Grundwissen über die Persönlichkeitsfunktionen einbeziehen. Wir können davon ausgehen, dass wir Liebe, Anziehung und Verlockung verstehen – aber wer oder was sind unsere Feinde und wie hängen wir alle zusammen?

Feinde können in uns selbst wohnen. Kräfte, die wir nicht verstehen und die wir uns anzunehmen weigern, können als Feinde bezeichnet werden. Wenn wir unsere Stressfunktion unterdrücken, kann sie uns zum Feind werden. Wenn wir die Inhalte unseres Schattens und anderer Archetypen nicht erkennen und auswerten, können sie uns zu Feinden werden. Wenn wir unsere unannehmbaren Eigenschaften auf andere projizieren, werden wir diese Menschen wahrscheinlich als Feinde ansehen. Dennoch merken wir, dass all dies miteinander verbunden und aufeinander bezogen ist. Darüber hinaus können wir die Spannungen und entgegengesetzten Kräfte schätzen lernen, die durch diese „Feinde" geschaffen werden. Jesu Aufforderung „Liebt eure Feinde" können wir darum auch folgendermaßen übersetzen: Erkennt und versteht euren wahren Charakter und den eurer Feinde und lernt, wie alles miteinander in Beziehung steht.

Es gibt in der Tat Mächte des Bösen und Mächte des Guten. Doch vielleicht gibt es viel weniger böse Mächte; als wir naiverweise annehmen. Unsere spirituelle Reise ist dazu da, die Mächte zu unterscheiden, unsere bevorzugten und nicht-bevorzugten Neigungen schätzen zu lernen.

Üben im Alltag

Wir wollen Ihnen nun einige Vorschläge machen, wie Sie im Alltag ein Ambiente für Ihre spirituelle Entwicklung schaffen können. Die verschiedenen religiösen Traditionen bieten eine Reihe von Optionen an. Der Fakir versucht, seinen Willen über den Körper zu entwickeln und Energien in spirituelle Qualitäten zu transformieren. Der Mönch versucht, seine Gefühle und Werte zu verändern, indem er sich mit emotionalen Werten identifiziert, die auf einer höheren Ebene liegen. Der Yogi versucht seinen Verstand oder sein Denken unter Kontrolle zu bringen. Die Spiritualität der nordamerikanischen Indianer erinnert uns daran, dass unsere gegenwärtige Herausforderung darin besteht, „den Geist zu erwecken und ihn durch uns leben zu lassen, statt die Erde oder unseren Körper zu verlassen, um den Geist zu finden".²² Wir nehmen die Herausforderung an und schlagen vor, den spirituellen Weg im Alltag zu finden. Das heißt, unsere Alltagserfahrung, die „Möbel und Inhalte unseres Hauses", unsere Beziehungen, bilden gemeinsam das Zentrum unserer spirituellen Reise.

Ihre Forschungsreise wird unverwechselbar und einzigartig sein. Sie können Ihren Weg so bestimmen, wie Sie es für richtig halten, und in jedem Moment damit anfangen, in dem Sie sich gerade befinden. Introvertierten wird es zunächst leichter fallen, die ersten Schritte allein zu gehen. Es empfiehlt sich jedoch, Reisegefährten zu suchen, mit denen man Erfahrungen austauschen kann. Extravertierte werden zündende Impulse eher in einer Gruppe bzw. über Gleichgesinnte erhalten. Auf jeden Fall kostet es Zeit ...

Spiritualität als Lebenshilfe

Nach dem Religionssoziologen Franz Xaver Kaufmann sind es folgende sechs Bereiche, in denen Einzelne Orientierung für ihr Leben brauchen. Diese sechs Bereiche berühren das, was wir unter lebendiger Spiritualität verstehen:

1. Menschen müssen erfahren, wie sie ihre Angst bewältigen und positive Lebenseinstellungen entwickeln können. Dies ist für die *Identitätsbildung* eines Menschen wichtig.

2. Menschen brauchen *Rituale*, um in besonderen Situationen ihres Lebens mit dem Außeralltäglichen fertig zu werden, z. B. bei der Geburt eines Kindes, bei Erinnerungsfesten, bei Übergängen in andere Lebensphasen oder beim Tod eines Angehörigen.

3. Menschen brauchen Hilfestellung und Orientierung, wenn sie mit *Grenzsituationen* in ihrem Leben fertig werden müssen – bei schmerzlichen Erfahrungen wie Krankheit, Arbeitslosigkeit, Trennungen.

4. Menschen, die keine klaren Rollen z. B. in einem Familienverband erleben, brauchen Hilfestellung für ihre *soziale Integration*. Dazu sind kleine Gemeinschaften notwendig, in denen man Erfahrungen von Integration machen kann.

5. In einer Welt, die kein klares und eindeutiges Weltbild mehr bietet, brauchen Menschen Hilfestellung dabei, einen *Deutungshorizont* zu finden, in dem sie Sinnlosigkeit und Chaos einem tieferen Sinn zuordnen können. Kaufmann spricht von Kosmisierung und meint damit ein umfassendes Bild von Zugehörigkeit und Weltordnung.

6. Menschen, die sich ständig an Meinungen und Mehrheiten in einem demokratischen Staat anpassen müssen, brauchen Orte, an denen sie *Widerstand* leisten und sich von gängigen Meinungen distanzieren können.

Jeder dieser sechs Aspekte wird effektiv auf dem Boden einer lebendigen Spiritualität vermittelt und vollzogen.

Die drei Stufen einer Entwicklung zur Reife

Jung unterscheidet in der Ausbildung der bewussten typischen Neigungen vier Phasen. In der *ersten* Phase stehen dem neugeborenen Kind alle Facetten des Wahrnehmens und Entscheidens zur Verfügung – natürlich in einer unbewussten Weise. Es nimmt körperliche Bedürfnisse wahr und erinnert sich an konkrete Abläufe (S); es nimmt abstrakte Phänomene wahr – das Spiel der Sonnenstrahlen im Mobile über seinem Bett – und es werden schon innere Bilder in den Synapsen abgelegt (N); es lernt relativ schnell, Zusammenhänge zu verstehen, und beginnt seine Eltern zu „erziehen" (T), und es reagiert auf gespürter Zuwendung und Ablehnung (F). Jung nennt diese Phase *Unbewusste Vollkommenheit*.

In der *zweiten* Phase werden die eigenen Neigungen entdeckt und ausprobiert. Aus dem Unbewussten formen sich erste typische bewusste Muster, sie tragen zum Selbstbewusstsein des Heranwachsenden bei. Das Gefühl des Jugendlichen „ich kann eigentlich alles" beruht auf der

Erfahrung „ich habe Neigungen und habe Erfolg, wenn ich sie einsetze". Es ist die wichtige Phase einer *Unbewussten Unvollkommenheit*, die das Selbstbewusstsein fördert, eine wichtige Basis für das spätere Leben.

In der *dritten* Phase des Erwachsenenlebens kommen wir an unsere Grenzen, lernen, in diesen Grenzen zu leben, und erkunden zur gegebenen Zeit die tertiäre oder Coaching-Funktion. Es ist die Phase der *Bewussten Unvollkommenheit*. Lernfelder tun sich auf, neue Fähigkeiten werden gelernt.

In der *vierten* Phase, in der Weisheit des Alterns, werden neue Dimensionen des Selbst interessant. Das Streben nach einer *Bewussten Vollständigkeit* (nicht Vollkommenheit!) eröffnet neue Lebenshorizonte.

Wir verzichten an dieser Stelle auf schematische Darstellungen der Typentheorie der Entwicklungsphasen. Denn hier sind wir auf lebendige Begegnungen angewiesen. Sie und ich – wir müssten uns zusammensetzen. Wir würden unsere dynamischen Muster mit einem der zuverlässigen Instrumente erkunden, die uns heute zur Verfügung stehen. Im Rahmen eines Seminars oder Workshops zum Thema „Führen", „Stress", „Kommunikation" oder „Spiritualität" würden Sie Ihre Muster herausfinden, alte Bekannte, die Sie dann freundlich begrüßen. Erst dann können Sie sich vorsichtig und respektvoll den tieferen Wurzeln des Selbst annähern, um anschließend das Abenteuer Ihrer spirituellen Reise fortzusetzen.

Ich habe die Typologie öfters mit einem Radar- bzw. Peilsystem verglichen. Es ist wie bei einem Flugzeug: Vor vielen Jahren hatte ich einen Traum. Ich wollte einen Pilotenschein für Kleinflugzeuge machen. Von einem Bekannten weiß ich, dass man ohne Radarsystem im Cockpit nur unter den Wolken fliegen darf und drei Meilen Sicht haben muss. Mit Radar können Sie in den Wolken fliegen – und haben mehr Möglichkeiten. So ist es mit der Typologie. Wenn Sie die Dynamik Ihres Typs kennen lernen und bewusst einsetzen, eröffnen sich für Sie mehr Möglichkeiten, weil mehr Bewusstheit gelebt werden kann.

Auf jeden Fall schenkt uns die Erkenntnis, dass es diese Kräfte in uns gibt, die Einsicht, dass wir noch viel über uns zu lernen haben. Zugleich bietet dieses Wissen Anlass genug zu hoffen, dass wir eines Tages auch auf die wirkungsvolle Macht unserer inferioren Funktion bauen können. Unser Gehirn ist plastizide bis zum letzten Atemzug – es kennt keinen Ruhestand. „Rente" ist eine Erfindung aus dem Jahr 1918. In diesem Sinne ist Wachheit und positive Spannung das Elixier, das wir für unsere Entwicklung brauchen – uns selbst zu verstehen und damit andere besser zu verstehen, die anders sind.

Die Typentheorie als Instrument und Orientierungshilfe

Wir haben in diesem Buch die Typentheorie ausführlich beschrieben. Zum Schluss erinnern wir noch einmal an die beiden Frauen, Katherine Briggs und Isabel Myers, die über 40 Jahre lang geforscht und experimentiert haben, um aufgrund der Theorie ein praktisches diagnostisches Instrument zu entwickeln, den Myers-Briggs Typenindikator. Erst in den 60er Jahren wurde die Fachwelt aufmerksam. Jetzt zeigte es sich, dass die Investition sich gelohnt hat. Der Typenindikator ist über die Jahre das am meisten eingesetzte Instrument in Unternehmen weltweit geworden.

In den 90er Jahren interessierte sich John Golden für eine enge Kombination von Typologie und Persönlichkeitsmerkmalen. Er entwickelte differenzierte so genannte Facettenskalen zu den vier Präferenzebenen E-I, S-N, T-F und J-P und eine zusätzliche Stressskala (Anspannung – Gelassenheit), um die Individualität der Person immer mehr zu erfassen – ein Grundanliegen C. G. Jungs. Die Stressskala weist auf den individuellen Stresspegel und soll auf den gesunden und ungesunden Stress aufmerksam machen, den Eu-stress und den Dis-stress. Ebenfalls für die Anwendung in Management und Vertrieb wurde die Potenzialanalyse Power-Potential-Profile® entwickelt, in welcher ein Jungsches Instrument integriert ist, der Jungian Personality Profiler (JPP). Mit Hilfe der Jungschen Persönlichkeitsmerkmale lassen sich Kompetenzpotenziale besser interpretieren und es können individuelle Wege der Entwicklung erarbeitet werden.

Wie jedes verbreitete Instrumentarium ist die Typologie in -zig Varianten in der Form von Fragebögen und zweifelhaften Auswertungen im Umlauf. Deshalb empfehlen wir Ihnen, nur solche Verfahren zu verwenden, die wissenschaftlich geprüft sind und den DIN-Normen entsprechen. Die wissenschaftliche Zuverlässigkeit des GPOP wurde 2001 festgestellt, die des JPP im 2005 an der Universität München. Für beide Instrumente zeigen sich in Messgenauigkeit und Gültigkeit gute Ergebnisse. Anwender müssen entweder diplomierte Psychologen oder für den Einsatz des Instrumentariums lizenziert sein.

In einem speziellen Seminar oder im persönlichen Gespräch mit einer Beraterin oder einem Berater kommt man der Dynamik des eigenen Typus auf die Spur. Die Instrumente sind Selbsteinschätzungsverfahren. Ein Berater/eine Beraterin leistet lediglich Geburtshilfe auf dem Weg zur Selbsterkenntnis. Spannend wird es natürlich, wenn die Typentheorie in einer Gruppe oder einem Team ein Feuerwerk von Aha-Erlebnissen auslöst: Die blinden Flecken und versteckten Potenziale der Gruppe werden bewusst. Das ist jedoch nur mit einem erfahrenen Berater oder einer Beraterin möglich. Die Typentheorie ist kein Psycho-Spielzeug, sondern ein hochpotentes Peilgerät für die Prozesssteuerung in einem Team.

Wir, die Autoren, bieten Seminare an – zu Gesundheit, Führen und Leiten usw. – und setzen dabei die Typologie ein.

Wenn Sie persönlich eine typologische Einschätzung machen wollen, wenden Sie sich bitte an mich: ReinerBlank@aol.com

Jedes Instrument kann zum Guten oder zum Schlechten eingesetzt werden. Neben den Qualitätsstandards für das Instrument gelten die Grundsätze der Deutschen Gesellschaft für angewandte Typologie (DGAT). Dort heißt es: „Die Psychologische Typentheorie soll der Würde und der Individualität eines Menschen dienen und jede Information, die über den Typ einer Person gewonnen wird, soll zum größtmöglichen Nutzen und zum Wohl dieser Person angewendet werden."

Informationen zur
Deutsche Gesellschaft für Angewandte Typologie (DGAT)

Die DGAT ist eine Vereinigung von Trainern, Beratern und Consultants, die in ihrem Kompetenzportfolio dynamische Persönlichkeitstypologie, *auf der Basis Jungscher Typologie,* als Werkzeug zur Unterstützung ihrer Beratungsleistung nutzen.

Die DGAT unterstützt die verantwortliche Nutzung einer Palette solcher Instrumente durch qualitätssichernde Maßnahmen. Der Wissensstand über die Forschung und die laufenden Aktualisierungen der Werkzeuge und das internationale Networking der DGAT mit vergleichbaren Instituten in Europa und den USA gewährleisten die Verfügbarkeit eines permanenten Wissens-„Stands der Technik" für die Mitglieder der DGAT.

Die DGAT ist das Kompetenzzentrum für angewandte dynamische Persönlichkeitstypologie in Deutschland.

Die DGAT ist als Vereinigung von Trainern, Beratern und Consultants herstellerneutral und politisch und ideologisch ungebunden; im Rahmen der DGAT sind also auch die Mitglieder zur politischen und ideologischen Neutralität verpflichtet.

Zu weiterer Information: www.dgat.de

Die Autoren

Seit 1982 arbeiten Reiner Blank und Richard Bents an Projekten, die Veränderungsprozesse in Gruppen und Organisationen fördern. Beide entwickelten 1991 die erste deutsche reliable Fassung des Myers-Briggs-Typenindikators (MBTI·®) und im Jahr 2002 John Goldens Profiler of Personality (GPOP), der ebenfalls auf der Typentheorie beruht und zusätzlich das Thema „Stress" thematisiert. Reiner Blank ist im Vorstand der Deutschen Gesellschaft für angewandte Typologie (DGAT) und führt im Rahmen der Testzentrale der Schweizer und Deutschen Psychologen Lizenzierungsworkshops zum Einsatz des GPOP durch.

Dr. Reiner Blank, Jahrgang 1948, berät Organisationen in ihrer Entwicklung von Führungskräften, Veränderungsmanagement, strategischer Personalentwicklung, ist Trainer und Coach, wohnt in Hamburg.

Dr. Richard Bents, Jahrgang 1949, berät Organisationen in Communitybuilding und Veränderungsmanagement, wohnt in St. Paul (Minnesota, USA), führt die Geschäft der Future Systems Consulting Inc. in USA.

Mitautor des Kapitels „Stress erfahren – Stress steuern" ist Dr. Jörg-Peter Schröder, Jahrgang 1962, internationale Führungserfahrung in Konzernen, Arzt und Coach, berät zu Themen wie Unternehmensgesundheit, Change und kommunikative Prozessarbeit.

Dr. Reiner Blank und Dr. Jörg-Peter Schröder sind geschäftsführende Gesellschafter der Future Systems Consulting GmbH in Hamburg. Das Unternehmen ist seit 1991 im Bereich von Persönlichkeitsentwicklung und Teamentwicklung international erfolgreich im Markt etabliert. Zur Methode gehört, soft skills an der Wertschöpfung des Unternehmens auszurichten, diese bewusst, steuerbar und messbar zu machen.
Seminare und Workshops, die individuelle Begleitung zur Kultur- und Persönlichkeitsentwicklung sowie die Erstellung von Leitbildern in Unternehmen sind die Kernkompetenz. Der Ausgangspunkt dabei sind die Menschen im Unternehmen. Entwicklung beginnt mit Orientierung und Selbstreflexion. Darauf aufbauend stärken wir Stärken und begleiten das Unternehmen dabei, Potenziale zu entdecken, damit Fähigkeiten entwickelt und produktiv und sinnvoll eingesetzt werden können.
Future Systems Consulting bietet Unternehmen durch effektive und reliable Analyseinstrumente und Persönlichkeitsinventare zur Ermitt-

lung von Potenzialen auf die individuellen Bedürfnisse maßgeschneiderte Workshops, Trainings und ein integratives Coaching von Einzelpersonen und Teams. Die Themen „Transformational Leadership" und „Gesundes Führen" sind Kernelemente, die auf Effektivität und langfristigen Erfolg der Mitarbeiter in Unternehmen ausgerichtet sind.

www.futuresystemsconsulting.de

Anmerkungen

Einführung

1 Jung, C. G., Psychologische Typen, Olten 1994[17], S. 9.
2 Levy-Bruhl, L., Les Functions mentales dans les societes infericures, Paris 1912. Die participation mystique beschreibt eine spezifische psychologische Verbindung mit Objekten, in der die Person nicht eindeutig zwischen dem eigenen Selbst und dem Objekt unterscheiden kann. Das Objekt wird Teil der persönlichen Identität. Das geschieht oft in primitiven Kulturen. In zivilisierteren Kulturen erlebt man es nicht so häufig und nicht so intensiv – wenn es auftritt, dann gewöhnlich zwischen Personen. Diese Art von mystique erlaubt keine individuelle Differenzierung.
3 Buber, M., Ich und Du, Gerlingen 1997[13], S. 36 und 37.
4 Eine ebenso alte Weisheit wie der sokratische Spruch „Erkenne dich selbst", von der schon der griechische Komödiendichter Menander (ca. 342 v. Chr. – 291 n. Chr.) wusste. In seinem Stück Thrasyleon schreibt er von der Notwendigkeit, die Gesellschaft und den einzelnen Menschen im Blick zu behalten.
5 Bents, R. und Blank, R., Myers Briggs Typenindikator von K. Briggs und I. Myers, Beltz Test GmbH, Weinheim 1995[2]. Die originale Arbeit und die entsprechenden amerikanischen Studien findet man bei I. Myers und M. McCaulley, The Myers-Briggs Type Indicator (Manual), Palo Alto/CA 1985.
6 Shah, I., Learning How to Learn. Psychology and Spirituality in the Sufi Way, San Francisco 1978, S. 219.
7 Matthäus 5, 44f: „Liebet eure Feinde und bittet für die, die euch verfolgen, damit ihr Kinder seid eures Vaters im Himmel." Diese Ausführung zum Gebet der Feindesliebe weist schon auf die umfassende Bedeutung dieser Aufforderung hin.

Kapitel 1

1 Storm, H., Sieben Pfeile, München 1990[2].
2 Die eingeborenen Amerikaner nannten sich selbst „Menschen" oder „wirkliche Menschen". Dies gilt für alle Stämme. Es gab und gibt in ihrem Vokabular keinen Begriff für ihre bestimmte Rasse. Ein Begriff wie „nanu" in der Sprache der Komantschen oder Uto-Azteken bedeutet „Menschen" oder „Leute"; in der Sprachfamilie der Athapasken bedeutet „navajo" ebenfalls „Menschen". Deshalb werden wir sie nennen, wie sie sich selbst genannt haben – Navajo.
3 Zitiert nach: Allen, R., Greek Philosophy – Thales to Aristotle, New York 1966.
4 „Der Begriff Element als eines von (mehreren oder vielen) Grundstoffen geht doch recht eigentlich auf Empedokles zurück." Kranz, W., Die griechische Philosophie, Bremen 1962.
5 Plato, Timaios, 87a. Zitiert nach der Übertragung von Rudolf Rufener, Platon, Sämtliche Werke, Band VI, München 1974, S. 297. – Die ganze Schrift ist eine elementare Beschreibung des Lebens.
6 Zitiert nach: Stockhammer, M., Plato Dictionary, New York 1963. Siehe auch die Zusammenfassung bei Düring, I., Aristoteles – Darstellung und Interpretation seines Denkens, Heidelberg 1966, S. 370 ff.
7 Riemann, F., Grundformen der Angst, München 2002[34], S. 10.
8 Vgl. Ebert, A. und Küstenmacher, M. (Hrsg.), Erfahrungen mit dem Enneagramm – Sich selbst und Gott begegnen, München 1999[6], S. 50-54.
9 Riso, R., Die neun Typen der Persönlichkeit und das Enneagramm, München 2000, und Palmer, H., Das Enneagramm – Sich selbst und andere verstehen lernen, München 2000.
10 Rohr, R. und Ebert, A., Das Enneagramm – Die neun Gesichter der Seele, München 2006[42].
11 Adickes, E., Charakter und Weltanschauung, Tübingen 1907.
12 Kretschmer, E., Körperbau und Charakter – Untersuchungen zum Konstitutionsproblem und zur Lehre von den Temperamenten, Berlin 1977[26].
13 Spranger, E., Lebensformen, Tübingen 1950[8].
14 Hersey, P. und Blanchard, K., Management of Organizational Behavior: Utilizing Human Resources, Englewood Cliffs/NJ 1972.

15 Hanson, J. und Silver, H., Hanson Silver Management Style Inventory, Moorestown/NJ 1981.
16 Wilson Learning, Social Styles Profile, Minneapolis/MN 1989.
17 Gregorc, D., The Learners Dimension, New York 1897.
18 Dunn, R. und Dunn, K., Teaching Students Through Their Individual Learning Styles, Reston/ VA 1978.
19 Keirsey, D. und Bates, M., Versteh mich bitte. Charakter- und Temperament-Typen, Del Mar/ CA 1990.
20 Geir, J., Personal Profile System, Minneapolis/MN 1960.
21 Funktion ist definiert als eine besondere Form psychischer Aktivität, die sich im Prinzip unter verschiedenen Bedingungen nicht ändert. Eine Funktion ist ein Prozess. Jung bestimmte zwei rationale und zwei irrationale Funktionen. Die irrationalen Funktionen oder Wahrnehmungsfunktionen sind Wahrnehmung über die fünf Sinne und intuitive Wahrnehmung. Die rationalen Funktionen oder Beurteilungsfunktionen sind analytische und wertorientierte Beurteilung. Diese vier Funktionen sind jede für sich von den anderen unterschieden und haben keine überlappenden Merkmale mit den anderen.
22 Einstellung wird als psychische Bereitschaft definiert, um in einer bestimmten Weise zu agieren oder zu reagieren. Eine Einstellung weist auf die Tatsache hin, dass bestimmte Reize stärkere Wirkungen ausüben, andere dagegen zu keiner oder kaum einer Wirkung führen. Jung identifizierte zwei Einstellungen: Extraversion, eine Präferenz für die Außenwelt, und Introversion – eine Präferenz für die Innenwelt. Anwender der Typologie bezeichnen den letzten Buchstaben oft auch als eine Einstellung. Dies ist insofern korrekt, als J oder P anzeigt, welche Funktion „extravertiert" und welche „introvertiert" ist. Jedoch sind die Bezeichnungen J (Strukturorientierung) und P (Wahrnehmungsorientierung) an und für sich keine Einstellungen.
23 Jung, C. G., Psychologische Typen, Gesammelte Werke, Band VI, Olten 1995, S. 10.
24 Jung, C. G., Die Archetypen und das kollektive Unbewusste, Gesammelte Werke, Band IX/1, Olten 1996⁹, S. 29f.

Kapitel 2

1 Jung, C. G., Psychologische Typen, Zürich 1921.
2 Jung, C. G., Pychological Types, Harcourt Brace, New York 1923.
3 Siehe S. 68f.

Kapitel 3

1 Hofstadter, D., in: Gleick, J., Chaos – Making of a New Science, New York 1987. Die Chaos- bzw. Komplexitätstheorie ist erst im letzten Jahrzehnt ernsthaft diskutiert worden. Vgl. Gleick, J., Chaos – Die Ordnung des Universums, München 1988. Jung ist ein Wegbereiter für diese Betrachtungsweise gewesen.
2 Jung C. G., Psychologische Typen, S. 5.
3 Der biblische Bericht in Numeri (4. Mose) 13 erzählt ausführlich von den Kundschaftern, die Mose in das Land Kanaan geschickt hat.
4 Myers, I., The Myers-Briggs Type Indicator (Manual), Palo Alto/CA 1962.
5 Kroeger, O. und Thuesen, J., Type Talk, New York 1988.
6 Jung, C. G., Psychologische Typen, S. 502.
7 Jung, C. G., ebenda, S. 502.
8 Briggs-Myers, I., Gifts Differing, Palo Alto/CA 1980.

Kapitel 4

1 Mead, G. R., Geist, Identität und Gesellschaft, Frankfurt 1973. Vgl. Attems, R. und Heimel, F., Typologie des Managers, Wien 2003².
2 Jung, C. G., Die Beziehung zwischen dem Ich und dem Unbewussten, Olten 1971, S. 65.
3 Miller, J., Humanizing the Classroom, New York 1976.
4 Johnson, D., Reaching Out, Englewood Cliffs/NJ 1981.

5 Bettelheim, B., The Informed Heart, New York 1971.
6 Schemel, G. und J. Borbley, Facing your Type, Wernersville/PA 1982.
7 Jung, C. G., Über die Entwicklung der Persönlichkeit, Gesammelte Werke, Band XVII, Olten 1994[8].
8 Bryant, C., Prayer and Different Types of People, Oxford 1990, S. 8. Die deutsche Übersetzung ist in Vorbereitung unter dem Titel „Persönlichkeit und Spiritualität".
9 Schemel, G. und Borbley, J., Facing Your Type, Wernersville/PA 1982.
10 Buber, M., Zwiesprache, in: Die Schriften über das dialogische Prinzip, Heidelberg 1954, S. 139.

Kapitel 5

1 Rilke, R., zitiert nach: Prentice Hall Literature, World Materpieces, edited by Eileen Thompson, Englewood Cliffs/NJ 1991, S. 1052.
2 Rosenberg, M., A Modell for Nonviolent Communication, Philadelphia/PA 1983. Rosenberg beschreibt ein Modell und konkrete Übungen, die dem Leser helfen, deutlich zwischen gewalttätigen und gewaltlosen Kommunikationsformen zu unterscheiden. Dabei stellt er fest, dass wir deutlich formulieren müssen, was wir wahrnehmen, wie wir urteilen und welche Werte dabei mitspielen, um Missverständnisse zu vermeiden und keine falschen Botschaften zu senden.
3 Johnson, W., Living With Change, New York 1972. Johnson führt die Begrenzungen unserer sprachlichen Kommunikation und unsere Kommunikationsmuster aus.
4 Briggs-Myers, I. und McCaulley, M., The Myers-Briggs Type Indicator (Manual), Palo Alto/CA 1985, S. 63.

Kapitel 6

1 Goldberg, S., A Taxonomy of Career Orientation, in: The Type Reporter, Vol. 1 No. 2, Alexandria/VA 1984.
2 Goldberg, ebenda, S. 4.
3 Vgl. Bar, L. und Bar, N., The Leadership Equation, Austin/Texas 1989.
4 McCaulley, M., The Myers-Briggs Type Indicator and Leadership, in: Clark, K. and Clark, M., Measures of Leadership, Greensboro/NC 1990, S. 414.
5 Hildebrandt, T. und Niejahr, E., Die leise Machtmaschine, Die Zeit, 8.6.2006, Nr. 24.
6 Nietzsche, F., Der Antichrist. Aphorismus 23, hrsg. von W. Matthiessen, Berlin 1941, S. 39.
7 Hersey, P. und Blanchard, K., Management of Organizational Behavior, Englewood Cliffs/NJ 1988. In Hersey und Blanchards Aufgabe-Beziehung-Diagramm legen sie die Aufgaben auf die horizontale Achse und die Beziehung auf die vertikale Achse. Die Darstellung ihres Rasters erfolgt dann gegen den Uhrzeigersinn. Bei ihnen beginnt die Darstellung im unteren rechten Quadranten, geht über den rechten oberen Quadranten, über den linken oberen und anschließend über den linken unteren Quadranten. Wir haben festgestellt, dass das Diagramm einfacher zu lesen ist, wenn man die Achsen vertauscht und im Uhrzeigersinn liest. Deshalb weicht unsere Darstellung von der von Hersey und Blanchard geringfügig ab.
8 Maslow, A., Motivation und Persönlichkeit, Olten 1978[2].
9 McGregor, D., The Human Side of Enterprize, New York 1960.
10 Likert, R., The Human Organization, New York 1967.
11 Argyris, C., Personality and Organization, New York 1957.
12 Myers, I., Contributions of Type to Executive Success, Gainsville/FL.
13 Clark, K. und Clark, M., Measures of Leadership, Greensboro/NC 1990.
14 Bents, M. und Bents R., Intuition in Decision Making, Journal of Counseling and Human Service Professions, I/1986, S. 48-59.

Kapitel 7

1 Ausführliche Beschreibung von Stress-Symptomen usw. finden Sie in dem Buch Schröder, J.-P. und Blank, R, Stressmanagement, Köln 2004.
2 Wer sich für das Thema *Burn-out* interessiert, dem sei folgendes Buch empfohlen: Schröder, J.-P., Wege aus dem Burnout, Köln 2006.
3 Schröder, J.-P. und Blank, R., a.a.O., S. 61 f.

Kapitel 8

1 Vgl. Vester, F., Denken, Lernen, Vergessen, München 1998, Kapitel IV.
2 Ginsburg, H. und Opper, S., Piagets Theorie der geistigen Entwicklung, Stuttgart 1998[8].
3 Silver, H. und Hanson, J., Teacher Self-Assessment, Moorestown/NJ 1980.
4 Auerbach, B., From On the Heights, zitiert nach: The Great Thoughts, compiled by George Seldes, New York 1985, S. 23.
5 Hanson, J. und Silver, H., Hanson Silver Management Style Inventory, Moorestown/NJ 1981.

Kapitel 9

1 Dieses und die folgenden Zitate aus: Platon, Gastmahl, Phaidros, Phaidon. Ins Deutsche übertragen von Kassner, R., Wiesbaden 1978, S. 28ff.
2 Storm, H., Sieben Pfeile, München 1990[2].
3 Aus: Alchemical Treatise Hermetis Trismegisti Tractatus vere Aureus, 1610, zitiert von C. G. Jung in: Letters, Vol. I, Princeton NJ 1973, S. 443.
4 Jung, C. G., Die Archetypen und das kollektive Unbewusste, Gesammelte Werke, Band IX, Olten 1996[9].
5 Jung, E., Animus and Anima, Zürich 1974.
6 Keirsey, D. und Bates, M., Versteh mich bitte. Charakter und Temperament-Typen, Del Mar/ CA 1990, S. 90f.
7 Bryant, C., Jung and the Christian Way, Minneapolis/MN 1983, S. 96.

Kapitel 10

1 Bryant, C., Jung and the Christian Way, Minneapolis/MN 1983, S. 15.
2 Aus einem Interview mit Karl Jaspers, „Offener Horizont", Sendung des NDR aus dem Jahr 1960.
3 Dürr, H.-P. (Hrsg.), Physik und Transzendenz, München 1986, Vorwort des Herausgebers, S. 9. Siehe auch Dürr, H.-P. und Zimmerli, W. C. (Hrsg.), Geist und Natur, München 1989, S. 14: „Es ist die durchaus praktische Erfahrung, dass die Welt nicht die objektive Wirklichkeit ist, die uns fremd gegenübersteht, sondern die Einheit, die uns ebenso wie unseren Objektbereich umgreift. Ich sage ‚Erfahrung', weil es sich dabei nicht um bloße Theorie handelt."
4 Dürr, H.-P., Physik und Transzendenz, S. 11.
5 Buber, M., Die Erzählungen der Chassidim, Zürich 1949, S. 671.
6 Bryant, C., Jung and the Christian Way, Minneapolis/MN 1983, S. 41.
7 Eine Definition von Romano Guardini, in: Ritter, J. (Hrsg.), Historisches Wörterbuch der Philosophie, Band 3, Darmstadt 1974, S. 115. Für Guardini ist Gegensatz ein „Urphänomen: Keine der Gegensatz-Seiten kann aus der anderen abgeleitet werden. Erfahren werden Gegensätze am individuellen Leben."
8 Zitiert nach: Gadamer, H.-G. (Hrsg.), Philosophisches Lesebuch, Band 1, Frankfurt 1965, S. 27f.
9 Bryant, C., a.a.O., S. 13.
10 Augustinus, Bekenntnisse, Eingeleitet und übertragen von Thimme, W., Stuttgart 1950, Buch 1,14; S. 48.
11 Augustinus, Bekenntnisse, a.a.O., Buch 10,40; S. 315.
12 Farrow, J., The Story of Thomas More, Los Angeles/CA 1954, S. 7.
13 Evenett, H.O., in: Lexikon für Theologie und Kirche, Band 7, Freiburg 1962, Sp. 627.
14 Farrow, J., a.a.O., S. 8.

15 Bonhoeffer, D., Widerstand und Ergebung, Gütersloh 2002[17].
16 Bonhoeffer, D., ebenda, S. 381.
17 Bonhoeffer, D., ebenda, S. 411.
18 Zitiert in: Bonhoeffer, F., Widerstand und Ergebung, Göttingen 1964, S. 220.
19 Jung, C. G., Erinnerungen, Träume und Bedanken von C. G. Jung, aufgezeichnet und herausgegeben von Aniela Jaffé, Zürich 1962, S. 163.
20 Hüther, Gerald, Biologie der Angst – Wie aus Stress Gefühle werden, Göttingen 2004[6], S. 27.
21 Hüther, ebenda, S. 54.
22 Brooke medicine Eagle, „Women in nature: time of new dawning", in: King O'Brian, T. (Hrsg.), The Spiral Path, St. Paul/Minn 1988, S. 142.

Bildquellen

S. 13
Foto: Presse Bild Poss, Siegsdorf

S. 22
Aus: H. Storm, Sieben Pfeile. Übersetzt von Bernd Peyer unter Mitarbeit von Ralf Jeckewitz. Fink Verlag, München, 2. Auflage 1990

S. 34
© Erbengemeinschaft C. G. Jung

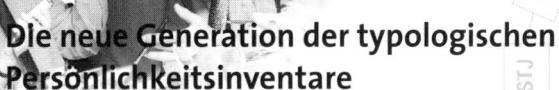

Richard Rohr/Andreas Ebert
Das Enneagramm
Die 9 Gesichter der Seele
42. Pbck.-Aufl.,
ISBN 3-532-62245-9

Die umfassende Einführung in die
uralte, aber zeitlose Seelenkunde
des Enneagramms ist der Klassiker
in unserem Programm.

Suzanne Zuercher
■ **Spirituelle Begleitung**
Das Enneagramm in Seelsorge, Beratung
und Therapie
2. Aufl., ISBN 3-532-62237-8

■ **Erfahrungen mit dem Enneagramm**
Sich selbst und Gott begegnen
hrsg. von Andreas Ebert u. a.
6. Aufl., ISBN 3-532-62110-X

■ **Das Enneagramm der Weisheit**
Spirituelle Schätze aus drei Jahrtausenden
hrsg. v. Marion Küstenmacher
ISBN 3-532-62194-0

■ Markus Becker
Enneagramm-Typen-Test
13. Aufl., ISBN 3-532-62130-4

■ **Video – Das Enneagramm**
ISBN 3-532-63150-4

Marion und Werner Küstenmacher
■ **Das Enneagramm Spiel**
Auf fröhliche Weise sich und andere verstehen
2. Aufl., ISBN 3-532-62175-4

Das Spiel ist konzipiert für 2–6 Spieler (es geht
sogar mit noch mehr), die das Persönlichkeits-
modell des Enneagramms nicht zu kennen
brauchen. Im Laufe des Spiels bekommen sie
in lockerer Weise damit Kontakt. Wer mit dem
Enneagramm vertraut ist, wird in der gemeinsamen Spielsituation neue Aspekte der einzelnen Typen entdecken. Weil also niemand im
Vorteil ist, eignet sich das Enneagramm Spiel
besonders für »gemischte« Gruppen aus
Neulingen und Kennern.

www.claudius.de